"十一五"上海市重点图书

社会项目评估

方巍　祝建华　何铨◎著

格致出版社　上海人民出版社

本教材出版获浙江省"钱江人才计划"社会科学类（C类）资助

总 序

　　尽管社会工作是融知识、价值和技巧为一体的,但它的与众不同之处在于其独特的价值追求和促进社会改变的宗旨。从价值层面而言,社会工作代表的是一种基于人本主义和人道主义的责任、关怀和奉献。从宏观层面而言,社会工作体现为立足科学知识、回应不同人群的需要并寻求社会的积极改变的制度安排。中国的社会工作正进入发展的机遇期,因为它已进入了官方的话语体系。此刻,对于社会工作者而言,更为重要的是反思自己能够贡献什么。毋庸置疑的是,社工教育界的使命是传递一整套的专业价值、知识和体系,以造就一批愿意奉献于社会工作进而改变这个世界的年轻人。作为一个共同体,我们命定成为这一段历史的书写者,即便我们无法重构宏大叙事,改变这段历史的若干片段也是值得为之付出努力的。此刻,我们要展现专业追求与雄心。

　　这套教材可以视为我们对这一重要历史时刻的主动回应,我们希望这样的回应是有所贡献的,它至少记载了我们前行的足迹。教材立足国际视野与中国经验,致力于展现社会工作的知识库存和前沿进展,并为中国社会工作的发展提供一定的智识支持。上海世纪出版股份有限公司格致出版社高瞻远瞩地洞察到社会工作发展的重要意义,并愿意以他们的专业和网络推进社会工作的专业发展,这体现了出版人高度的社会责任感,对此我们要表达敬意!教材的作者均是来自海内外的社会工作专家,正是社会工作将我们联结在一起,这样的联结是改变的动力!本套教材是开放的体系,欢迎学界同仁加盟。

丛书策划:何雪松　韩晓燕

第一章　社会项目评估概论

在日常生活中,我们每天都接触到各种各样的项目,同时也不断对各种类型的项目作出评论。随着构建社会主义和谐社会目标的提出,各级政府和社会组织加大了对社会项目的组织和投入,因而社会项目评估显得更频繁和迫切。在这一章,我们在探讨社会项目概念的基础上,分析社会项目评估的含义、类型和功能,进而回顾社会项目评估的发展历程。

第一节　社会项目

项目是人类活动的基本形式,存在于人类社会的各个时期;但是作为一种有意识地提高人类活动成效的组织形态、管理方式,项目尤其是社会项目的历史仍然十分短暂。下面,我们将在比较"项目"与"公共项目"概念的基础上,分析社会项目的内涵、特点及其在当今社会的发展。

一、项目

项目存在于人类生活的方方面面。从人类诞生早期的狩猎活动,到今天的大规模动植物养殖、种植;从历史上的都江堰工程,到当代的三峡工程;从莱特兄弟第一架飞机上天,到如今神州载人飞船遨游太空;从复杂的、涉及不同部门协同的大飞机工程,到简单的、日常生活过程中的一次婚庆活动或家庭春节聚餐,所有这一切都是人类项目活动的表现。简单地说,项目是人类为了一定的目的而在特定时间维度内组织的一项活动。

根据这一定义,项目的第一个基本特点,便是其明确的目的性或具体追求的目标。从这个意义上来说,项目是人类本质属性的体现,与人类的诞生相伴随。众所周知,人类作为一种生命体,其不同于一般动物的本质特征便是具有意识、能够借助劳动实现自己的目的。人类社会发展的一个重要表现是其活动领域的拓展。伴随着这一历程,人类项目的形式更为多样,内容不断充实,范围日益广泛。为了生存并追求更好的生活,人们不仅有着女娲补天、羿射九日和愚公移山等神话传说,还在现实生活中创造了挖掘大运河、营建万里长城和修建圆明园等工程项目。同时,人们还将自己的创造力转向人类社会,在中华民族的历史上留下了科举取士和诸如春节、元宵等文化民俗项目。此外,人类在发起改造外部世界项目的同时,还不断推出针对人类自身物质和精神世界的各类整容、医疗和教育项目。可以说,项目与人类的历史紧密相关,是人类进步和发展不可或缺的组成部分。

人类项目的第二个重要特点,是其活动时间的相对有限性。作为整个人类来说,改善自然和社会、更好地满足自我需要的历程是无限的,但是每一个具体项目的时间跨度又是有限的。人类在不同时期具有不同的需要,随着时间的推移,人的需要处于不断的变化和发展过程之中。与此相适应,与特定目的与具体目标相联系的人类项目便具有一个特定的时间要求。诸如城市的一项快速公交车项目,它是随着城市的发展和人们快速到达新的城市空间的要求而产生的,离开了这一特定的时间背景,就不存在其运作的意义。在城市规模较小、生产效率低下的情形下,没有发起这种项目的必要性;而一旦轨道交通等新型快速交通系统形成,城市快速公交车系统项目也就失去了其发展的意义。又如医学手术,它既与患者病情的变化进程相关,又与特定阶段的医学技术发展相适应,一旦错过了最佳时机,或者在特定的时间内无法完成,就都无法实现其挽救病人生命的目的。同时,随着人类认识和实践能力的提高,即使是实现同样的目标,我们也会运用更为有效、更为经济的新项目取代原有的项目。

人类项目的第三个特点,是其组织活动的资源的有限性或约束性。不论是什么类型的活动,人类在特定时期内拥有的资源总是有限的,这就对人们在特定时期内实现某一目标的活动能够取得的资源形成约束。一家房地产企业要想发展某一住宅或商业用房项目,首先会受到其自身资金条件的约束,如果它不具备发展项目所需要的自由资本或融资能力,就只能坐失良机;即使它有充足的资本,但是土地资源是有限的,稀缺性资源也制约着项目的推出。对于自然资源是这样,对于社会资源同样也如此。在任何一个社会历史时期,尽管政府的主导意识形态不同,其愿意用于民生的财政预算比例和总量不同,但它总有一个额度,由此对项目的对象、规模、取向和效率具有重要的决定意义,这也是我们讨论项目评估的一个重要原因。

二、社会项目

相对于一般项目,社会项目的界定离不开关于“社会”的定义。从广义的角度来看,社会相对于自然,是人类活动的产物;它既可以是纯粹的人造物品,也可以是经过人类改造的自然物品,或者说人化了的自然。比如,泰山、西湖等大自然中的山水,经过历代人类的改造,已经成为我们民族文化不可分割的组成部分。如果这样理解,远到银河外星系的探测,近到甲型流感疫苗的注射,大到嫦娥登月工程,小到家庭聚会安排,只要是人类组织和参与的项目,都可视为社会项目。这一界定无疑过于宽泛,不但与本书讨论的内容不吻合,而且也不利于深入讨论项目的评估研究。

从狭义的角度来看,社会又是经济领域以外的人类活动空间与内容。例如,社会政策的鼻祖理查德·M. 蒂特马斯(Richard M. Titmuss)便坚持认为经济与社会有着不同的价值取向,经济活动的依据是效率,因而通常由市场调节;而社会活动的原则是正义,通常由政府通过二次分配予以保证(Titmuss,1974)。詹姆斯·米奇利(James Midgley)更是明确指出,社会发展的宗旨是提高人类的社会福祉水平。他进而指出,缺乏社会发展的经济增长是没有意义的,是一种扭曲的发展(Midgley,1995)。从这一意义出发,社会项目便是有组织的、目标相对具体的一种活动类型,其目的是在实现社会公正的基础上增进人类的福祉。

我们将通过与经济项目,尤其是与公共项目的比较,来进一步揭示社会项目的内涵。如果以增进人类的福利水平作为衡量标准,经济活动从长远的角度来说无疑也有同样的属性。经济的增长不仅是人类福利水平改善的物质基础,而且它的市场竞争原则有利于提高人类活动的效益,促进社会财富的积累。但是,诚如蒂特马斯上面指出的,经济项目是以效率为目标的,具有营利的取向;而社会项目的根本目标是以福祉和公正为核心的社会价值,在许多情形下是不计经济成本的。

相对而言,公共项目与社会项目的关系比较复杂。一方面,现代社会中的许多公共项目,如各地政府修筑道路、发展公共交通、完善城市基础设施等项目,也对改善民生和福利有着重要贡献;另一方面,许多公共项目与社会项目在边际上难以严格区分,往往存在着交错和重复的地方。例如,公共卫生事业、公共教育和公共住房便是这方面的典型反映。目前,人们通常认为,社会项目是公共项目的一个组成部分,公共项目的外延大于社会项目。我们认为,这一认识并不准确,因为从两者的定义上来说,公共项目与社会项目是既有重合,又有分离的两个不同的范畴。

那么,究竟什么是公共项目呢?显然,公共项目是公共部门提供的物品或服务。要理解公共项目,其核心是要明确公共物品或服务的概念。通常,我们可以从广义和狭义两个方面来理解公共物品的概念。从广义上来说,只要是与多数人的利益相关,反映公共利益的项目或服务,都属于公共项目。从这样一个角度出发,公共安全、外交、法规政策、环境保护、基础研究和空间技术等方面的物品提供和服务都属于公共项目,社会项目便是公共项目的一个组成部分。但是从狭义上来说,公共项目涉及公共物品或服务的非竞争性、非排他性,增加使用者或分享者并不导致其成本增加。据此,公共项目又可以分为纯公共项目和准公共项目两类。

其中的纯公共项目就如上面列举的公共安全、国家外交和环境保护等,具有严格的非竞争性和非排他性;而准公共项目的非竞争性和非排他性则有一定的条件,一旦超出限度,便产生竞争性和排他性,其例子包括交通、通信、城市公共服务和广播电视等(参见陈振明,2003)。

　　社会项目与公共项目的差异,正是源于关于公共物品或服务的上述狭义界定。像社会保障和教育等物品或服务,从国家反映公众利益的制度性安排角度来说,无疑具有准公共项目的属性;但是对于像最低生活保障等社会救助、针对弱势群体阶层及其子女的教育资助和某些矫正教育来说,其项目提供的物品或服务则是个别性的,并不符合公共项目,甚至是准公共项目的定义。至于像社会项目中的医疗服务、住房保障、社会工作等项目,由于其项目提供的物品和服务均具有个体性和独占性,由此与公共项目有着本质区分。简言之,从服务对象的社会公正性出发,社会项目的最大特点在于其提供的物品或服务具有不同于公共项目的个体性和排他性,以及不同于私人项目的公益性和福利性。具体来说,社会项目主要存在于公共卫生、住房、学校教育、职业培训、社会保险、社会救助和社会矫治等这样一些服务领域。

三、社会项目管理的发展

　　诚如上面指出的,项目作为一种人类活动方式,伴随着人类的产生而出现,但是作为一种管理方式却是现代社会的现象。现代项目管理通常被认为产生于第二次世界大战期间英、美等国的军事领域,此后进一步扩展到电信业、计算机业、软件业、制药业、金融业、投资银行业和能源业等工程领域(朱俊文、刘共清和尹贻林,2003;桑德斯-克鲁克,2001);同时,这种新的管理手段也日益在社会和公共项目领域得到运用和普及。那么,项目作为管理形式受到重视,到底反映了怎样一种背景呢?

　　众所周知,自从泰勒提出科学管理的思想以来,科层制便逐渐成为人类组织和活动管理的主要形式。科层制强调分工及其不同岗位的明确职责,这种管理思想曾经并仍然对人类活动效率的提高产生重要作用。但是,随着人类活动的发展,特别是随着人类活动的规模扩大和内容的交叉性,传统的科层制管理日益显示出其僵化和难以应对快速变化等方面的局限性。传统的科层制管理建立在人类活动稳定的组织化管理基础上,但是现代许多大型活动,如早期美国研制原子弹的曼哈顿计划、人类登月的阿波罗工程以及当今我国大至三峡工程、大飞机工程,小到一个城市的南宋御街工程、一个学校的毕业生招聘会,其组织往往超越了传统的部门职责范围。此外,在一些市场变化周期短的高新技术领域,一些企业为了其产品更好地应对市场需要的变化,也纷纷改变了传统的科层制组织形式,以其产品为中心,形成众多事业部管理组织形态,以便提高其管理效率,适应市场的纷繁变幻。相对于传统的科层制组织,项目管理形态的一个最大特点便是实行以目标为中心的、跨越传统不同部门的项目管理组织,以便通过项目责任人负责制,更好地协调不同部门之间的关系。除此之外,现代项目管理还广泛应用系统论、控制论、信息论和行为科学等理论,采纳预测技术、决策技术、网络技术、数理统计方法、线性规划、排队论等方法,借助计算机及现代图文处理、多媒体等手段,实现了管理过程的标准化和规范化,大大提高了项目效率(胡振华和聂艳晖,2002)。

在社会项目领域,特别是20世纪80年代以来,在管理主义思潮的影响下,以项目为单位的管理思想日益普遍,社会项目在管理实践和研究过程中得到高度重视。受20世纪70年代石油危机的影响,西方社会出现经济萧条和社会结构大调整。在这样的背景下,新右派取得了话语的主导权。他们批评西方社会的福利国家运动影响了对经济发展的投入,特别是里根和撒切尔夫人在美英两国执政后大幅度削减社会项目开支,通过导入私营部门的管理手段,追求组织内部的管理效率。管理主义在宏观政策层面的反映,在于通过发挥私营部门的作用,进而提高社会资源的配置效率。这种思潮正好与工程领域的项目化管理改革相适应,社会领域的项目管理日益突破传统的部门化束缚,实行以目标为导向的跨部门个人负责制管理方式。社会项目的负责人,其身份日益染上经理人员的色彩,更为强调对投资者的职责。尽管管理主义作为一种思潮已经消失,但它相对于传统科层制的突破,特别是在当前社会项目日益呈现不同部门交错综合的情形下,项目管理模式在追求项目效益方面的贡献得到社会的公认,成为当前十分重要的一种社会服务管理模式。

在我国的社会项目领域,项目管理思想随着社会服务和公共服务的发展,日益受到重视。在教育领域,以"211"工程和"985"工程为代表,项目管理的模式在全国一些重大建设和投资领域得到普遍运用(王允修和宗刚,2005);许多研究还进一步探讨实验室、实习和校园文化活动等领域项目管理方式(孙扬,2009;郑立羽,2008;卢少平,2002),在教育管理过程中引入新的管理思想和方法。在社会福利领域,受西方和我国港澳台地区项目管理实践的影响,项目管理的思想更是在社会服务相关的教学和实践过程中得到广泛的重视,项目管理列入丛书专著出版计划(方巍、张晖和何铨,2010)和新启动的社会工作硕士专业学位的课程计划。

第二节 社会项目评估

在明确了社会项目概念的基础上,我们将通过比较人们日常生活中的评估与专业的评估研究,对社会项目评估的概念及其类型和功能作出说明。

一、社会项目评估的概念

评估是一个极常见而又复杂的现象。说它常见,是因为人们在日常生活中,时时都在对周围的事物和现象作出评价;说它复杂,是因为专业的评估研究既涉及评估内容的专业领域,同时又牵涉到一整套专业而系统的研究方法。为此,我们将在比较日常生活中的评估与专业评估研究的区别的基础上,对社会项目评估作出界定,进而比较项目评估与政策评估的异同,借此加深对项目评估研究的认识。

1. 日常评估与评估研究

在日常生活中,我们时刻都在进行着评估。早上,我们起床后往往会对当天的气候温度、天气趋势作出判断;在早餐桌上,我们会对早点的可口程度、饮料温度是否适宜作出评价;在上班的路上,我们又会对路况、公交拥挤情况发表自己的看法;而到了单位,则会就当天工作的繁忙程度、处置事务的先后顺序等作出自己的判断。通过上面的例子可以看到,尽管一天刚刚开始,我们已经自觉不自觉地甚至不得不对大量的问题作出自己的评估。正是从这一意义上来说,我们很容易理解某些学术研究的结论,相对于关于世界的描述,人们更倾向于对事物作出自己的判断(Mark, Greene & Shaw, 2006)。

然而,日常生活中的这种判断可能是不全面、不系统和不准确的。例如,上面提到的一个人从起床到上班过程中所作出的一系列判断,可能因为他缺乏气象知识或收集的气象资料不全而不尽准确,尽管当前阳光明媚,片刻之后却风雨大作、气温骤降;也许因为他到达公交车站时刚好一辆车开走而后一趟车又晚点,因为不了解这些情况而作出了今天乘车的人特别多的错误结论。此外,日常生活中的评估判断,往往还受到当事人所处特殊情境和情绪的影响,致使结论带有某种强烈的主观感受。例如,也许他昨夜没有休息好或者今天身体健康状况不佳,抑或对今天工作中的某一任务焦虑不安,即使是对平常最为喜好的某种食物也感到索然无味、提不起食欲,于是影响了他对早餐口味的正确评价。

与此不同,作为科学研究的一种表现形式,评估研究通常具有全面性、系统性和客观性。例如,要想对当天的气象状况作出一个准确的评估,我们至少从气温、风力和晴雨等方面加以综合考虑,甚至还需要与前一天加以比较;如果要对其发展趋势作出预报,我们还需要参照不同时间点的卫星云图,根据其他气象资料作出全面的判断。要想对当天的某一线路、某一站点公交乘车人数作出判断,我们必须对某特定时间点的乘车人数作出系统而全面的统计,并与其他日子同一时段的人数进行比较,并综合考虑该时段公交出车情况,作出当天拥挤情况的结论。尽管诚如后面将要谈到的,当今的评估研究不否认特定价值取向对评估研究结论的影响,但在对事实的测定方面还是强调准确性,甚至通过三角测量(triangulation)或多元方法(mixed methods)确保研究结论的可靠性。最后,评估研究在对某一专业领域问题作出自己的评估结论时,往往还建立在一定的专业知识素养背景上,像对天气的判断便离不开专业的气象知识,而这往往是普通人所不具备的。正是因为有上述这些差别,我们说评估研究不同于日常生活中的评估判断,它具有自己的专业性和科学性,属于一种职业性的活动。

2. 社会项目评估定义

在了解了日常生活中的评估判断与专业性评估研究的区别之后,我们究竟该如何对社会项目评估作出定义呢? 为此,我们将从评估的词源和现有研究的界定两个方面进行考察。

从词源上来看,西方的"评估"(evaluate)的词根是"value",可以追溯到古代法语和拉丁语,包括两个方面的基本含义,即某物的价值或确定某物的价值,由此奠定了当代西方"评估"的基本内涵(Mark, Greene & Shaw, 2006)。从中文的语境来看,"评估"同样包含了"测度"和"评价"两个方面的含义(王思斌,2009a)。

考察相关的评估研究著作,我们发现,项目评估的定义有不同的侧重,主要涉及评估研究的目的、任务和方法等三个方面的内容(Mark, Greene & Shaw, 2006)及其组合。在有关的项目评估定义中,目的性界定也许是最常见的。例如,麦克尔·巴顿(Michael Patton)指出,评估是借助系统地收集项目活动、特征和结果信息,从而对项目作出判断,改进项目成效,进而为下一步项目决策提供信息的过程(Patton, 1997)。也有一些研究进一步从评估研究具体实现的任务角度加以定义,如埃米尔·J. 波萨维克(Emil J. Posavac)认为,评估研究就是决定某项服务是否需要并被使用,有关服务是否有效地满足了计划满足的社会需要,服务是否与计划的相同,有关服务是否真正以合理的价格满足了所需要帮助的人,并没有产生显著的副作用(Posavac, 1996)。林肯(Lincoln)和库巴(Guba)

的定义同样从另一个角度说明了评估研究的任务,即通过对有关处理、项目、设施、措施等的评定,从而对被评估对象的改进或对其影响的判断作出贡献(Lincoln & Guba, 1986)。此外,也有一些项目评估的定义更为强调评估的方法,如将评估视为社会科学研究方法步骤在社会项目设计、执行和效用判断方面的运用(Rossi & Freeman, 1985)。

但是,大部分的项目评估定义都综合包含了上述两方面,甚至三方面内容。例如,美国已故著名学者罗希等人在其最后撰写出版的《评估:方法和技术》(第七版)(*Evaluation: A Systematic Approach*)中便是从研究目的、任务和方法三个方面界定了项目评估,认为评估便是研究者运用社会研究方法,研究、评价并帮助改善社会项目的所有重要方面,具体包括社会问题诊断、概念化与设计、实施与管理、结果和效率。由顾东辉(2009)教授主编的我国第一部评估研究教材《社会工作评估》也沿用了罗希等人上述关于社会项目的界定。我们认为,罗希等人的定义比较完整地说明了项目评估的性质、内涵和外延。因此,综合上面关于社会项目的内涵讨论,我们对社会项目评估定义如下:社会项目评估借助社会科学研究方法,对一定时间维度内和社会资源条件下具有明确目标的、旨在维护社会正义和增进公众福利的有组织活动的设计、执行和结果进行评定,以增进其成效。

3. 项目评估与政策评估

为了深入理解项目评估的概念,我们认为还有必要比较项目评估与政策评估的异同。确实,项目评估与政策评估存在许多相同之处。事实上,它们的发展都可以追溯到第二次世界大战之后,目的都是为了提高成效,评估内容都可以分为设计、执行和结果,甚至方法也都是借助社会科学研究方法。尽管一些评估研究专著往往将它们放在一起讨论(Shaw, Greene & Mark, 2006),但两者之间还是存在某些明显的差异。

首先,项目评估与政策评估的范围不同。相对来说,政策评估的范围更大,内容更为广泛,而项目评估则更为具体,甚至只是政策评估的一个组成部分。例如,构建社会主义和谐社会的政策,即使从社会政策的角度来看,也具有广泛的覆盖性,涉及许多不同的社会服务内容,其成效的评估就必须涉及诸如农民工社会保险、城乡最低生活保障、全民医疗保障、住房保障以及社会工作队伍建设等方面,而项目评估则可能只涉及上述这些内容的一个方面。即便是这一方面的内容,项目评估可能也只是针对某一地区、实现这一目的的某一具体方案。例如,老人福利服务,某些社区可能重在举办活动中心,某些社区可能重在举办老年食堂,另外一些社区可能重在开设聊天室、上门服务等。尽管它们都可以是和谐社会建设的重要举措,但表现不一,从而表现为评估范围的差异。

其次,在政策和项目的设计阶段,两种评估的内容有所差异。对于项目评估,一般来说,其目的主要是判断项目的针对性,因此,评估的内容主要表现为需要评估,项目运行的费用预算相对比较灵活,可以根据资助规模来决定特定项目的规模。但是对于政策评估来说,除了事后判断政策的针对性应该评估社会需要以外,制定的政策是否具备财政预算的支持,也是决策者不得不考虑的要素。诚如一些学者指出的,政府预算在政策过程中处于核心地位,是"达成政策目标所做财务资源与人类行为的联结"(Wildavsky,1984)。例如,对于城乡最低生活保障,如果没有对中央和地方财政以及全国范围内贫困生活线以下人员的数量为基础的财政预算,出台的政策或者无法实现,或者为各级政府的财政带来严重负担。但是,对于一项具体的社会项目,经费的影响便要小得多。例如,对于一定的救灾社会捐助款,我们可以根据其数量来决定发放对象和数量。于是,社会项目的评估重点便转化为对象的需求评估。

最后,项目评估与政策评估的适用对象有差异。随着20世纪80年代以来西方福利国家制度的改革,当今世界各国的社会服务已经呈现出服务主体多元化的情形。政府部门除了直接举办社会福利项目以外,也通过调动非政府部门的积极性,甚至通过购买私营部门的服务来实现其政策目标。于是,社会项目评估的对象就不仅仅是政府部门,而且也涉及政府予以经费投入的非政府和私营部门;此外,非政府部门和私营部门同样也对其组织的项目实行各种机构内外评估。但是,社会政策评估的适用范围则不同,它仅仅针对政府部门决策的适宜性及其成效,非政府部门组织或私营部门组织的决策影响不是评估的对象。当然,一些大型的国际组织或私营机构可能也会对它们的某些决策作出评估,尽管方法上也相似,但它们不是社会政策评估的对象。

此外,项目评估与政策评估在方法上也存在着一些差异。通常,由于政策评估范围较大,而项目评估往往针对一定的空间对象,所以政策评估使用全局性统计资料的情形较多;另外,政策评估在方法程序上相对也更为复杂一些。

二、社会项目评估的类型

对于项目评估的理解,除了掌握其定义以外,也离不开对其类型的区分。然而,正如台湾学者李允杰对政策评估分类所评论的(李允杰和丘昌泰,2008),项目评估的分类也百家争鸣。例如,我们可以根据评估研究运用的社会领域不同,将其分为教育项目评估、卫生服务项目评估、社会工作与人类服务项目评估、司法正义项目评估以及发展干预或人道行动项目评估等(Shaw, Greene & Mark, 2006);我们也可以从方法论的角度提出定量与定性评估、第一至第四代评估(Guba & Lincoln, 1989)、证据为基础的评估(evidence-based evaluation)、参与式评估(participatory evaluation)等;甚至也有一些研究从项目评估的价值目标取向角度出发,提出自决自强性评估(empowerment evaluation)和民主性评估(democratic evaluation)等。但是,由于上述这些分类的角度不同,甚至同一学者的分类在内容上也有重复性。例如,美国学者约翰·M. 欧文(John M. Owen)在其《项目评估:形式与方法》(*Program Evaluation:Forms and Approaches*)一书的第三版中,区分了前摄性、澄清性、互动性、监控性和影响性等五种评估类型(Owen, 2007;同时参见陈锦堂,2008)。但是,在欧文的上述评估类别中,前摄性评估是从评估与项目执行的时间关系上区分的,澄清性和监控性评估着重于目的说明,互动性评估则强调方法,而影响性评估则是针对项目评估的内容。这种分类标准的不统一极易造成分类结果的重复。例如,欧文上述的互动性评估,具体包括行动研究和自决自强性评估。行动研究主要强调的是项目利益相关者的参与,自决自强性评估则重在提升作为社会项目服务对象的弱势群体的自我决断和环境改造能力。在实施上,这些方法和价值取向可以贯彻于几乎所有的社会项目评估类型。对此,我们将在项目评估的理论和方法部分进一步阐述。

基于上述认识,我们这里着重讨论三种社会项目的划分类型。第一种是按照项目的进程区分的设计、过程和结果评估,第二种是按照评估目的划分的改进性评估与总结性评估(Scriven, 1991),第三种是按照评估的内容对评估研究的分类。

设计性、过程性和结果性评估是一种最简单明了的社会项目评估类型。任何社会项目在其设计阶段,往往都得进行需要评估,以便确定社会投入是否针对当前迫切需要解决的问题及其目标对象;即使在项目进行或完成之后,需要的评估仍然是我们评定一个项目最基本的内容。项目的过程评估,或更确切地称之为"过程机制评估"(方巍、张晖和何铨,2010),主要是针对项目的执行过程和项目运作的机理。一个好的项目,除了要有确切的目标以外,还离不开计划的落实和执行。不论是项目执行过程中的监控,还是项目完成之后的执行评估,对于我们的项目质量、确保项目目标的实现都有着不可或缺的作用。此外,破解项目服务或干预及其结果之间的"黑箱",了解项目影响的实现机制,也是我们加深对项目规律认识,进而促进后继项目设计成效的重要步骤。项目结果的评估主要包括两个方面:一是检验项目是否实现了预期的影响目标,或者造成了哪些预期之外的效果;二是判断项目的效率,评估的项目是否属于同样投入状况下的最佳选择,其单位收益或效益的成本是多少。虽然社会项目的效率问题不如工程项目那么敏感,相对评估难度也较大,但它仍然是一个不容忽视的重要问题。评估研究协会(Evaluation Research Society)进一步拓展了上述分类的评估范围,在通常的中短期项目影响评估基础上提出了长期追踪评估,以及对过去评估结果的重新评估问题

（李允杰和丘昌泰,2008）。

　　与上述分类角度不同,改进性评估指的是旨在改进项目进程的评估,而总结性评估则是除改进项目进程之外,重在作出评价性结论的评估。斯克里文（Scriven）还用品尝菜肴滋味为例形象地比喻说,厨师品尝菜肴,那是改进性评估;而如果有顾客来品尝菜肴,那就属于总结性评估（Scriven,1991）。改进性和总结性评估的概念自1967年提出以来,一直是一种比较权威的结论,为其他研究广泛采用。但是,著名华裔评估学者陈惠次（Chen Huey-Tsyh）对此提出了不同的看法。他针对同样的比喻指出,厨师品尝菜肴不一定是为了改进,特别当他做的菜肴是一个新品种时,品尝也许是为了评判该菜肴的品质,从而决定是否应该提供给顾客。因此,陈惠次认为,斯克里文的改进性和总结性评估并不全面,进而提出了过程改进性评估、过程鉴定性评估以及结果改进性评估和结果鉴定性评估（Chen,1996）。尽管如此,我们以为,改进性和总结性评估仍然是一种简洁而有概括力的分类。

　　当然,不论哪一种分类,最终都会涉及具体的评估内容,据此又可以分为需要评估、项目执行评估、项目机制（理论）评估、影响评估、效率评估和满意度评估等类别。笔者以为,其他诸如上面提到的,不论是定量还是定性评估,第一代、第二代、第三代还是第四代评估,抑或是参与式评估、自决自强性评估和民主性评估,都可以在上述这些内容方面得到表现。由于评估的内容不同,决定了评估研究的基本步骤,因此,本书后面关于评估实务的讨论便以这六个方面为例展开,这里恕不赘言。

三、社会项目评估的功能

　　关于社会项目评估的功能,国内外学者从不同的角度作出了类似的阐述。例如,国内学者王思斌（2009a）从社会工作服务的角度出发,认为评估研究具有促进社会服务发展、实现社会交代、满足社会服务提供者的自我发展和促进社会工作学科发展等四个方面的功能。美国学者埃莉诺·赫利姆斯基（Eleanor Chelimsky）（2006）从民主社会的背景出发,认为项目评估有助于议会监督、为政策决策提供知识基础、帮助机构提高管理水平以及使政府活动公开化等功能。本部分将从项目资助者、项目管理者、服务对象、评估研究者以及社会等五个方面,简要阐述社会项目评估研究的功能。

1. 项目资助者

项目的资助者,包括项目的发起者,无疑是项目评估的重要服务对象。绝大部分的社会项目,其出资人和发起人往往与具体的执行人并不统一。对于政府部门向非政府部门或私营部门购买的服务,或者由国际性组织或地区性组织发起和资助的活动,项目的资助方和发起方都有责任确保项目计划的实现。即使是政府部门开展的项目,作为发起人或出资人的上级部门或主管部门,也需要对项目执行情况进行考核。因此,它们往往十分关注项目的执行情况与原来的计划是否一致,是否达到了预期目标,其成本收益或效益如何等问题。一些国际性组织在其国内的项目执行过程中,往往有一套严格的评估制度,但是近年来,国内政府部门也大大加强了对项目投入评估工作的重视。例如,在教育领域内,一方面是出于对高等教育扩招后教育质量的重视,另一方面也是对政府教育投入的效益关注,近年来便大大加强了对诸如质量工程等项目的评估工作。甚至一些地区的政府教育投入还直接与高等教学各类项目的执行情况建立联系,在教学业绩考核的基础上实行增量拨款,显示了项目出资者对评估工作的高度重视。

2. 项目管理者

项目评估对于管理者的作用,主要体现在改进项目服务和管理水平、提高服务质量和管理效率上。具体来说,这一功能体现在三个方面。首先,在项目的规划阶段,项目评估研究有助于社会项目明确其目标和服务对象;其次,在项目执行过程中,评估研究既可以从项目的逻辑出发,帮助管理者明确应该采取的步骤,也可以对相关步骤和计划的执行过程进行监控,提高执行的准确率;第三,项目完成之后的评估有助于管理者总结其项目执行和管理的经验教训,提高其后续项目服务和管理水平。通常,为了加强评估结论的客观性,评估研究往往是由项目利益相关方以外的第三者来执行的。从这个意义上来说,管理者是被评估的对象,需要虚心接受评估者的研究结论;但是,从提高评估研究的指导意义上来说,项目管理机构也需要实施内部评估,于是管理者又成为评估研究的主体。这种做法体现于参与式评估研究之中,往往有利于项目管理者更好地从评估研究中提高其服务和管理成效。对此,我们在下面的项目评估研究发展中还要提到,恕不赘言。

3. 服务对象

从传统的评估观出发,评估研究对项目服务对象的最大功能无疑是使服务更好地满足特定的对象及其需要。但是,由于社会项目的服务对象有相当一部分是出自社会底层的弱势群体,加上他们文化水平低,因而在评估研究中,通常是由专家或项目发起人、资助者和管理人员来决定项目是否真正针对需要服务的对象并满足其需要。从这一意义上来说,当代评估研究中所体现的强调弱势群体对评估研究的参与,强调评估研究过程对弱势群体成员思想觉悟的提升并达到自立自强这一功能,无疑是评估研究思想的重大转变。根据这种思想,评估研究对于服务对象的作用,不仅是目标对象"被"确定、需要"被"满足,而且是一种教育和自我教育过程。对此,我们将在第三章中加以进一步的阐述。

4. 评估研究者

对于研究者来说,社会项目评估的功能首先在于发现事实。社会科学研究的基本功能便是客观地反映研究现象,告知公众事实真相。评估研究既是为了满足项目利益相关方的需要,同时也是为了增进人类知识的积累和发展。社会评估研究的第二个功能在于实现评估研究者及其社会正义感。现代社会科学研究认为,研究者并不能真正做到纯中立,评估研究更是如此。事实上,现代评估研究不但不要求评估者恪守中立,而且要求他们主动服务于公众的社会福祉。社会项目评估研究对于评估研究者的第三个功能,在于促进评估研究实践和研究的发展。社会评估研究离不开社会项目的发展,同时也离不开评估研究实践,两者相辅相成;但是,作为评估研究学者,推进评估研究的学科化和职业化发展不仅是实践需要,而且也有着重要的学术方面的职责,是理论研究者使命的体现。

5. 社会

我们以为,社会项目评估的作用不仅在于满足直接的项目利益相关者,而且对整个社会都有着十分积极的促进作用,它是社会文化的塑造,是社会基本价值的表现。项目评估既需要通过社会科学研究手段掌握基本事实,并以此为依据作出基本判断,但它又不同于一般的社会研究,还需要对项目及其取舍作出价值判断。这种价值判断既是特定国家和地区传统文化的体现,同时也是特定形势下社会基本价值的张扬。例如,中华民族历来就有帮助弱者的传统,但当前大量民生工程项目的推出,又反映了党和政府构建社会主义和谐社会的价值目标,体现了对社会公平的追求。从这个角度来说,社会项目评估的功能并不仅仅局限在上面提到的项目直接的相关方,它是整个社会,包括党和政府以及全体社会成员价值取向和意志的张扬。

第三节 社会项目评估发展

上一节揭示了社会项目评估的概念、类型及其功能,为了进一步加深对社会项目评估的认识,下面将分析社会项目的起源、早期社会项目评估的发展以及当前多元化的发展走向。

一、社会项目评估的起源

说到社会项目评估,学术界往往首先想到第二次世界大战之后西方工业化国家的社会福利运动及其对项目评估研究发展的促进作用(罗希、李普希和弗里曼,2007)。第二次世界大战后,英国政府贯彻《社会保险及相关服务》(*Social Insurance and Allied Services*),即通常所说的《贝弗里奇报告》的主要内容,向贫穷、疾病、愚昧、肮脏和懒惰等五大社会弊端宣战,率先发起了社会福利国家运动。美国此后也提出"伟大社会"的建设目标,向贫困宣战。所有这些活动引发了政府和民间基金在社会项目方面的大量投入,以满足社会发展的需要。社会项目开支加大,很大程度上促进了项目评估研究的发展。社会科学家开始从事防止过失、精神心理治疗和精神药物治疗、公共住宅、教育活动、社区组织建设和其他各类社会项目的评估研究(罗希、李普希和弗里曼,2007)。据统计和研究,美国联邦政府在 1975 年至 1977 年间的评估费用是 1969 年的 10 倍;20世纪 70 年代联邦政府的评估研究多达 1 000 多项,经费开支 1.7 亿美元(参见李允杰和丘昌泰,2008)。由此可见,评估研究在美国已经成为一个新兴产业,成为社会科学最有活力的前沿(参见陈锦堂,2008)。

然而,一些研究指出,不同学科对评估研究的历史追溯不同(Mark, Greene & Shaw, 2006)。在社会福利领域,说起社会项目评估的发展,往往会强调约翰逊政府任内的"伟大社会"项目,而教育评估则往往更为注重拉尔夫·泰勒(Ralph Tyler)的贡献。半个多世纪以前,泰勒便开始关注学生成绩的评定。一开始,他更为注重课堂项目的评定,直至 20 世纪六七十年代,才将注意力转向政府教育项目背景下的整个教育体系的评估(Nevo, 2006)。事实上,按照库巴和林肯(1989)关于评估研究阶段的划分,社会项目的评估研究还可以进一步追溯到教育学领域关于人类智商水平的测定。早在 19 世纪末和 20 世纪初,法国教育部便开始关注学生个性特征的测量,并由心理学家比奈设计提出了智商及其测量方法,由此成为美国教育工作中普遍认可和广泛采用的方法。

此外,不同国家和地区社会项目评估研究的发展历史也不同。第二次世界大战后,社会评估研究在其工业化国家发展的基础上,逐渐向欧洲和美洲以外的地区传播。例如,亚洲的家庭计划、拉丁美洲的营养与健康、非洲的农业和社区发展等项目,使得评估研究的发展更为丰富多彩。在中国,随着市场经济体制的建立,人们的评估意识日益强化;构建社会主义和谐目标的提出,更是给社会评估研究提供了丰富的评估课题。

二、早期社会项目评估的发展

关于社会项目评估研究的发展,最有影响的阶段划分当属库巴和林肯(1989)的四阶段论。我们这里所谓的早期项目评估,指的是 20 世纪 70 年代之前的第一至第三代评估研究。它们的一个共同特点便是注重项目的事实数据,强调评估研究的价值中立。它们在方法论上的表现,便是重视实地实验和社会实验在项目评估过程中的作用(李允杰和丘昌泰,2008)。

纵观这一时期的研究实践,我们不难发现,社会项目评估日益取得其主导特色,评价和判断的成分不断增加(参见库巴和林肯,1989)。最早的评估研究等同于测量,其功能便是运用已有的量表或创建新的量表,收集评估对象的数据,对其基本属性进行测量。这一时期的社会项目评估主要表现在教育领域关于学生的测量。除了上面提到的泰勒和比奈的研究,当前我们仍然非常熟悉并广为采用的智力发展测试、学生的成绩评定等,都是这类评估研究的典型代表。

此后,社会项目评估进入了以描述为特征的第二阶段。测量不再是评估研究的所有任务,而只是一种手段,评估研究的目的是描述项目并确定它们达到的效果。通俗地说,对于一个拟将实现的项目目标,评估研究的功能在于考察相应的服务或干预达成目标的状况,并据此提出评估意见。同样,我们仍然能够在现实中找到这种评估形式的表现,像目前国内评估研究中十分常见的鉴定,便是以描述为特征的评估的典型代表。针对一个确定的目标,评估研究的任务便是检查实际的项目服务及其成效,判断是否实现了项目的预期目标。

到了库巴和林肯所谓的第三阶段,评估研究对评估对象基于事实依据的判断功能大大强化。研究者不再满足于测量以及对项目过程的描述,而是进一步直接对项目的目标提出质疑。诚如斯克里文指出的,它要求评估者将项目目标也视为存在问题的,不值得做的事不值得做好(参见库巴和林肯,1989)。近年来,我国一些地方政府在对社会项目的评估工程中,改变了传统的上级对下级单位的检查鉴定方式,实施群众满意度评估(宁波市民政局课题组,2009)。群众的满意度不仅包含对他们需要的服务的满意与否的判断,同时也可能是对项目本身好坏的评估。因此,从项目评估发展的进程上来说,这无疑是我国社会项目评估研究理念上的一大飞跃。

当然,任何历史分期的划定都有其相对性。我们这里所谓的"早期项目评估发展的概念"主要指的是西方国家,尤其是美国的项目评估研究发展。但是,如果从评估研究的学术发展来看,这种早期说法又是成立的。不过,对于中国来说,社会项目评估研究还是一个新鲜事物。由于缺乏专业化的社会服务(王思斌,2009b),社会项目评估基本上是行政性评估,与国外评估研究的专业规范相比还有很大差距。从这个意义上来说,中国的社会项目服务与评估研究的专业化相辅相成,在当前落实科学发展观、构建社会主义和谐社会的背景下,既有良好的发展前景,同时又面临严峻的挑战。正是从这个意义上来说,尽管早期传统的、以事实为基础的评估有各种缺陷并受到学术界的批评,但是仍然不乏指导意义。

三、社会项目评估的多元化走向

如果说20世纪中期福利国家运动引发的评估研究大发展是社会项目评估发展的第一个重大事件,那么,70年代库巴和林肯称之为"第四代评估"的出现,则是社会项目评估发展史上的另一件大事。对于这种转型的方法论思想,我们将在下一章具体阐述,这里仅简要揭示这些背景下评估研究的一些发展走向。

作为第四代评估的反映,评估研究的第一个发展变化便是评估目的的多元化。传统观点认为,评估研究的主要任务是提供针对项目特定问题的准确结论(参见 Shulha & Cousins, 1997)。按照这种观点,评估研究者只要就项目的设计、执行和结果提供评估结论,就完成了其使命,至于如何根据这些结论判断现有项目是否需要延续、新项目是否需要立项以及如何改善项目成效,那是项目发起者、资助者和实施者的事情。但是,当前西方的一些社会项目的评估研究的目的已经不仅仅是提供事实信息,而是力图促进决策者对这些评估信息的利用,进而实现社会福祉的目标(方巍,2010)。作为这种趋向的反映,专业研究者的任务不再是独立进行评估研究,而是需要为项目利益相关方提供项目监控和评估的技术咨询,协调各方共同完成项目评估目标,进而改进项目成效(Cousins & Earl, 1995)。根据社会背景与意识形态不同,这种发展过程又表现为两种不同的取向。其中一种体现为管理取向,更为强调研究者与项目发起者、资助者、管理者和执行者之间的合作;另一种则更为倡导社会变革,意在借助评估研究促进服务对象,特别是社会弱势群体的自决自强(Cousins & E. Whitmore, 1998)。对此,我们将在下一章再进一步阐述。

　　当前评估研究发展的第二个走向是评估主体的多元化。传统项目评估强调科学性及其相应的专业性和中立性,因此,项目的评估研究主体通常是高校或科研机构的研究人员,或者是专业评估研究职业人员。为了保证评估结论的科学性,项目评估通常提倡由机构外的第三方实施。然而,在新的参与式评估研究中,研究者与包括项目发起者、资助者、管理者、执行者和服务对象在内的项目利益相关方建立了一种崭新的合作关系。专业研究人员的任务不再是排除非专业人员的非专业性结论,而是要通过培训,帮助合作者掌握完成评估任务所需要的专业技术,促使项目利益相关方更好地了解并完善项目的执行情况。这种情况更突出地反映在对待弱势群体的参与态度上。在传统的评估研究中,社会项目服务对象的利益是由其他利益相关者和专业人员来代言的;但是,当前西方评估研究的发展趋势是,强调和注重项目服务对象对评估过程的参与,试图借此提升弱势群体的自决自强意识,不仅强化对社会项目决策的影响,而且通过自己的社会行动改造社会(Wandersman et al., 2005)。

　　20 世纪 70 年代以来,社会项目评估的第三个变化趋向是评估方法的多元化。传统的评估研究强调自然科学的量化研究方式,但是 70 年代以来,定性研究手段受到重视。受现代定性研究方法的影响,特别是受到以建构主义为取向的定性或质的研究方法的影响,诸如参与式研究、行动研究、自决自强性研究等各种新的方法呈现出百花齐放的繁荣局面。此外,在经历了定量和定性两种方式的相互竞争和排斥之后,目前,国外评估研究界终于意识到定量和定性方法的互补性,因而综合性研究方法的影响日益提升,并在现实中得到越来越多的运用。这一特点最集中的表现,便是当前在国外评估学界影响如日中天的项目理论评估。诚如我们在第十二章将进一步讨论的,项目理论评估既包括对作为项目运行机制的理论假设的定量验证,也包括了对项目执行过程的定性考察,集中体现了现代综合研究方法的运用。

思考题

1. 社会是社会项目,它与其他诸如工程项目、公共项目有什么相同的地方和不同的地方?

2. 什么是社会项目评估? 其主要类型有哪些? 如何理解这些不同评估类型的划分?

3. 社会项目评估研究发展历程的基本特点是什么? 当前评估研究发展的主要特征有哪些?

推荐阅读

罗希、李普希和弗里曼(2007):《项目、政策和评估》,载罗希、李普希和弗里曼:《评估:方法与技术》,重庆:重庆大学出版社,第1—22页。

方巍(2010):《社会项目评估研究发展趋势与启示》,《社会工作》2010年第6期下,第4—9页。

Mark, M. M. , Greene, J. C. & Shaw, I. E. (2006). Introduction: The Evaluation of Politicies, Politics, Programs, and Practice. In Shaw, I. F. , Jennifer C. Greene & M. M. Mark(ed.). *Handbook of Evaluation: Policies, Programs, and Practices.* London: SAGE Publications, pp. 1—30.

参考文献

陈锦堂（2008）:《香港社会福利评估与审核》,北京:北京大学出版社。

陈振明（2003）:《公共管理学——一种不同于传统行政学的研究途径》,北京:中国人民大学出版社。

方巍（2010）:《社会项目评估研究发展趋势与启示》,《社会工作》2010年第6期下,第4—9页。

方巍、张晖和何铨（2010）:《社会福利项目管理与评估》,北京:中国社会出版社。

顾东辉（2009）:《社会工作评估》,北京:高等教育出版社。

胡振华、聂艳晖（2002）:《项目管理发展的历程、特点及对策》,《中南工业大学学报（社会科学版）》2002年第3期,第229—232页。

李允杰、丘昌泰（2008）:《政策执行与评估》,北京:北京大学出版社。

卢少平（2002）:《项目管理在高校学生组织管理中的运用》,《理工高教研究》2002年第3期,第54—55页。

罗希、李普希和弗里曼（2007）:《评估:方法与技术》,重庆:重庆大学出版社。

宁波市民政局课题组（2009）:《社区群众满意度评估体系研究报告》,载浙江省民政厅:《2009浙江民政论坛优秀论文汇编》,杭州。

桑德斯-克鲁克（2001）:《英国项目管理发展的简史》,《中国质量》2001年第3期,第28—30页。

孙扬（2009）:《高职实验室建设改革——项目管理运用》,《改革与开放》2009年第5期,第189页。

王思斌（2009a）:《导论》,载顾东辉（2009）:《社会工作评估》,北京:高等教育出版社,第242—256页。

王思斌（2009b）:《社会工作评估在中国的发展》,载顾东辉（2009）:《社会工作评估》,北京:高等教育出版社,第1—22页。

王允修、宗刚（2005）:《高等教育项目管理探析》,《北京工业大学学报(社会科学版)》2005 年第 4 期,第 87—91 页。

郑立羽(2008):《社会工作实习引入项目管理的探索》,《福建医科大学学报(社会科学版)》2008 年第 2 期,第 46—49 页。

朱俊文、刘共清、尹贻林(2003):《项目管理发展综述》,《技术经济与管理研究》2003 年第 1 期,第 82—83 页。

Chelimsky, E. (2006). The Purpose of Evaluation in a Democratic Society. In Shaw, I. F. , Jennifer C. Greene & M. M. Mark(ed.). *Handbook of Evaluation: Policies, Programs, and Practices*. London: SAGE Publications, pp. 33—55.

Chen, Huey-Tsyh (1996). A Comprehensive Typology for Program Evaluation. *Evaluation Practice*. Vol. 17. No. 2, pp. 121—130.

Cousins, J. B. & Earl, L. K. (eds). (1995). *Participatory Evaluation in Education: Studies in Evaluation Use and Organizational Learning*. Washing, DC: Falmer.

Cousins, J. B. & Whitmore, E. (1998). Framing Participatory Evaluation. *New Directions for Evaluation*. No. 80, pp. 5—23.

Guba, E. S. & Y. S. Lincoln. *Fourth Generation Evaluation*. Newbury Park, CA: Sage. 1989.

Mark, M. M. , Greene, J. C. & Shaw, I. E. (2006). Introduction: The Evaluation of Politicies, Politics, Programs, and Practice. In Shaw, I. F. , Jennifer C. Greene & M. M. Mark(ed.). *Handbook of Evaluation: Policies, Programs, and Practices*. London: SAGE Publications, pp. 1—30.

Midgley, J. (1995). *Social Development: The Developmental Perspective in Social Welfare*. London: SAGE Publications.

Nevo, D. (2006). Evaluation in Education. In Shaw, I. F. , Jennifer C. Greene & M. M. Mark(ed.). *Handbook of Evaluation: Policies, Programs, and Practices*. London: SAGE Publications, pp. 441—460.

Owen, J. M. (2007). *Program Evaluation: Forms and Approaches*. New York: The Guilford Press.

Patton, M. (1997). *Utilization-Focused Evaluation: The New Century Text*. Thousand Oaks, CA: Sage.

Posavac, E. J. & Carey, R. G. (1996). *Program Evaluation: Methods and Case Studies*. New Jesey: Prentice Hall.

Rossi, P. H. & Freeman, H. E. (1985). *Evaluation: A Systematic Approach*. Thousand Oaks, CA: Sage.

Scriven, M. (1991). Beyond Formative and Summative Evaluation. In G. W. McLaughlin & D. C. Phillips(eds.). *Evaluation and Education: At Quarter Century*. Chicago, IL: University of Chicago Press, pp. 19—64.

Shaw, I. F., Jennifer C. Greene & M. M. Mark(ed.). *Handbook of Evaluation: Policies, Programs, and Practices*. London: SAGE Publications.

Shulha, L. M. & Cousins, J. B. (1997). Evaluation Use: Theory, Research, and Practice Since 1986. *Evaluation Practice*. Vol. 18. No. 1, pp. 195—208.

Titmuss, R. M. (1974). *Social Policy: An Introduction*. New York: Pantheon Books.

Wandersman, A. et al. (2005). The Principles of Empowerment Evaluation. In D. M. Fetterman & A. Wandersman(eds.). *Empowerment Evaluation Principles in Practice*. New York: Guilford, pp. 27—41.

第二章　社会项目评估理论

通过上一章我们了解到,尽管社会项目评估发展的历史不长,但它随着社会福利事业的繁荣取得了快速发展。近年来,社会项目的评估更是呈现出许多新迹象,有关评估的理论日趋丰富。为此,在本书具体讨论社会项目的评估方法之前,有必要对现有的评估实践进行理论的反思。

第一节　评估理论概论

在回顾分析当前对社会项目评估实践有着重要影响的评估理论之前,我们将首先讨论社会项目评估理论的概念,在明确什么是评估理论的基础上分析项目理论的构成要素,并对当前有着重要影响的评估理论进行概述。

一、评估理论的概念

根据《辞海》的定义,"理论"是"概念和原理体系","是系统化了的理性认识"(辞海编辑委员会,1999:1467)。华裔学者陈惠次认为,理论是帮助人类理解其所在的世界,并决定其行动的参照框架(Chen,1990)。显然,理论所研究的对象不同,理性认识所呈现的形态和内容也不同。例如,数学理论是关于数的研究,其理论形态表现为概念、公理及其基础上导出的定理体系;社会学理论则是对社会互动及其在互动过程中所形成的各种社会现象的概念化及其规律的揭示,其形态包括概念、假设和命题;而社会科学研究理论则是对社会科学研究对象的属性、人类在研究活动中揭示社会现象本质的可能性以及具体研究过程的方法步骤和规律的一般认识。因此,理论不仅因为人们认识对象涉及的领域不同而表现出不同的内容,还因认识对象的性质不同而在理论的表现上体现为不同的形式。例如,纯科学的研究主要是揭示研究对象的规律性,应用研究则涉及对某种规律性或活动的价值取向的判断和倡导,而方法论研究则体现了对某种方法的依据的阐述。根据上述论述,我们可以发现,理论不仅仅具有描述、解释和预测功能,它还应该反映人类对社会活动的一种取舍判断。

根据理论的一般定义,我们可以认为,评估理论便是评估的概念和原理体系,是对评估研究系统化的理性认识,或者说是在评估研究抽象和概括基础上形成的一般认识。正是在这一角度,项目评估理论不同于项目理论。评估理论是对评估研究的一般问题进行反思的结果,而项目理论则是具体项目运行的内在机理。尽管项目理论对于评估研究也有着重要的指导作用,但它是相对于特定项目的评估研究而言的,不像一般的评估理论对于所有的项目评估研究具有普遍的指导意义。对此,我们将在本书后续章节中做专题说明。

同理,项目评估理论也不同于社会科学研究理论。社会科学研究理论,或更确切地说,社会科学研究哲学是对社会科学研究活动一般问题的一种反思。项目评估研究包括对社会科学研究方法的运用,因而评估理论必然包含社会科学研究哲学的精粹;但是,项目评估除了运用研究方法获得对项目的科学认识以外,还必须从一定的价值标准出发,对项目的设计、执行和结果等问题作出价值判断。于是,不同于纯科学研究,项目评估研究还需要在科学研究对事实研究和发现的基础上,进一步对评估对象作出价值判断,进而直接或间接地影响到社会政策的制定和执行。因此,项目评估理论比社会科学研究理论范围更为广泛,内容更为复杂,涉及充满争议的价值和规范问题。尽管难以统一,但是社会项目评估理论必须在一定的社会文化历史背景下,对此作出取舍结论。

理解了项目评估理论的概念,我们就不难认识它在项目评估研究中的作用。理论源于实践,而又高于实践。一方面,项目评估理论来自评估实践,是评估工作者和研究人员对评估研究经验的总结与反思,它是否正确、有效,最终要经受评估研究实践以及项目实施结果的检验;另一方面,理论一旦形成,就对所有的项目评估研究具有重要的指导作用,是提高项目评估研究水平,进而推动项目设计、实施与实现项目目标的重要手段。正因为如此,学术界高度评价评估理论在项目评估研究中的作用,将其视为职业赖以生存的知识基础,甚至认为它决定了评估研究者和实务工作者的职业身份(Shadish, 1998)。那么,项目评估理论究竟具有哪些方面的作用呢?

首先,评估理论对于评估研究方法的选择具有重要的指导作用。我们在本章的后续部分将要讨论,项目评估在方法上可以大致分为实证主义和建构主义两种取向,它们从不同的本体论和认识论出发,对如何才能有效地运用研究方法进行评估研究提出了不同的看法。不同的方法论取向,决定了评估研究者完全不同的评估研究方法和评估研究重点,它是关于评估研究方法的系统和全面阐述,对于评估研究有着根本的指导作用。例如,信奉实证主义方法者在评估研究中通常会坚持客观中立的原则,其评估的重点是尽量为评估结果的利用者提供翔实且中立的资料;而建构主义方法论者则更重视评估研究的价值取向,甚至将民主社会、项目服务对象的自决自强作为评估研究的重要标准。

其次,评估理论又是项目评估研究价值判断的主要依据,对于项目目的的实现具有重要意义。尽管评估研究在方法论上有着实证主义和建构主义之分,但是当前评估实践和研究都越来越重视评估的价值取向,而不仅仅满足于提供翔实的资料(方巍,2009)。事实上,对于正在进行中的项目,项目评估研究的职能决定着项目是否应该继续,进而是否扩大投入和规模;对于已经完成了的项目,评估研究则要对它的结果作出评价。从这两方面来说,评估研究者都无法完全摆脱价值评价的职责;从建构主义的角度来看,评估研究更是承担着民主社会及其成员的平等正义目标实现的职责。因此,评估理论关于项目价值的阐述和结论,无疑是项目评估的根本指南。

最后,评估理论是坚持评估研究规范、提高评估研究水平的重要措施。一项好的评估研究应该满足一定的标准和规范,不但研究结果要有可信性,而且其方法步骤也要得到该职业领域的认可。评估理论不仅涉及评估研究步骤和方法的规范,而且涉及评估研究者在从事评估研究过程中应该满足的基本条件、能力素质和具体的行为操守。对此,我们将在第三章再做深入讨论。

二、项目评估理论的构成要素

前面我们已经指出,评估理论便是评估的概念和原理体系,是对评估研究系统化的理性认识,或者说是在评估研究抽象和概括的基础上形成的一般认识。那么,项目评估理论具体包括哪些内容呢? 下面,我们将对这一问题展开进一步的讨论。

沙迪什等人曾经从判断评估实践理论优劣标准的角度,指出项目评估理论应该包含五个方面的内涵,即知识、使用、价值、实践和项目规划。其中,知识回答运用什么方法获取可信的知识的问题,使用说明如何使用评估获得社会项目知识的问题,价值解答如何确立评价标准问题,实践指导评估工作者在真实境况中开展评估研究,项目规划则旨在界定社会项目的性质及其在解决社会问题过程中的作用(Shadish, Cook & Leviton, 1991)。应该说,沙迪什等人的上述概括,基本上回答了社会项目评估理论包含的主要内容和要素,并且自发表以来成为项目理论最有影响的概括(Donaldson & Lipsey, 2006)。

关于项目评估理论的内容或要素另一有影响的研究,是马文·C. 阿尔金(Marvin C. Alkin)和克里斯蒂娜·A. (Christina A.)关于理论树

（evaluation theory tree）的阐述（Alkin & Christie，2004）。阿尔金和克里斯蒂娜形象地将项目理论的内容或要素的结构比喻为一棵大树的枝干及其分枝。其中的树干是问责控制和社会研究，三大分枝是使用、方法和价值，不同学者关于项目理论的不同研究和阐述则被分别归类为三大分枝上繁茂的枝杈。按照阿尔金和克里斯蒂娜的说法，问责与社会研究构成了评估研究的支柱；问责是项目评估之所以进行的目的所在，而社会研究是评估研究得以进行的方法论基础。方法、价值和使用是项目评估理论涉及的三大内容或要素，其中，方法探讨知识的建构或实现对研究问题的一般结论，价值说明评估研究者承担的伦理使命，而使用则阐述如何利用评估研究的结论。我们认为，阿尔金和克里斯蒂娜关于项目评估理论的理论树比喻，不但十分简洁地概括了项目理论的三大要素，而且提出了关于评估研究的本体性理论反思。无疑，这是他们相对于沙迪什等人关于项目理论五要素概括的一大重要突破和成就。

综上所述，我们认为可以进一步对项目评估理论作出如下界定：项目评估理论是关于评估研究本身的理论反思，以及对项目评估涉及的研究方法、价值取向、评估过程以及评估结论的利用等方面内容的一般说明的知识体系。由于项目评估研究是运用社会科学研究方法对项目评估的研究，因此，项目评估首先便包含了对评估研究活动的方法论思索，即如何认识项目评估研究对象的特点，如何评价人类对项目评估活动的认识能力，如何看待项目评估研究的具体方法等问题，这是项目评估理论首先需要回答的基本问题。其次，项目评估理论包含对项目评估实践活动的基本过程和步骤等现象的抽象概括，尤其是对项目评估研究的基本特点和属性等一般问题的反思。再次，作为一项应用性研究，项目评估研究理论还涉及对项目评估研究目的的认识，尤其是对项目评估研究涉及的社会资源分配原则等价值取向问题的认识。我们认为，这既是项目评估研究不同于一般社会科学研究最重要的特点在理论方面的必然反映，也是项目评估理论在内容方面的重要组成部分。最后，评估理论包含对评估活动的评估和认识，或者说，对项目评估元问题的反思，构成了项目评估理论的哲学基础或理论主干。

三、评估理论发展概况

项目理论涉及的内容十分广泛,但是人类对评估研究的认识却有着一个由浅到深、由部分到总体的发展过程。更为复杂的是,不论是研究方法还是评价项目的价值标准,不同时期可能有着截然不同的看法。所有这些情形,决定了项目评估理论的发展呈现出变迁性和阶段性的特点。

关于项目理论的发展历程,最有影响的研究无疑首推库巴和林肯关于评估研究发展四个不同时代的划分。诚如上一章在关于评估研究的发展历史回顾时提及的,按照库巴和林肯的看法,评估研究先后经历了以测量、描述、判断和回应性等四个发展阶段。第四代评估被认为是评估指导思想和方法上的一种创新,它注重对项目利益相关者不同看法的回应,并在评估资料的收集过程中得到落实。第四代评估在理论上最为重要的一个特点,则是公开宣称项目评估研究的价值导向,强调评估研究者所承担的道德义务(Guba & Lincoln, 1989)。

此外,沙迪什等人的研究也有着重要影响。与库巴和林肯的研究不同,沙迪什关于评估研究的发展更侧重评估理论的变迁,划分提出了项目评估理论发展的三个阶段。他们认为,评估理论发展的第一阶段强调的是事实的发现,第二阶段关注的是评估的方式及其社会功效,而第三阶段则注重方法与功效的统一(Shadish, Cook & Leviton, 1991)。

综合上述研究成果,我们认为,从项目评估理论的功能表现方面来看,当代西方评估理论发展的一个重要趋势,便是强调评估结论的社会影响,甚至直接促进社会进步和发展。传统评估研究的主要任务是提供针对项目特定问题的准确结论。与此不同,当代项目评估研究采取更积极主动的姿态,认为评估研究人员有责任帮助决策者认识到利用评估研究结论的必要性(Shulha & Cousins, 1997)。建构主义第四代评估理论对前三代评估研究提出了严厉的批评,认为它们过分强调评估研究的科学范式,过于依赖定量测量,忽略事物的前后背景联系,崇拜权威,研究思维封闭,缺乏道德责任;认为它们忽略价值的多元性,在评估研究价值中立的旗帜下违反社会的价值多元论本质(Guba & Lincoln, 1989)。进而,他们将促进民主社会的发展,特别是弱势群体的自决自强,作为评估研究的职责(方巍,2010)。对此,我们将在本章第三节中做进一步的讨论。

第二节　实证主义评估理论

实证主义是现代项目评估研究中有着悠久历史,同时迄今依然存在重要影响的评估理论,它不但决定了项目评估研究的方法,而且影响评估研究者对项目评价的基本态度和价值取向。在这一部分,我们将在分析实证主义内涵的基础上,揭示实证主义评估理论的主要内容和特点,进而对它在现代项目评估过程中的功能作出初步的评价。

一、实证主义概论

简单地说,实证主义便是自然科学研究方法在社会科学研究领域的反映。现代自然科学研究方法的哲学基础是经验论,它是在人类在长期实践过程中对认识对象的本质以及人类认识活动性质反思的基础上形成的,是与以唯理论为代表的思辨方法长期抗争的成果。近代经验论的代表是英国哲学家约翰·洛克(John Locke)和大卫·休谟(David Hume),他们的基本观点可以喻之为白纸说,认为知识的根源是经验。洛克(1981:68)在其著名的《人类理解论》(An Essay Concerning Human Understanding)中形象地将人的认识比喻为一张白纸,认为人类丰富多彩的知识"都是从'经验'来的,我们的一切知识都是建立在经验上的,而且最后是导源于经验的"。与此相反,唯理论则对人的感觉持怀疑态度,认为经验是不可靠的。人之所以能够获得知识,是因为人具有推理的能力。真理是先验的,只要我们的头脑得以充分准备,便能够为我们所认识。唯理论的代表——法国哲学家勒内·笛卡尔(Rene Descartes)

（1986：14）在他的《第一哲学沉思集》（*Meditations*）中明确指出："由于很久以来我就感觉到我自从幼年时期起就把一大堆错误的见解当做真实的接受了过来，而从那时以后我根据一些非常靠不住的原则建立起来的东西都是十分可疑的，因此我认为，如果我想要在科学上建立起某种坚定可靠、经久不变的东西的话，就非在我有生之日认真地把我历来信以为真的一切见解统统清除出去，再从根本上重新开始不可。"

但是，不论是经验论还是唯理论，它们在内容和方法上都有思辨性，是对世界的现象领域和本体领域关系的探索，以实体（存在、本体）和知识（理性、思维、认识）及其关系作为自己的反思对象。它们源自古希腊，经历近代唯理论和经验论，最终通过德国古典哲学形成西方的形而上学（肖建华，2004）。作为实证主义哲学的创始人，孔德认为，科学的发展经历了神学、形而上学和实证科学等三个阶段。他将实证主义看做比形而上学更高的认识阶段，即科学阶段，认为形而上学阶段人们的认识没有科学依据，主要依靠玄学的冥思苦想；只有到了实证主义阶段，才将研究各种现象、思考各种问题，建立在精确的观察、假设和试验的基础上，强调科学根据。进而，孔德又把具有实证主义倾向的数学、天文学、物理学、化学、生物学和社会学依次进行排序，认为将社会现象作为研究对象的社会学是实证主义发展的最高阶段（王康，1999）。

自从孔德之后，经历约翰·斯图尔特·穆勒（John Stuart Mill）、赫伯特·斯宾塞（Herbert Spencer）和埃米尔·杜尔凯姆（Emile Durkheim）等人，实证主义在19世纪获得新的发展，在影响日益扩大的同时，也呈现出不同的形态，其中有重要影响的包括逻辑实证主义和波普尔的证伪原则。除了与传统实证主义一样强调经验的作用以外，逻辑实证主义突出了逻辑的地位。不论某一陈述是否可以直接与观察事实相比较，证实成为判断一个陈述是否有意义的基本准则（Hughes & Sharrock，1997）。波普尔于20世纪中期提出的证伪原则，更是对实证主义的发展起到决定性的影响，甚至被认为进入了后实证主义时期（Guba & Lincoln，1994）。

诚如上面指出的，实证主义是经验主义在社会科学研究领域的体现。

在本体论上,实证主义体现了唯物主义思想,认为世界的本原是物质的,它是独立于人之外的客观实在;在认识论上,实证主义坚信人类对于世界的认识能力,并认为在认识过程中,研究者应该保持价值中立地位。简言之,实证主义主张社会科学的研究对象是经验事实,经验事实是检验社会科学研究结论正确与否的唯一标准;社会科学研究必须并且也能够做到价值中立;深信通过经验研究可以揭示社会现象的本质规律,并且能够用以改造社会。

二、实证主义评估理论内涵

实证主义几乎是社会科学研究方法教材不可或缺的重要甚至唯一组成部分,我们也不难在大量教科书或专著中找到关于实证主义研究的理论反思。例如,布里曼(Bryman, 2001)曾经总结指出实证主义五个方面的基本原则:

(1)现象主义:只有被感官证实的现象才被接受为知识;

(2)演绎主义:理论的作用是提供可以被检验的假设,从而确保对规则的解释能力作出评估;

(3)归纳主义:知识是通过收集作为规则之基础的事实而获得的;

(4)客观性:科学过程必须(假设能够做到)价值中立;

(5)科学陈述:科学陈述与规范陈述有着明显差别,坚信只有科学陈述才是科学家真正献身的领域。

与此相应,本顿和克雷布(Benton & Craib, 2001)也从四个方面归纳了实证主义的基本特点:

(1)认可自然科学的经验主义分析原则;

(2)科学被认为是知识的最高形态或者说是唯一真正的科学形态;

(3)经验主义所代表的科学方法能够并且应该被运用于人类精神和社会生活研究,社会科学的发展应该以此为原则;

(4)一旦可靠的社会科学知识得以确立,它将可能被用以控制或规范社会个体或群体的行为。

　　上面这些表述虽然对于我们理解实证主义评估理论有着重要的启示,但是,我们还需要进一步剖析他们在评估研究实践中的表现。然而,相比之下,这方面的成果数量极为有限。库巴和林肯在分析第四代评估研究的特点及其意义时,曾经从反面对实证主义评估的指导原则作出较为系统的阐述。他们认为,实证主义评估对于科学范式的依赖,导致评估研究客体与前后联系脱节,依存于被精心控制、在方案实施后才有效的条件;对于科学范式的承诺,导致评估研究对定量测量方法的偏重;由于相信科学方法能够提供评估对象的真实情况,造成了评估工具的绝对权威;对于科学方法的过于信任,排除了其他评估研究方法的采纳;认为科学方法是价值中立的,因而评估研究者忽略了他们对研究结论应有的道德责任(Guba & Lincoln, 1989)。

　　但是,由于库巴和林肯的重点不在于全面揭示实证主义评估理论的内容和特点,仅凭上述内容仍然不能帮助我们掌握实证主义的准确内涵。根据实证主义哲学的基本内涵以及实证主义研究方法的特点,结合社会项目评估实践中面临的研究本体、认识和功能问题,我们认为,实证主义评估理论应该主要包含如下几个方面的内容。

　　首先,在关于评估对象的看法上,实证主义强调评估对象的客观属性,并竭力反映其相关属性的本来面貌。实证主义究其本质,是唯物主义哲学的反映。受这种思想的指引,实证主义评估理论将评估对象看做一种独立于人的认识、不以人的意志为转移的客观实在。正因为如此,它着力反映评估研究对象的本来面貌,尽力排除人的主观因素对研究对象真实面貌的影响和扭曲。诚如库巴和林肯指出的,评估研究遵循实证主义的原则既是项目评估研究维护自然科学那些正统地位的需要,同时也是由对研究的社会现象存在的永恒客观规律及其对完善社会项目的绝对指导作用的信任决定的(Guba & Lincoln, 1989)。

　　其次,在评估研究方法的选择上,实证主义注重定量手段,坚信评估者能够揭示评估对象的真实面目。在认识论上,实证主义坚信人类对于社会现象本质的认识能力。为此,它一方面坚持经验主义的认识原则,以经验验证作为研究结论的第一依据,并将此作为科学研究的根本属性。另一方面,它试图借助自然科学及其量化手段,精确而又可信地揭示项目评估研究问题的真实面貌,最终揭示社会客观现象的规律性。

最后,在项目评估与政策决策的关系上,实证主义坚持其中立立场。既然评估对象是不以人的意志而客观存在,为了真实地反映对象的本来面目,实证主义不仅大量运用数量及其统计计算手段,企图借助数理逻辑,避免人的主观干扰,从而影响对事物本来面貌的反映。不仅如此,在对于项目评估结论的使用,特别是研究与项目决策的关系上,实证主义同样坚持价值中立的观点,以免研究者个人的价值取向影响评估结论的准确性。于是,评估与评估使用的是两个不同的概念,评估者的角色与使用评估结论者的角色是分离的。评估研究的主要任务是提供针对项目特定问题的准确结论(参见 Shulha & Cousins,1997),评估研究者只要就项目的设计、执行和结果提供了评估结论,就完成了其使命,至于如何根据这些结论判断现有项目是否需要延续、新项目是否需要立项以及如何改善项目成效,那是项目发起者、资助者和实施者的事情。实证主义关于项目评估的价值中立问题,就其实质是由它关于研究对象的本体属性以及人类认识上述属性的特点决定的。

三、实证主义评估理论评论

实证主义自从其产生以来,一方面在社会科学研究和评估研究中取得了重大进展,对人们关于人类社会和社会项目的认识功不可没;另一方面,在长期的研究实践过程中,特别是 20 世纪后半叶以来,更是遭到了人文主义或建构主义等思潮的批判。林肯和库巴对实证主义指导下的评估研究提出了尖锐批评,认为这种研究方法过于强调研究的科学范式,管理主义倾向太重,不能体现价值的多元化特点(Guba & Lincoln,1989)。

我们认为,上述种种对实证主义理论的批评不是完全没有道理的。人类社会确实有着不同于自然世界的特点,人类的活动也不同于自然界的变化和动物行为,有着自己的主观能动性。因此,马克斯·韦伯倡导的关于人类行动意义的研究，便成为关于人类社会认识不可或缺的组成部分。至于涉及像评估研究这样决策问题的研究，其结论不可能不牵涉到项目目标和执行过程中的各种价值选择问题。从这个意义上来说，实证主义不足以回答人类社会和项目评估研究的全部问题。但是，从另一方面来看，人类社会同样也有着客观存在的方面，这一部分社会现象与自然世界的研究对象一致，同样是不以人的意志为转移的客观实在。对此，实证主义已经证明自己有着独特的存在价值。

事实上，当前国际社会科学研究领域出现的综合研究方法，在某种程度上可以说正是在补充实证主义研究方法缺陷的同时，对这一传统研究和评估方法应有作用的肯定。马丁·哈默斯利（Martyn Hammersley）认为，在实际研究过程中，实证主义方法可以起到校验、增益和互补等三种不同形式的作用（Hammersley，1996）。布里曼进一步揭示了实证主义方法在综合方法研究中的功能，提出了十个功能类型。

（1）三角检验：一种策略的方法研究获得的结论用不同研究策略的方法来加以交叉检验，如定量方法研究获得的结论用定性研究方法加以检验；

（2）定性研究作为定量研究的基础增益性研究：定性研究为定量研究提供研究假设，或者为定量研究的测量及其量表的制定提供帮助；

（3）定量研究作为定性研究的基础增益性研究：借助定量方法为定性研究选择研究样本；

（4）相互补充：研究者仅仅依靠定量或定性方法无法达到其研究目的，必须利用另一种研究方式（即定性或定量）之具体方法来补充其研究发现；

（5）静态与动态结合：发挥定量和定性研究方式的特长，同时反映社会现象的静态和动态方面的特点；

（6）研究者和研究对象视角的结合：发挥定量和定性研究方式的特长，同时反映研究者与研究对象对研究问题的不同视角；

（7）强化研究的概括能力：结合定性研究对研究问题的深入了解，增强定量研究关于研究结论概括的切合性；

（8）定性研究促进变量关系理解：定性研究为定量研究揭示的变量关系提供进一步的理解；

（9）研究某一现象的不同方面：综合定量研究对于宏观方面和定性研究关于微观方面的研究，增加研究者对社会现象不同层面的了解；

（10）解决疑难问题：一旦研究结果出乎研究者意料，运用不同的研究策略及定量或定性研究中的另一种研究方式，可能对解决遇到的困难起到帮助作用（Bryman，2001）。

与布里曼的功能分析不同，摩根则从实证主义和人文主义倡导的定量和定性方法在具体研究中的地位和先后次序，说明了实证主义方法的应有作用。根据它的研究，在实际研究过程中，根据实证主义方法的先后与主次关系，从方法论上可以有四种不同的综合研究方法，即定量研究为主、先定性后定量的方法，定量研究为主、先定量后定性的方法，定性研究为主、先定量后定性的方法，以及定性研究为主、先定性后定量的方法（Morgan，1998）。

同时，我们也应该看到，实证主义也不是一成不变的。在人文主义等理论和思潮的影响下，传统实证主义在坚持自己的基本原则的同时，也经历了许多新的变化，形成了后实证主义等理论形态（Cook，1985；Phillips，1999；Phillips & Burbules，2000）。库巴和林肯曾经从本体论、认识论和方法论三个方面将其与实证主义范式比较，揭示了后实证主义的一些主要特点：首先，本体论方面的批判现实主义。尽管认同现实的客观性，但是，由于人类智力本质上的缺陷和现象的复杂性，人类的理解总是不完善的。为了促进对现实尽可能全面的理解，必须对其进行尽可能全面的批判性检验。其次，认识论上对于客观主义的修正。由于认为研究者和被研究者之间无法确保相互独立性，后实证主义抛弃了实证主义的二元论观念。客观性仍然是规范性目标，但其重点是转向借助批判性传统和批判性共同体的外界监控。重复性的发现可能是真实的，但必须接受证伪的考验。最后，方法论上的批判多元主义。批判性多元主义的重点是对假设的证伪,它是三角检验的反驳性翻版。为了纠正实证主义存在的问题,后实证主义更注重自然环境下的研究,收集更多与情景相关的信息,恢复研究的发现功能,重视研究对象赋予其行动的意义。由于上述重点的变化,后实证主义更为注重定性研究技术的运用(Guba & Lincoln,1994)。这种变化,对于我们更好地认识人类社会的客观存在无疑具有更好的指导作用。

第三节　项目评估理论的发展

自 20 世纪 70 年代开始,西方学术界在社会研究领域出现了以定性研究为特征的、声势浩大的改革主义运动,汇集了各种体现不同认识论、方法论倾向的研究方法,对传统以实验、准实验和调查方法为代表的科学主义研究方法提出了严峻挑战。在这一部分,我们将简要分析体现上述变革背景的人文主义研究哲学的内容特征,并重点评述建构主义第四代评估理论的发展概况和民主取向评估理论。

一、人文主义研究概论

不同于实证主义,人文主义是在质疑自然科学研究方法对人类社会研究的适用性的过程中产生的一种新的研究思想。关于自然世界和人类社会的差别以及研究方法的独特性,阿尔弗雷德·舒尔茨(Alfred Schutz)曾经做了精辟的说明:"自然科学家探索的自然世界对于分子、原子和电子没有任何'意义';但是,作为社会科学家观察的领域,社会现实却对其中生活、活动和思索的人具有特定的意义和休戚相关的结构关系。"(舒尔茨,1991:59)

正是从这样一种前提出发,德国社会学家韦伯高度评价了"理解"一词在社会科学研究过程中的重要地位。在韦伯看来,社会科学主要是关于社会行动的意义,特别是关于个人社会行动的意义以及共同享有的文

化影响个人行动方式的学科。韦伯从本体论个体主义出发,否认社会的
实体性,认为社会是由相互作用的个体构成的。韦伯指出,行为仅是身体
或生理反应的结果,而人的行动则是有意义的。然而,作为社会研究对象
的行动,并不是一般的行动,而是指向他人的社会行动(Benton & Craib,
2001)。他区分了四种形式的社会行动,即传统行动、情感行动、价值理
性行动和目标理性行动或工具理性行动。传统行动是因为我们总是这样
做,情感行动则基于我们的感情,价值理性行动反映人类的终极价值取
向,而工具理性行动则是我们日常生活中指向具体目标的行动(Weber,
1968)。社会科学的研究对象是有意义的、理性的社会行动,即上述四类
行动中的后两类。它们是行为主体赋予意义、指向他人并在现实世界中
实现一定目标的行动(Benton & Craib, 2001)。

那么,我们究竟如何才能认识社会科学研究对象呢? 韦伯的答案是
解释性理解,用他的德语原文来说,便是"Verstehen"。根据韦伯自己的
解释,"Verstehen"的确切意义是理解行动者头脑中正发生的事,而这便
牵涉到关于行动者所在的文化的逻辑和符号体系的理解。韦伯区分了观
察性理解和分析性理解这两种社会行动的解释方式,前者只涉及某人正
在做什么,而后者则是对行动原因的理解。相应地,韦伯分别提出了判断
理解的两种标准,即意义恰当和因果恰当。但是,韦伯所谓的因果关系的
分析性理解以及因果恰当判断标准与自然科学中的因果概念并不相同。
它指的是通过对类似情景的比较判断,寻求导致某一结果的关键因素
(Benton & Craib, 2001)。或者说,韦伯的因果分析是以关于社会行动的
解释性理解为基础的,而不是以对社会行动对象无意义的外在力量为依
据(Bryman, 2001)。

在关于社会科学的人文主义研究思想的发展过程中,韦伯关于理解
的阐述和舒尔茨的现象学哲学以及乔治·赫伯特·米德(George Herbert
Mead)的符号互动论(symbolic interactionism)思想都起到了重要的影响
作用。总之,人文主义认为人类社会不同于自然界,社会科学研究应该借
助移情的方式,从研究对象的角度去观察问题。社会科学研究的任务也

不是说明现象的因果关系,而是理解社会行动的意义。同样是人类社会现象,实证主义研究的对象是人类的外在行为,而解释主义研究的则是具有主观属性和意义的人类社会行动(Bryman,2001)。

二、建构主义评估理论

在这一部分,我们首先分析社会建构主义的内涵,尤其是其本体论和认识论特点,进而讨论归纳建构主义评估理论的主要观点。

1. 建构主义思想概论

根据《剑桥哲学辞典》,社会建构主义"一个共性的观点是,某些领域的知识是我们的社会实践和社会制度的产物,或者相关的社会群体互动和协商的结果"(Audi,1999:588)。但是,国内外有关建构主义的评述众说纷纭,这在一定程度上与建构主义本身的形态多样性,特别是温和的建构主义与激进的建构主义,或者强建构主义和弱建构主义在本体论等基本问题上的不同观点有着密切的关系。

在本体论问题上,建构主义明显表现出多元论的观点,其中,激进建构主义否认包括技术等知识的真实性质,否认知识的内在本质,将其视为一种社会建构;而温和的社会建构主义尽管承认非社会因素在形成知识过程中也依存于一定的社会氛围,但并不否定非社会因素在其中的作用(安维复,2003a)。作为这种本体论上多元论的表现,林肯认为,社会建构主义主张同时并列着两种现实,一种是有形的事实,另一种是人们对有形的、物理现实感知的事实。第一种事实由具有特定社会和历史地位的个人和群体组成,而第二种事实则是由人们对有形的第一种现实的感知构成。建构主义强调,传统科学关注的是第一种事实,但它仅仅是构成事实的一个部分;事实的另一半便是通过对人们关于有形事实的感知所做的意义判断(Lincoln,2003)。正是这部分很大程度上决定人们如何行动的意义判断,成为建构主义着力想要解决的问题。

在关于行动意义的探究过程中,社会建构主义试图超越传统的主客二分原则,从社会建构者与人的社会建构物的相互依存关系上来回答自己关于本体问题的看法。诚如西方一些学者研究指出的,"世界就是由人类控制的,并可由人类界定的实在。世界的界限是由自然限定的,但一经被人类建构,这个世界就反作用于自然。在自然和社会建构的关于世界的辩证关系之间,人类本身是可塑的。同样的辩证法也存在于人类自身,'人生产了实在,并在生产实在中也生产了自身'(Berger & Luckmann,1966:204)。因此'被社会地建构的'世界也是辩证的。它发生在'人'与'人'之间和'自然'与'人'之间。在自然和社会意义上,人类与生俱来注定要生活在我们自己建构的世界中"(参见安维复,2003a)。

在认识论方面,建构主义在形式上具有相对主义色彩。建构主义的这种相对性,用一个形象的事例比喻便是:"有好球也有坏球,在我喊出来之前,它们什么也不是。"(参见何雪松,2005)也就是说,建构主义将一切都视为建构的结果,并且是一种多重的、相对的建构。但是,建构主义并不认为强调事实的建构性必然导致相对主义。例如,作为纸张的货币之所以能够用来购买物品,它的价值便是社会建构的;即使某人不相信货币的这种价值,也不会影响它能够购买货币的事实(安维复,2003b)。

那么,如何解决建构主义可能导致的相对主义倾向呢?笔者以为,建构主义是通过知识对特定社会历史背景和交互性来解决上述矛盾的。建构主义反对传统经验主义关于知识是对"外在事实"直接或镜像反映的观点,认为知识是建构者与建构对象之间反复交互作用的结果。"我们发明了概念、模型和样式,借此对经验作出解释;同时,我们不断根据新的经验对这些建构进行检验和修正。进而,这一建构过程绝对不能脱离历史与社会文化的背景;我们不能脱离,而是在共享的理解、时间、语言等背景下建构我们的认识。"(Schwandt,2000:197)个人建构的获取和完善,只有通过研究者及其回应者之间的互动才成为可能。最终目标是确立相对于先前任何建构更为复杂、富有知识性的建构共识(Guba & Lincoln,1994)。

2. 建构主义第四代评估理论

在上面分析建构主义哲学基本思想的基础上,我们进一步探讨建构主义评估研究的主要内容。简单地说,建构主义评估理论便是建构主义指导下的评估研究理论,或者指库巴和林肯所谓的第四代评估的理论。那么,这种评估理论究竟具有哪些方面的独特之处呢?

库巴和林肯曾经在其经典性著作《第四代评估》(*Fourth Generation Evaluation*)(1989)中总结指出,第四代评估是一种区别以往研究范式的回应式建构主义评估。所谓的回应式评估,指的是通过与项目利益相关者之间的互动和协商来确定研究参数和界限的一种评估研究方法。不同于传统的评估方式,回应式评估十分注重项目不同利益相关者的声音及他们之间的互动、协商,而评估研究者实际上成为上述过程的组织者和协调者。在评估过程中,第一阶段的任务是辨别项目利益相关者以及他们各自关于项目的主张、焦虑和争论。在第二阶段,各项目利益相关者对其他利益相关者的观点加以评论,提出自己的回应,以便尽可能消除有关主张、焦虑和争论方面的不同意见。接着,在第三阶段,继续就存在不同看法的主张、焦虑和争议收集资料。然后,在第四阶段,不同的利益相关者在评估研究者的引导下,运用上一阶段收集到的资料,继续对不同观点展开协商,以便求得共识。那些在该阶段还不能达成一致的问题,便成为下一次评估研究的选题。

库巴和林肯认为,回应式评估与建构主义是一种互相依存的关系。也即,回应式评估在一定程度上是建构主义评估方法的表现,而建构主义评估方法则为回应式评估提供了方法论上的依据和支持。正是建构主义将其研究重点置于社会建构者与社会建构物,因此,这就为回应式评估将项目利益相关者及其各种不同看法和资料收集的做法奠定了合理性依据。于是,评估研究关注的重点便不是项目中那些脱离利益相关者的事实,而是他们建构的事实。同时,正是建构主义认识论对于知识形成过程的交互和协商的重要性肯定,才使得回应式评估结论形成过程中,不同项目利益相关者之间的共识超越传统评估研究中评估专业人员的判断,成为评估研究最终追求的目标。上述做法,在某种程度上也超越了库巴和林肯批评的、传统评估研究在政治和道德上的中立或失败,对下面将要评价的、当代评估研究中重视价值取向的发展趋势,起到了重要的推动作用。

三、民主取向评估理论

建构主义作为一种评估研究理论,它不仅是评估研究方法的转变,而且直接影响到评估研究者对评估研究的功能判断和对价值评价的价值标准选择,并且直接影响到 20 世纪后期以来项目评估理论的发展走向。

安德斯·汉伯格(Anders Hannberger)从公民社会的内涵出发,认为传统的技术型实证主义评估方法尽管为决策者提供了项目和政策决策的依据,但其民主功能是间接的,评估研究应该为民主社会和民主目标的实现尽责,因而更为注重评估者的非传统职能,以便认识并直接反映不同群体的利益(Hannberger, 2001)。

作为民主社会目标的一种反映,现代评估理论十分注重项目不同利益相关者的参与。根据参与式评估理论,研究者与包括项目发起、资助者、管理者、执行者和服务对象在内的项目利益相关方建立了一种崭新的合作关系。专业研究人员通过培训帮助合作者掌握完成评估任务所需要的专业技术,促使项目利益相关方更好地了解并完善项目的执行情况。专业研究者的任务不再是独立进行评估研究,而是需要为项目利益相关方提供项目监控和评估的技术咨询,协调各方共同完成项目评估目标,进而改进项目成效(Cousins & Earl, 1995)。根据其依托的社会背景与意识形态,参与式评估在其发展过程中又形成了两种不同的取向。其中,实用性参与评估(Practical Participatory Evaluation)更强调研究者与项目发起者、资助者、管理者和执行者之间的合作,更多地体现为管理取向;而改革性参与评估(Transformative Participatory Evaluation)则更倡导社会变革,意在借助评估研究促进服务对象,特别是社会弱势群体的自决自强(Cousins & Whitmore, 1998),因而在评估研究中表现出更为彻底的服务对象取向。

作为一种理论形态,"自决自强"的概念出自巴西人文主义学者和教育学家弗赖尔(Freire),试图通过教育帮助被压迫者赢得解放(Hur,2006)。在其发展过程中,自决自强的概念一直带有浓厚的政治色彩,成为对现有体制反叛的象征(陈树强,2003)。在一般意义上,自决自强既是一个目标,又是实现这一目标的手段(Tengland,2006)。从目标上来说,自决自强被视为借助健康(自信、自尊、自我校验和自治)、知识(自我了解、意识提升、技能发展和能力培养)和自由(积极或消极),对其生活质量的决断能力的提升。从手段上来说,自决自强意味着 A 和 B 之间的一种特定关系,即 A 对 B 在目标或问题的表述、决策和行动方面施加尽可能小的影响,帮助 B 获得对其生活质量更好的决断能力。然而,自决自强表现的层面不同,其内涵也有差别。通常,个人层面研究的内涵较为保守,而群体、社区或社会层面的观念较为激进。个人层面的自决自强表现为个体克服其智力和心理障碍,获得自我决断、自我效能和决策的能力;而群体层面的自决自强则表现为通过行为克服障碍,实现社会变迁(Hur,2006)。

与自决自强的内涵一致,自决自强性评估的核心也是强调自我决断,"利用评估的概念、技术和发现来促进项目的完善和项目利益相关者的自我决断"(Fetterman,2001)。由此可见,自决自强性评估除了项目评估目标以外,还承担了促使项目利益相关者自我决断能力提升的道德职责,并试图统一两方面的目标。为此,评估人员改变了传统评估研究的主体地位,成为这一过程中各方利益相关者的中间人、合作者和促进者,通过对当事人进行评估技能的培训,帮助他们掌握项目计划、实施及自我评估的能力(Wandersman et al.,2005)。因此,自决自强性评估被视为一种参与性评估,注重项目利益相关者对项目的自我评估。

通过上面的评述可以看到,自决自强理论尤其注重弱势群体的利益,将这种关注作为一种道德责任,具体为评估实践赖以进行的要素,这对于我们更好地了解服务对象、加强项目针对性、提高服务成效意义尤为突出。同时,自决自强性评估延伸了项目服务的功能,将服务对象的福祉,特别是增加其自我决断能力作为自己的目标,进一步强化项目服务功能,有助于服务对象改善其困境,实现可持续发展。

四、项目评估理论发展评论

20 世纪中期以来,随着西方工业化国家社会福利的发展,社会项目评估得到了社会各界的高度重视,并得到空前的发展。与此同时,各种新的评估理论也层出不穷。对此,我们以为,它们既反映了社会项目发展对评估理论的呼唤,也体现了学术界对社会项目评估认识的深化,这是一个可喜的现象。诚如上面的讨论提到的,不论是关于项目评估结论利用的研究,还是评估研究者调动项目利益相关者对评估研究过程的参与,进而直接推动特定价值目标的项目,其实都反映了对项目评估根本目的的认识,对于提高社会项目水平有着重要的帮助作用。诚如社会科学研究领域对社会行动意义及其构成的认识,以建构主义为代表的第四代评估研究同样将目光集中到社会世界的独特性,这对于更为深入地认识评估研究中人的中心地位,进而确立社会项目评估的价值取向具有重要的作用。

但是,我们也应该看到,现代社会项目评估理论的发展,特别是以建构主义为特征的项目评估理论的发展,也存在着某些误区。在项目评估过程中反映不同项目利益相关者,特别是弱势群体的声音是重要的,但是不能因此陷入相对主义的价值误区,甚至将项目评估等同于直接的社会改造工程。这种做法不但不利于深化对项目评估理论的认识和发展,而且也忽略了项目评估其他一些方面的使命和职责。事实上,社会项目除了其伦理价值目标,也不能不考虑其资源的稀缺性及其建立在这一基础上的关于项目效率、项目理论等方面问题的评估。因此,我们以为,社会项目评估理论可以有不同流派、不同侧重,但是从总体上来说,应该涉及项目评估所有方面的反思,最终实现评估研究与项目评估,乃至项目发展的良性互动关系。

🖋 思考题

1. 什么是社会项目评估理论？它包含哪些主要内容或要素？与社会科学研究理论与项目理论有什么区别？

2. 什么是实证主义？什么是人文主义？它们在关于社会科学研究的认识上有什么区别？如何正确评价其功能？

3. 什么是建构主义评估理论？它的主要内容包括哪些方面？对社会项目评估有哪些方面的影响？如何评价这些发展？

🖋 推荐阅读

埃贡·G.古贝、伊冯娜·S.林肯(2008)：《第四代评估》，北京：中国人民大学出版社。

Bryman，A.（2001）. Social Research Strategies. In Alan Bryman. *Social Research Methods.* Oxford & New York：Oxford University Press，pp.3—25.

Benton，T. & Craib，I.（2001）. *Philosophy of Social Science：The Philosophical Foundations of Social Thought.* New York：Palgrave.

🖋 参考文献

安维复(2003a)：《社会建构主义评介》，《教学与研究》2003 年第 4 期，第 63—67 页。

安维复(2003b)：《库克拉论社会建构主义》，《自然辩证法通讯》第 25 卷第 148 期，第 43—47 页。

辞海编辑委员会(1999)：《辞海》(缩印本)，上海：上海辞书出版社。

陈树强(2003)：《增权：社会工作理论与实践的新视角》，《社会学研究》2003 年第 5 期，第 16—28 页。

方巍(2010)：《社会项目评估研究发展趋势与启示》，《社会工作》2010 年第 6 期下，第 4—9 页。

舒尔茨(1991):《社会世界的现象学》,台北:久大文化股份有限公司和桂冠图书股份有限公司。

王康(1999):《孔德与他的实证理论——纪念社会学的创始者孔德诞生200周年》,《社会科学战线》1999年第1期,第226—233页。

肖建华(2004):《从"思辨哲学"到"文化哲学"的转向》,《世界哲学》2004年第3期,第105—111页。

Alkin, M. C. & Christie, C. A. (2004). An Evaluation Theory Tree. In M. C. Alkin(ed.). Evaluation Roots. Thousand Oaks: Sage, pp. 12—65.

Audi, R. (1999). *The Cambridge Dictionary of Philosophy*. Cambridge: Cambridge University Press.

Benton, T. & Craib, I. (2001). *Philosophy of Social Science: The Philosophical Foundations of Social Thought*. New York: Palgrave.

Berger, P. & Luckman, T. (1967). *The Social Construction of Reality: A Treatise in the Sociology of Knowledge*. Harmonds Worth, Middle Sex: Penguin Books.

Bryman, A. (2001). *Social Research Methods*. Oxford & New York: Oxford University Press.

Chen, H. T. (1990). *Theory-Driven Evaluations*. Newbury Park, CA: Sage.

Cousins, J. B. & Earl, L. K. (eds). (1995). *Participatory Evaluation in Education: Studies in Evaluation Use and Organizational Learning*. Washing, DC: Falmer.

Cousins, J. B. & Whitmore, E. (1998). Framing Participatory Evaluation. *New Directions for Evaluation*. No. 80, pp. 5—23.

Fetterman, D. M. (2001). *Foundations of Empowerment Evaluation*. Thousand Oaks, CA: Sage.

Guba, E. S. & Lincoln, Y. S. (1989). *Fourth Generation Evaluation*. Newbury Park, CA: Sage.

Guba, E. G. & Lincoln, Y. S. (1994). Competing Paradigms in Qualitative Research. In Denzin, N. & Lincoln, Y. S. (ed.). *Handbook of Qualitative Research*. Thousand Oaks: SAGE Publications, pp. 105—117.

Hannberger, A. (2001). Policy and Program Evaluation, Civil Society, and Democracy. *American Journal of Evaluation*. Vol. 22. No. 2, pp. 211—228.

Hughes, J. A. & Sharrock, W. W. (1997). *The Philosophy of Social Research*. New York: Longman.

Hur, M. H. (2006). Empowerment in Terms of Theoretical Perspectives: Exploring a Typology of the Process and Components Across Displines. *Journal of Community Psychology*. Vol. 34. No. 5, pp. 523—540.

Lincoln, Y. S. (2003). Fourth Generation Evaluation in the New Millennium. In Donaldson, S. I. & Scriven, M. (eds.). *Evaluating Social Programs and Problems: Visions for the New Millennium*. New Jersey: Lawrence Erlbaum Associates, Publishers, pp. 77—90.

Schwandt, T. A. (2000). Three Epistemological Stances for Qualitative Inquiry: Interpretivism, Hermeneutics, and Social Constructionism. In Denzin, N. & Lincoln, Y. S. (eds.). *Handbook of Qualitative Research*. Thousand Oaks, CA: SAGE Publications, pp. 189—213.

Shadish, W. R. (1998). Evaluation Theory Is Who We Are. *American Journal of Evaluation*. Vol. 19. No. 1, pp. 1—19.

Shadish, W. R., Cook, T. D. & Leviton, L. C. (1991). *Foundations of Program Evaluation: Theories of Practice*. Newbury Park, CA: Sage.

Shulha, L. M. & Cousins, J. B. (1997). Evaluation Use: Theory, Research, and Practice Since 1986. *Evaluation Practice*. Vol. 18. No. 1, pp. 195—208.

Tengland, P. (2006). Empowerment: A Conceptual Discussion. *Health Care Anal*. Vol. 16. No. 2, pp. 77—96.

Wandersman, A. et al. (2005). The Principles of Empowerment Evaluation. In D. M. Fetterman & A. Wandersman(eds.). *Empowerment Evaluation Principles in Practice*. New York: Guilford, pp. 27—41.

Weber, M. (1968). *Economy and Society: An Outline of Interpretive Sociology*. New York: Bedminster Press.

第三章　社会项目评估伦理

　　纵观国际发展趋势,职业化往往与职业伦理规范的制度化有着不可分割的联系。社会项目评估作为一种职业也不例外,评估伦理的确定既是职业化发展的必然结果,同时也是评估研究赢得社会地位和认可的保证。从这样一种标准来看,显然我国的社会项目评估的职业化发展仍然处于萌芽时期。在这一部分,我们将在总结国际社会项目评估伦理发展的基础上,分析美国等西方国家关于社会项目评估伦理的规定,进而提出社会项目评估伦理的本土化问题。

第一节　社会项目评估伦理发展

　　什么是社会项目评估伦理,它与社会研究和社会项目服务等领域的伦理规范有着怎样的关系? 在这一部分,我们将在分析社会项目评估伦理基本概念的基础上,追溯社会项目评估伦理问题的起源,进而探讨社会项目评估伦理的发展趋势。

一、社会项目评估伦理概论

　　"伦理是我们作为个人或作为生活于社会其中的一分子与他人交往时如何作为或应该如何作为的准则。"(Simons,2006:245)简单地说,伦理是"处理人们相互关系所应遵守的道理和准则"（辞海编辑委员会，2000:66）。据此，社会项目评估伦理便是社会项目评估过程中应该遵循的处理人与人之间关系的道理与准则。

狭义地说，社会项目评估伦理便是项目评估者在评估社会项目过程中应该遵循的、处理项目利益相关者关系的道理和准则，它仅仅涉及项目评估研究人员的职业操守。但是，广义地说，社会项目评估伦理的规范对象并不仅仅包括评估研究的从业者。西蒙斯（Simons, 2006）认为，评估研究涉及评估研究者四个层面的互动，即委任评估任务的政府与其他机构的政策决策者，评估的项目、政策和制度的参与者，评估职业界，以及评估者有义务向其报告评估结果的、民主社会中更为广泛的公众。正是从这一角度出发，一些研究在论及评估伦理的教育和训练时，其对象不仅仅包括当前和未来的评估研究者，也包括评估的委托人和项目的受益方（Newman, 1999）。伦理涉及利益各方，如果项目委托者和服务对象等利益相关者不理解或坚持不遵守项目评估的伦理规范，那么，评估研究者也难以严格践行职业操守。其结果，或者是评估研究者被辞退，或者是评估研究者违背应有的道德准则，或者在某种利益面前达成妥协。诚如下面我们要提到的，这种情形在项目评估研究过程中是十分普遍的。

前面在界定评估的概念时曾经提到，项目评估是社会科学研究方法在评估领域的运用。因此，就像顾东辉（2009）在社会工作评估伦理的界定时指出的，社会项目评估伦理同样涉及社会项目和社会研究两个领域的伦理问题。我们在第二章已经论及，在社会科学研究领域，实证主义在认识论上坚持认识对象的客观性，认为人类能够，同时也应该真实地揭示研究对象的本来面貌；尽管建构主义否认社会现实的客观真实性，但是它本质上依然是经验主义的反映论，主张以移情的方式，尽可能以本来的面目反映研究对象的行为动机。因此，不论是实证主义还是建构主义，社会科学研究追求的最高境界便是真实地揭示人类世界的本来面目，追求经验事实的可重复性。从这一意义上来说，不论是实证主义还是建构主义，对关于研究者及其研究内容的关系上，都坚持价值中立的原则。传统的评估研究坚持评估研究者与决策者的职能分离,反映了与社会科学研究同样的价值中立取向。库巴和林肯(Guba & Lincoln, 1989)所谓的第一至第二代评估研究便集中体现了这样的特点,从而决定了对评估研究者相同的基本伦理规范要求。

但是,评估研究本质上还是与社会科学研究存在着重大区别,除了需要掌握评估对象的基本事实以外,还需要进一步对社会项目作出价值判断。事实上,库巴和林肯(Guba & Lincoln, 1989)所说的第三代评估已经在价值取向上作出了重大抉择,在对项目实施分析的基础上作出价值判断。评估研究的这一本质特点,决定了评估研究者在作出自己的研究结论时,必须以基本的、符合职业规范的伦理标准作为自己的研究依据。不仅如此,社会项目还直接涉及人类社会资源的二次分配,涉及人和人之间关系的判断和抉择。因此,社会项目评估的本质决定了,它比一般的评估研究所涉及的伦理问题更为直接、更为复杂。这就使得社会项目评估研究的伦理问题成为当今国际社会的一个热点问题,不仅频频成为西方评估研究学术会议的议题,还经常汇集为有关学术期刊的主题,涌现了大量学术著作。下面,我们将进一步通过人类在实践中面临的挑战,说明社会项目评估研究伦理问题的提出过程。

二、社会项目评估伦理问题提出

关于日本 731 部队在第二次世界大战期间的罪行,大部分中国人都不陌生。这是日本侵华期间在哈尔滨市平房区设立的一支细菌战部队,是整个细菌战的研究和指挥中心。该部队集中了几乎所有的日本医学界精英,仅医学博士、医学教授、专业医生就达 400 人。哈尔滨市社会科学院 731 研究所所长金成民介绍,在长达 14 年的时间里,该部队进行了大规模的鼠疫、伤寒、霍乱、炭疽菌等研究及生产。为了加快研究及尽快使用细菌武器,该部队竟灭绝人性地使用中国人、蒙古人、朝鲜人和前苏联人进行活人试验。大批平民和战俘被日本宪兵队和特务机关通过特别输送手段送往 731 部队,仅在 731 部队本部就至少有 3 000 人被用于活人试验而遭残忍杀害(参见何秀丽,2005)。

类似这样在科学的幌子下进行的犯罪活动,同样也存在于第二次世界大战期间的纳粹德国。纳粹医生为了测试疫苗的性能,通过注射针剂使战俘染上伤寒症、疟疾和流行性黄疸;为了试验抗生素,他们将试验对象打伤,甚至砍断其肢体,模拟战场情形;为了模拟高海拔飞行,他们建立无氧室以达到人类研究所发现的缺氧效果……诸如此类惨无人道的行径,不仅给实验对象造成了无可挽回的伤害和痛苦,而且极大地败坏了科学研究的声誉。为此,在第二次世界大战结束后的纽伦堡战争审判后,世界医学协会于1948年制定了纽伦堡道德法典,对以人为实验对象进行研究提出了一套伦理原则,要求杜绝可能对实验对象造成侮辱和死亡的实验,同时确保实验对象的知情权和授权。

然而,这种现象并不仅仅表现于战争期间的法西斯主义军事行为,甚至在美国这一自封"民主和人权典范"的国家也有表现。例如,美国医学界就在公共卫生局的支持下,从1932年开始对患有第三期梅毒的社会底层黑人男性进行所谓的"坏血病"免费治疗。他们仅仅对这些实验对象的病理演化感兴趣,而没有真正对病人进行药物治疗。直至一名记者在《纽约时报》上揭露研究真相,这一实验一直延续了40年,引起了社会的普遍关注。这一事件直接导致了《国家研究法案》在1974年的通过,并促进了保护参加生物医学和行为学研究人体实验对象的全国委员会通过《贝尔蒙报告》,确立了善行、尊重和公平等三项道德原则(参见罗伊斯、赛义和帕吉特,2007)。受上述背景和思想的影响,社会科学领域一系列研究伦理规则得以确立,并直接影响到评估研究伦理规范的制定。例如,美国评估研究最早的伦理规范的制定,便直接受到美国教育研究协会(AERA)、美国心理协会(APA)和教育测量全国委员会的《教育和心理测试和手册标准》(*Standards for Educational and Psychological Tests and Manuals*)的影响;其20世纪90年代修订版的发起者,依然是上述三家协会的成员(Fitzpatrick, 1999)。

除了社会科学研究领域相关伦理规范的影响,社会项目评估研究伦理问题的提出还与特定的政治和经济背景有着密切联系。诚如一些研究指出的,20世纪50年代之后社会项目的大发展引起了社会各界对项目投资效益的高度关注,引发了对评估研究结果公布及其公正性等方面的一系列问题;此外,评估研究的快速发展也对从业人员,特别是大批新进入这一领域的研究者的素质提出了挑战。于是,评估研究伦理规范的制定,不仅意味着评估作为一种职业的形成和成熟,同时对于其自身的发展也有着重要的意义(Simons,2006)。正是由于上述原因,20世纪80年代以来短短二三十年间,许多国家和地区,特别是西方发达国家和地区,纷纷确立评估研究的伦理规范,这对于我国方兴未艾的社会项目的健康发展无疑具有重要的启发意义。

三、社会项目评估伦理规范的发展

在了解了社会项目评估伦理的基本概念及其发展背景的基础上,我们将进一步分析社会项目评估伦理规范的确立过程及其发展趋势。

上面已经提到,社会项目评估研究的伦理规范可以追溯到20世纪80年代初期美国教育等领域的尝试,但是更大范围的发展则是在90年代至今的15年时间里,其范围从美国扩展到加拿大、澳大利亚和英国(Simons,2006)以及由俄罗斯等国组成的国际项目评估网络(Love & Russon,2004)。相对而言,美国不仅是这方面的先驱,而且对其他国家和地区的评估规范有着重要影响,因此,下面我们将着重分析美国评估伦理规范的形成及其发展趋势。

综观20年来的发展,美国社会项目评估规范的发展经历了两个阶段,即20世纪80年代的萌芽期和90年代以来的成型期。在20世纪80年代,美国首先是在教育等领域形成评估研究规范。1981年,由教育和心理学界的12家组织发起并形成的联合委员会(Joint Committee on Standards for Educational Evaluation)出版了《教育项目、工程和材料评估标准》(*Standards for Educations of Educational Programs, Projects, and Materials*)。此后第二年,作为职业协会,评估研究协会推出了《项目评估标准》(*Standards for Program Evaluation*)。进入 90 年代,上述两个规范均作出了修订。首先,教育项目评估规范扩大了其适用范围,成为《项目评估标准》(*The Program Evaluation Standards*);接着,由评估研究学会与评估网络合并形成的美国评估协会(American Evaluation Association)制定了全新的《评估工作者指导原则》(*Guiding Principles of Evaluators*),从而形成了当今美国评估研究的两大指导原则(Fitzpatrick,1999)。

回顾美国及其他西方国家社会项目评估伦理的发展,我们认为一个基本的趋向便是日益从传统的价值中立转向积极的价值倡导。评估研究的一个基本伦理取向是保证研究结果的科学性,为此,研究人员必须保证自己的价值中立,不因个人的好恶影响研究结论的真实性。但是,当今评估研究的伦理要求已经不仅仅局限于研究对评估研究对象的直接影响的价值判断,而是要求评估者在研究结论上直接促进社会福利的发展。

与这些趋向相对应,美国 20 世纪 80 年代和 90 年代评估研究规范的一个重大变革,便是日益关注评估研究方法以外的问题(Fitzpatrick,1999)。事实上,社会福利项目评估的价值取向已经成为评估行业极为重视的问题,纷纷确立这方面的行为规范。例如,1995 年颁布的美国《评估工作者指导原则》便在“一般与公共福祉责任”(Responsiblities for General and Public Welfare)部分明确提出,在规划和报道评估研究时,评估者应该注意到评估项目相关方的不同利益;评估者必须明确并考虑到与一般和公共福祉相关的利益和价值的多样性。具体来说,便是项目评估者应该注意服务追寻目标的适当性,判断其是否符合公众的福祉目标(参见 Schwandt,1997)。

在价值目标的内容上,相关的项目服务是否促进民主社会的发展,成为当前西方社会福利项目评估价值判断的重要标准之一。汉伯格从公民社会的内涵出发,认为传统的技术型实证主义评估方法尽管为决策者提供了项目和政策决策的依据,但其民主功能是间接的,评估研究应该为民主社会和民主目标的实现尽责,因而更为注重评估者的非传统职能,以便认识并直接反映不同群体的利益(Hannberger,2001)。根据评估研究的不同功能,汉伯格区分了精英民主、参与民主和推论民主等三种不同的评估类型,它们评估的重点内容分别是预期的输入产出与目标实现状况、公众自我需要和目标发展以及项目利益相关方的评价标准和真正的对话;评估结果的相关人员也从仅仅包括项目设计者、项目执行者和自治组织人员,一直扩展到所有的项目利益相关者;对应的评估人员角色也从专家、倡导与促进者演变为中间人和咨询者(Hannberger, 2006)。其实,汉伯格上述评估的价值论述,已经涉及对弱势群体价值的肯定。对此,我们在项目评估理论的分析中有专门的讨论,恕不重复。

第二节　社会项目评估规范体系

美国学者戴安娜·L.纽曼(Dianna L. Newman)(1999)指出,评估伦理教育和培训的核心课程包括伦理体系的基础、现有伦理规范、规范日常应用指导以及影响伦理实践的影响因素等四个部分。我们认为,上述观点基本反映了社会项目评估伦理规范体系的主要内容。本节将着重从社会项目评估规范的哲学基础、现行评估原则规范和评估规范的实践等三个部分讨论评估规范体系。

一、社会项目评估伦理的哲学基础

"哲学"一词源自古希腊语,含义是"爱智慧"。与此相对应,《韦伯斯特大学词典》对其引申为"借助思索而不是观察探寻现实和价值的一般意义"(*Webster's Ninth New Collegeiate Dictionary*, 1983:883)。据此,这里的哲学基础,便是指关于社会项目评估伦理规范赖以存立的内在依据的反思,具体包括对社会项目、社会服务和社会研究三个方面规范的内在依据的思考。考虑到社会研究规范方面的依据在上一章关于实证主义和建构主义的讨论时已有涉及,这里着重分析社会项目和社会服务规范的哲学基础。

1. 社会项目的哲学基础

蒂特马斯曾经指出,资源再分配是社会政策的焦点。社会项目作为社会政策的载体,同样反映社会及其资源再分配情况。根据转移方式,社会资源分配可以具体分为递进和递减、垂直和水平以及满足当前表现需要和未来假设需要等几种形式(Titmuss,1974)。不同的分配取向反映了社会对不同的价值取向的认同,涉及利益的倾向、获益的程度及其决定原则的问题,也就是关于平等、公正和正义问题的认识。

所谓的平等便是享有相同的份额。但是,平等除了结果的平等以外,也可视为机会的平等。此外,我们也可把平等视为一种过程、一种权利(Jones,Brown & Bradshaw,1983)。相对于平等,公正则突出实现平等结果过程的差异性,即合理地区别对待不同人,使他们最终享有某种程度的平等(Blakemore,2003)。由此可见,与一般的强调结果一致的平等不同,公正突出了过程的差异性和结果的平等性,一定程度上可以认为是机会平等和结果平等两个方面内涵的综合。然而,仅仅区分平等的不同含义,并不能帮助我们解决实际社会项目资源分配过程中面临的困境。尽管平等和公正是社会福利关于资源再分配过程中两个十分重要的问题,但是,光从这两个概念中还不能解决资源分配的根本依据问题。平等和公正两者都属于实现某种目的的手段,规范两者关系的主要原则是社会正义,社会正义是社会政策的正当目的所在(Jones,Brown & Bradshaw,1983)。

但是,对于究竟如何才符合正义,或者说在社会项目过程中怎样处理平等和公正问题才算是正义,则存在着效用观、权力观、契约观和领域观等不同的看法(Darke,2001)。罗尔斯在其倾注 12 年心血写成的《正义论》(*A Theory of Justice*)一书中,提出了社会正义的两个基本原则,即"每个人对与其他人所拥有的最广泛的基本自由体系相容的类似自由体系都应有一种平等的权利",以及"社会和经济的不平等被合理地期望适合于每一个人的利益,并且依系于地位和职务向所有人开放"(罗尔斯,1988)。简单地说,罗尔斯的正义标准包含三个方面的内容,它们依次是基本自由的平等、机会的平等以及积极的区别对待。

显然,正义涉及的不仅是事实,而且是价值问题。究竟如何才意味着正义,如何应对才符合正义的原则,并不是事实所能解决的,它关系到认识者和决策者的价值认同及其判断。

2. 社会服务的哲学基础

在当代世界,社会项目的服务传递往往是借助职业性的社会工作者来实现的,因此,社会工作有关伦理的哲学基础便成为社会服务,进而成为社会项目评估伦理的重要基础。对于社会工作的伦理,绝大部分从事社会服务或项目管理及评估的人并不陌生。尽管我国还没有建立制定社会工作的伦理规范,但在这些年社会工作从西方传入的过程中,我们也不同程度地了解了相应国家和地区的规范。那么,究竟应该如何认识这些规范的内在依据或哲学基础呢? 我们以为,虽然社会工作的伦理规范有着深厚的文化基础,但仍可以从社会工作的性质和目标方面进行认识。

根据美国《社会工作词典》的定义,社会工作是一种帮助个人、群体、家庭、组织和社区提高与恢复其社会功能,创造有助于其目标实现的社会环境的专业活动(Barker, 2003)。根据这一定义,我们可以有如下两个方面的认识:第一,社会工作是一项专业性的助人活动,有着自己的专业理论、技能和规范。从最早的富家女子的友好家访和睦邻活动成长为举世公认的职业活动(Zastrow, 2004),亚伯拉罕·弗莱克斯纳(Abraham Flexner)1915 年在马里兰举行的全美慈善与矫正会议第 42 次年会上所做的《社会工作是一个专业性职业吗?》(*Is Social Work a Professon?*)报告起了非常重要的作用。他在报告中提出的社会工作职业专业化过程中必须解决的六个方面的问题,即个人从事智力性活动过程中的职责、其知识具有科学和学习源泉、工作的明确实务目标、以教育为手段的技能、从业人员具有自组织性、具有利他主义的动机(Flexner, 2001),也是当今社会工作作为一个职业所具有的基本特征的写照。第二,社会工作的助人,只是帮助服务对象恢复或建立自我决断能力,而不是包办代替。按照美国社会工作协会对社会工作的界定,其目标主要是通过专业帮助,在服务对象与相关资源、服务和机会之间建立联系,确保提供资源和服务的人道性,进而增加人们解决和应对问题以及成长的能力(参见 Zastrow,2004)。这一价值取向既反映了西方社会对于个人自主的认同,同时也构成社会工作伦理规范的重要基础。

从社会项目及其服务所要满足的服务对象角度来说,个人自主同样也被认为是人的基本需要之一。通常,需要的满足被认为是社会项目实现人的福利的制度化安排(彭华民,2008)。社会项目需要满足的人类基本需要,除了维持生存和健康以外,还包括维持其自主能力(多亚尔和高夫,2008)。多亚尔和高夫关于人的基本需要的这一界定,充分肯定了人相对于动物的本质,对于维护人的自尊和发展具有十分重要的意义。显然,人作为一个个体存在,其福利并不仅仅体现于温饱,而且表现在个性意志的体现,反映在多亚尔和高夫所说的影响其自主能力的理解能力、精神健康水平和必要的机会。作为社会弱势群体阶层的一员,物质上的贫困表现是最基础的,具有广泛的影响力,但是自主能力的缺乏也是重要表现,并与物质上的贫困形成相互制约。因此,自主性不仅是社会工作实践过程中应该遵循的基本原则的内在依据,而且也是社会项目所追求的人类福祉目标的重要体现。

二、社会项目评估原则规范概述

社会项目评估伦理的哲学基础反映了人们处理实践过程中遇到的各种伦理困惑的一般内在依据,它既是对实践的一种理论提炼,也可以看做这些原则对于实践的指南。基于这种认识,我们可以提出这样的问题,即人们在社会项目评估研究中究竟遇到哪些方面的伦理挑战,或者上述伦理哲学在实务过程中表现在哪方面呢?显然,我们从不同角度来考察社会项目的评估实践,对于现实的伦理挑战或伦理规范原则的表现领域便有所不同。例如,一位美国学者(Muriel J. Bebeau, 1995)认为,科学研究工作者的伦理准则应该具备如下四个方面的功能:第一,是否能够回应现实提出的伦理问题和伦理冲突;第二,各利益方的合法权益是否得到充分考虑;第三,研究结果的影响是否引起重视,并在研究成果及其决策中得到表现;第四,研究的所有参与者的责任是否明确并建立于伦理基础上。又比如,美国教育评估联合委员会(Joint Committee for Educational Evaluation)的《项目评估标准》将伦理规范区分为功效性、可行性、适宜性和准确性等四个方面。与此不同的是,澳大利亚评估协会的伦理原则则是根据评估进程,从接受任务与评估准备、执行评估以及评估结果报告等三个环节进行规范(Australasian Evaluation Society, 2006)。我们以为,尽管角度不同,但它们都可以针对评估正义和自主等伦理原则,对实践过程中面临的伦理挑战予以回应。

考察目前国际上不同国家和地区的评估研究协会,我们可以发现,像美国、澳大利亚、英国、德国、法国、意大利、瑞士和以色列等一些发达国家和地区的评估协会都制定了评估指导原则、标准或准则。此外,像联合国评估小组(United Nations Evaluation Group)、联合国开发计划署(UNDP)、欧盟和非洲等国际组织和地区性组织也分别制定了自己的评估伦理规范。但是,像马来西亚和尼日利亚等国,尽管有全国性的评估协会,但是其协会网页上并没有发现其伦理规范。考虑到确立评估伦理规范的基本上都是欧美国家,其他像非洲的评估伦理规范的制定过程及其格式与美国《项目评估标准》一致,而以色列的评估伦理规范也融入了美国、英国和澳大利亚伦理规范的精神,下面将着重分析美国评估协会的伦理指导原则,至于其他地区和国家,包括中国社会项目评估的伦理规范的制定问题,将在下一节有关国际化与本土化的部分再做进一步的讨论。

前面我们已经提到,美国评估研究的伦理规范主要有美国评估协会的《评估工作者指导原则》和美国教育评估联合委员会的《项目评估标准》,尽管两者的表述方式不同,但在内容上基本一致。因此,下面主要介绍《评估工作者指导原则》的主要内容。

《评估工作者指导原则》包括系统探究、胜任力、正直诚实、尊重他人以及公共和其他福利使命等五个部分,主要涉及对科学研究活动、研究过程涉及对象以及评估研究使命等三个方面的行为规范。

首先，在科学研究活动方面，《评估工作者指导原则》要求研究者具备从事相关项目评论研究的资质和能力，特别是具备特定文化背景下从事评估研究的能力，谢绝力所不能及的任务。在研究过程中，选择正确的方法，正确认识相应方法的优缺点，坚持高标准，实现高水平。

其次，在研究过程涉及对象方面，《评估工作者指导原则》要求评估研究者尊重对方。研究者必须在研究方法、研究过程和研究成本方面对项目评估委托人开诚布公，特别是公开相关的局限性；准确记录评估研究过程，清晰报告研究的步骤结果，避免评估研究结果的误导性。明确评估研究者与研究的利益关系及其价值取向，公开评估研究的经费来源。确保研究过程及其结果不损害评估研究参与者的利益和尊严，特别注意文化差异的影响性。

最后，在关于评估研究的使命方面，《评估工作者指导原则》要求评估研究者以促进社会公共福利为宗旨。评估研究的结果要有利于社会平等目标的实现，促进社会公共福利的增长；要注意不同利益方的利益，正确兼顾其各自的利益，保证研究参与者的利益；充分关注评估研究的（包括潜在的）各种副作用。

有关《评估工作者指导原则》和《项目评估标准》的详细内容，请参见本书附录。

三、社会项目评估伦理实务问题

伦理规范的提出，在一定程度上反映了社会项目评估界对实践过程涉及的伦理问题的关注，同时也反映了从业人员对职业行为规范及指导原则的共识。但是，尽管社会项目评估伦理近 10 多年来在美国及其受西方文化影响的发达国家得到不断发展，但是从实践上来看，其贯彻执行仍然面临一系列的挑战。

首先，从相当部分从业人员的实践来看，职业道德问题并未引起他们应有的关注。麦克尔·莫里斯（Michael Morris）和科恩（Cohn）的研究发现，在其 459 名调查对象中，35% 的人声称从未遭遇过伦理冲突。纽曼

（Newman）和布朗（Brown）在其研究中同样发现，有经验的评估人员、评估成果长期使用者和评估教师都声称根本不知道评估伦理这回事。尽管进一步的研究揭示，这些评估者之所以认为在项目评估过程中不存在伦理冲突，原因在于他们属于客观主义、伦理假设主义和团队成员。作为客观主义评估论者，他们坚持自己的研究是客观的，其目的在于发现和揭示真理；而伦理假设主义者将职业道德规范视为其职业和组织的组成部分，对于他们来说，相关的道德规范是天经地义的；而作为团队成员，也会一定程度上减少其个人道德困惑。所有这些因素，都在一定程度上减少了社会成员对评估研究伦理问题的关注（参见 Morris，1999）。由此可见，要想真正确立起职业道德意识，仍然需要做大量工作。

其次，尽管美国等发达国家纷纷建立了各自的项目评估伦理规范，但在具体的行为方面并未完全取得一致意见，相应的规范对行为约束的差异程度十分明显。不同国家和地区业已建立的伦理规范的约束力不同：非洲、英国和意大利的规范属于指导原则；欧盟及其下属的德国和瑞士属于行为标准；澳大利亚则曾经制定了十分明确的守则；至于美国和加拿大，则是伦理标准和指导原则。根据有关研究，在上述三个与规范相关的概念中，守则最为具体，标准次之，而原则只是反映了一种倡导方向，没有守则和标准具备的强制性色彩（Schwandt，1997）。令人最为感兴趣的是澳大利亚，该国评估学会在 20 世纪 90 年代末曾试图确立评估伦理守则，但没有获得通过，取而代之的是 1997 年的指导原则。在上述指导原则的基础上，澳大利亚评估学会 2000 年终于制定通过《伦理守则》（*Code of Ethics*）（Simons，2006），但 2006 年，学会再次印行指导原则，呈现出指导原则与守则并存的局面。在评估伦理发展较早的西方基督教文明国家都存在着这样的情形，在其他文明的国家和地区，要想建立伦理规范并取得共识的难度无疑将更为突出。

最后，即便是在已经建立不同类型伦理规范的国家和地区，相应的规范仍然不够成熟，存在某些模糊性甚至冲突，对实践的指导作用仍然有限。有关研究指出，美国评估协会的指导原则在关于价值取向问题上便明显存在着模糊性,其关于公共利益和一般福祉目标的条款显现了鲜明的价值取向,但在关于正直和诚实的相关条款中,通常又让人兼顾各方利益、坚持价值中立。于是,在诸如堕胎等项目的评估问题上,《评估工作者指导原则》便暴露了其先天存在的局限性,令评估工作者难以定夺或引发争议(Datta,1999)。此外,R. 斯泰克(R. Stake)和 L. 马布里(L. Mabry)(1998)也从他们的评估实践出发,认为现有的伦理规范不够明确、过于抽象,而实际的评估研究却面临复杂的伦理冲突现象。

综上所述,社会福利项目由于其直接涉及资源和利益的再分配,因而与价值取向存在着密切而复杂的关系。即使是关于项目评估伦理研究多年的、以美国为代表的西方发达国家,其伦理规范建设也仍然面临着不断完善的任务。同时,社会现实的发展也不断地对已有的伦理规范提出新的挑战,需要其不断适应新的情形,获得新的发展。社会项目评估研究伦理总是在适应挑战的过程中继续发展,已有的共识仍十分宝贵,将成为新的发展的基石。

第三节 社会项目评估伦理本土化

在上面的两节中,我们先后讨论了西方工业化国家社会项目评估伦理的概念、发展历程及其规范体系;那么,中国和其他国家的情形又如何呢? 我们是否可以全盘照搬发达国家的经验;如果不可,我们又该如何确立自己的项目评估理论体系? 这便是我们在这一节试图回答的问题。

一、项目评估伦理本土化问题缘起

近年来,随着中国经济的高速发展与和谐社会发展目标的确立,政府在社会项目方面的投入日益增大,由此引起社会项目评估的快速发展以及社会各界对项目评估结论的关注。然而,在各种社会公共项目和社会项目评估结论公布于众的同时,其评价结论的科学性也引起了人们的广泛关注,一些议论还直接指向评估研究者的价值和伦理操守问题。例如,自从 20 世纪末的高等教育大发展以来,高等教育的质量问题一直是社会公众普遍关心的问题,政府和社会各界为此组织了大量与教育质量有关的评估研究,其中包括近年来不断涌现的各类高等学校排行榜。但是,其中一些评估结果也引起了人们的普遍质疑,特别是对评估研究者价值取向和职业道德的质疑。最近公布的一份"2011 中国造富大学排行榜"便是一个很好的例子。尽管这家评估机构同时还公布了中国大学院士校友榜、杰出科学家校友榜和杰出政界校友排行榜,但是评论者仍然认为,公布大学造富榜直接背离了大学的基本功能,"折射出中国高校乃至整个社会的理念与追求,那就是越来越关注金钱,金钱至上"(参见黄冲,2011)。此外,国内另一家著名的大学排行榜评估研究机构更是成为公众关注的焦点,认为其排名的顺序与有关高校对该机构的经济资助直接相关,由此直接引出了评估研究人员的职业道德规范问题。

那么,评估研究究竟应该遵从哪些方面的伦理规范呢?尽管我们可以从上述有关对大学排名的议论过程中找到某些基本的共识,但是离确立一个比较规范和完整的评估研究伦理规范还有很长的距离。不仅在评估研究领域是如此,在国内整个学术研究领域也是一样。尽管近年来学术研究规范越来越引起社会各界的关注,一些政府部门和学术研究机构都试图确立自己的学术伦理规范,但真正科学、具有共识的学术伦理规范的产生仍然有待时间的检验。在这样一个探索过程中,我们很自然会将自己的目光转向在这方面相对较为成熟的西方发达国家寻求借鉴和参考。例如,在上述关于中国高校造富排行榜的议论过程中,文章便援引了《美国新闻与世界报道》关于大学评价的指标及其价值取向问题(黄冲,2011)。通过上面的讨论我们同样可以说,历经近百年的社会项目发展,西方发达国家在社会项目评估方面确实已经建立了相对较为完整和规范的标准,值得中国当前的评估研究借鉴。

然而,西方国家的评估研究伦理规范在引入我国的过程中,其成功和有价值的部分能否最终融入我国的评估研究规范,却有着一个本土化历程。所谓本土化，便是对非当地话语的改造，进而使之适应输入国家的价值、需要和问题的过程（Walton & Abo Ei Nasr, 1988）。诚如我们上面指出的，西方的评估研究伦理规范之所以需要引入中国，需要本土化，是因为它"在它发生和发挥作用的地方是成功的，是有经验可谈的"（王思斌，2001）。尽管这些伦理规范有着西方社会的本土特色，却存在超越民族性的要素，具有其在多样化文化背景下的顽强生命力和普遍属性（Gray & Fook, 2004；Gray, 2005）。从国际范围来看，目前西方社会的评估研究伦理规范虽然有其先发展的优势，但充其量也不过是特定地域范围的个案表现。诚如某些研究在关于社会工作本土化研究时指出的，现有西方文化背景下的项目评估研究伦理并非全部体现了其普遍属性和本质，因而当我们满怀信心地将西方文化背景下成功的社会项目评估伦理规范作为本土化依据时，极可能恰恰偏离了社会项目评估研究伦理规范的本质属性或普遍性原则（Gray, 2005）。据此，我们一方面需要借鉴西方的项目评估伦理规范，另一方面要注意文化的多样性，避免将一种现成的社会项目评估研究伦理强加于不同背景的社会项目评估研究之中。

二、确立本土化社会项目评估伦理规范

通过上面的讨论，在当前中国建构社会主义和谐社会的背景下，确立社会项目评估伦理规范的必要性和紧迫性已经是一个不争的事实；那么，我们该如何借鉴国外已有的经验，尽快发展并建立具有本土化特色的评估研究伦理规范呢？对此，综合前文关于社会项目评估伦理的哲学基础、本土化概念的讨论以及社会项目评估伦理规范的主要组成部分，我们认为应该从四个方面进行尝试。

首先，关于社会项目评估研究获取科学事实的基本伦理规范建设。我们在关于社会项目评估研究的概念界定时已经提到，评估研究方法是社会研究方法在项目评估领域的运用。因此，诚如顾东辉（2009）在关于社会工作评估伦理的阐述中论及的，社会项目评估伦理应该包括评估过程中涉及的关于项目研究的基本伦理规范。这一部分基本规范除了确保

评估研究对象的基本利益以外,主要关注的是评估研究者如何不受各种研究以外的利益关系的诱惑,确保研究结论的客观中立性等问题。尽管现代社会科学研究的人文主义取向否认传统实证主义强调的绝对价值中立,但是现代社会科学研究的经验主义特征决定了研究论据的反映论基础;也就是说,尽管人文主义与实证主义注重的研究世界有所不同,但它们都要求其研究结论建立在对现实经验的感受基础之上。这一方法论的哲学基础决定了现代社会项目评估研究具有超越文化多样性的、在关于获取评估研究问题基本事实方面应该遵循的基本伦理规范。笔者以为,最近,我国学术界在对研究伦理的反思过程中,对某些著名学者早年一些论著的质疑,相当部分涉及的便是关于人文社会科学研究结论的方法论规范问题。其实,只要对比国内外人文社会科学研究文献便可以发现,国内传统学术界更重视思想性,思辨色彩更浓郁而较少关注研究结论的经验性;而西方的学术研究更强调研究结论的经验性基础,严格区分思想性论述与学术性研究。尽管我们不应该排斥学术研究的思想性,不应该否认思想性在学术发展中的贡献,但是作为现代社会科学研究的科学性反映,我们应该更重视学术性研究中的经验性规范,这也是我们整个中国学术界应该努力,并且这些年逐步取得重大进展的方向。我们认为,社会项目评估研究中这部分基本规范是由社会世界及其认识论本质所决定的,评估研究者在从事这部分工作的过程中,应该具有普适性的伦理规范。

其次,关于社会项目评估研究涉及的人类价值目标的共性问题。社会项目的根本目标是实现服务对象的福祉。因此,不论是社会项目还是其评估研究,一个重要的伦理标准便是不应该损害服务对象的利益,更不能因此有意或无意造成对方的伤害。诚如我们在前面已经提到的,随着科学技术的发展,科学活动中的这一问题变得更加尖锐和突出,这是任何一项社会研究和评估研究都应该高度重视并严格遵守的原则。对于社会项目及其评估来说,仅仅注意到研究或评估过程对服务对象的潜在损害还远远不够,还必须注重社会项目的社会正义和公正,尤其是注重社会弱势群体的利益实现。这些基本价值取向不仅是我们设计和组织社会项目的基本目的所在,同时也是研究工作者在评估具体社会项目过程中应该遵循的伦理规范。诚如我们在上一章关于社会项目评估研究的发展趋势评述时提到的参与式评估、自决自强式评估等,其实都是上述社会项目评估基本伦理原则的表现。因此可见,社会项目评估的伦理规范不但要避免对服务对象的伤害,而且要主动追求服务对象的福祉,特别是在涉及不同群体利益关系的情形下,更要突出社会弱势群体利益,彰显社会公正和正义。我们认为,上述这些方面的基本价值原则应该是社会项目评估伦理规范应有的、跨越文化多样性的共同组成内容。

再次,关于评估研究伦理规范的文化多样性问题。尽管我们上面从评估研究科学事实的获取,以及评估研究对于人类社会正义与公正目标的追求方面肯定了中西社会项目评估伦理规范的共通之处,但不可否认的是,不同文化在其历史渊源及其特质方面的差异性仍然使得人们在进行项目评估过程中需要入乡随俗,尊重其本土文化的规范。从宏观层面来说,西方基督教文化与中国儒家文化在价值取向方面的差异,对于评估研究实施过程中的应有规范具有深远的影响。今天,这两种具有悠久历史传统的文化与各自的政治文化结合,形成了资本主义与社会主义两种制度及其价值取向的碰撞,甚至是某些方面的激烈冲撞。在当前世界全球化趋势日益发展的同时,东西方两个世界意识形态方面的冲突不但没有消解,而且可能随着中国的强势崛起、世界传统利益格局的转变而变得更为激烈。从微观方面来看,一方水土养育一方人,不同文化背景下的社会项目服务对象都有着自己独特的价值取向,由此决定了在实现社会公正和正义以及获取社会事实方面的不同路径。一些社会工作者曾经指出,不同于西方社会工作者与干预对象之间疏远的正式关系,中国文化背景下社会工作者与其服务对象之间的成功关系离不开某些亲密的非正式关系的形成。笔者在自己的经验研究过程中也深深地感到,社会研究的资料获取途径必须与中国本土的文化特征结合,而不能过于拘泥于国外的研究伦理规范。例如,不论是项目评估还是一般社会研究中访谈对象的选取,特别是在诸如企业农民工社会保险这样一些较为敏感的问题的调研过程中,除了需要借助正式关系渠道以外,适当地以非正式关系作为补充,往往可以起到事半功倍的效果;而诸如访谈对象的知情权方面,如果一味如西方那样坚持书面授权,也可能使得实际研究工作寸步难行(方巍,2009)。对此,笔者并不主张为了研究目的的实现而不择手段,而是以为,应该在总体上遵循上面谈到的科学事实获取的基本规范和社会公正与正义等原则的前提下,作出本土化的探索,为最终形成并确立具有中国特色的社会项目评估研究伦理规范作出贡献。

最后,关于评估研究的专业化程度与评估研究的规范化问题。在现实的评估研究中,我们经常会发现某些具体的操作过程偏离上述理想规范的情景。其中有些可能是评估研究者没有意识到的,有些则是已经意识到但不得不为之。对此,笔者以为,不能将其原因完全归结为评估研究伦理规范的内容问题,而是应该意识到社会项目的专业化发展水平与评估研究的规范化之间的制约关系。社会项目评估研究伦理是在社会项目及其评估研究的发展过程中逐步确立的,它是社会项目及其评估研究发展需要的反映,同时对社会项目及其评估研究水平的提高起到重要的促进作用。然而,目前我国的社会项目专业化管理水平还较低,社会项目评估研究也刚刚起步,也受制于社会项目的管理水平,所有这一切都决定了社会项目评估伦理规范的确立有一个较为长期的过程。因此,这一时期的社会项目评估研究不论在内容上还是方法上,进而在这里着重谈论的伦理规范方面,都可能存在并表现出某些不成熟性。对此,诚如笔者曾经在文章中论及的,一方面需要在社会民生工程大发展的背景下加强评估研究理论与社会项目专业化管理的相互促进(方巍,2010),另一方面也要循序渐进,区分评估研究伦理过程性表现及其规范化标准的差异性,从而正确对待国外社会评估研究的某些规范的本土化问题。

总之,只要我们在社会项目及其评估研究的过程中不断探索并提高认识,同时从评估研究的本质及其涉及的伦理规范出发,有批判地借鉴国外的经验,就一定能够最终确立具有中国特色的本土化社会项目评估伦理规范。

思考题

1. 什么是社会项目评估伦理？它是如何发展形成的？在当前的社会项目评估研究中有什么意义？

2. 社会项目评估伦理的哲学基础是什么？其伦理规范主要包括哪些方面的内容？

3. 什么是社会项目评估伦理的本土化？提出这一问题的意义何在？如何实现中国社会项目评估伦理的本土化发展？

推荐阅读

美国评估协会(2004)：《评估工作者指导原则》(精简版)，美国评估协会，参见本书附录。

Simons, H. (2006). Ethics in Evaluation. In Shaw, I. F., Jennifer C. Greene & M. M. Mark (ed.). *Handbook of Evaluation：Policies, Programs, and Practices*. London：SAGE Publications, pp.243—265.

Stake, R. & Mabry, L. (1998). Ethics in Program Evaluation. *Internatioinal Journal of Social Welfare*. Vol.7, pp.99—109.

参考文献

辞海编辑委员会(2000)：《辞海》(1999年版)(缩印本)，上海：上海辞书出版社。

方巍(2009)：《社会排斥及其发展性对策——杭州市农民工劳动社会保障个案研究》，上海：格致出版社。

方巍(2010)：《项目理论与社会福利服务及评估专业化》，载王思斌主编：《中国社会工作研究》(第七辑)，北京：社会科学文献出版社，第99—108页。

多亚尔和高夫(2008)：《人的需要理论》，北京：商务印书馆。

顾东辉(2009)：《社会工作评估》，北京：高等教育出版社。

何秀丽(2005):《只要我活着,就要为中国人作证——一名原侵华日军731部队老兵的痛苦回忆和忏悔》,《哈尔滨日报》2005年6月23日。

黄冲(2011):《高校造富榜受到网友激烈质疑》,《中国青年报》2011年1月20日,第7版。

罗尔斯(1988):《正义论》,北京:中国社会科学出版社。

罗伊斯、赛义和帕吉特(2007):《公共项目评估导论》,北京:中国人民大学出版社。

彭华民(2008):《社会福利与需要满足》,北京:社会科学文献出版社。

王思斌(2001):《试论我国社会工作的本土化》,《浙江学刊》2001年第2期,第56—61页。

Barker, R. L. (2003). *The Social Work Dictionary*. 5th edition. Washington DC: NASW.

Bebeau, M. J. (1995). *Developing a Well-Reasoned Response to a Moral Problem in Scientific Research*.

Blakemore, K. (2003). *Social Policy: An Introduction*. Open University Press.

Darke, R. F. (2001). *The Principles of Social Policy*. Palgrave.

Datta, Lois-Ellin(1999). The Ethics of Evaluation Neutrality and Advocacy. *New Directions for Evaluation*. No. 82, pp. 77—88.

Fitzpatrick, J. L. (1999). Ethics in Disciplines and Professions Related to Evaluation. *New Directions for Evaluation*. No. 82, pp. 5—14.

Flexner, A. (2001). *Is Social Work A Profession? Research on Social Work Practice*. Vol. 11. No. 2, pp. 152—165.

Gray, M. (2005). Dilemmas of International Social Work: Paradoxical Process in Indigenisation, Universialism and Imperialism. *International Social Work*. 14, pp. 231—238.

Gray, M. & Fook, J. (2004). The Quest for a Universal Social

Work: Some Issues and Implications. *Social Work Education*. 23 (5), pp. 625—644.

Hannberger, A. (2001). Policy and Program Evaluation, Civil Society, and Democracy. *American Journal of Evaluation*. Vol. 22. No. 2, pp. 211—228.

Hannberger, A. (2006). Evaluation of and for Democracy. *Evaluation*. Vol. 12. No. 1, pp. 17—37.

Jones, K. Brown, J. & Bradshaw, J. (1983). *Issues in Social Policy*. Routledge & Kegan Paul.

Love, A. & Russon, C. (2004). Evaluation Standards in an International Context. *New Directions for Evaluation*. No. 104, pp. 5—14.

Morris, M. (1999). Research on Evaluation Ethics: What Have We Learned and Why Is It Important? *New Directions for Evaluation*. No. 82, pp. 15—24.

Newman, D. L. (1999). Education and Training in Evaluation Ethics. *New Directions for Evaluation*. No. 82, pp. 67—76.

Schwandt, T. A. (1997). The Landscape of Values in Evaluation: Charted Terrain and Unexplored Territory. *New Directions for Evaluation*. No. 76, pp. 25—39.

Simons, H. (2006). Ethics in Evaluation. In Shaw, I. F., Jennifer C. Greene & M. M. Mark (ed.). *Handbook of Evaluation: Policies, Programs, and Practices*. London: SAGE Publications, pp. 243—265.

Shulha, L. M. & Cousins, J. B. (1997). Evaluation Use: Theory, Research, and Practice Since 1986. *Evaluation Practice*. Vol. 18. No. 1, pp. 195—208.

Stake, R. & Mabry, L. (1998). Ethics in Program Evaluation. *Internatioinal Journal of Social Welfare*. Vol. 7, pp. 99—109.

Titmuss, R. M. (1974). *Essays on "The Welfare State"*. London: Unwin University Books.

Walton, R. G. & Abo Ei Nasr, M. M. (1988). Indigenization and Authentization in Terms of Social Work in Egypt. *International Social Work*. 31(2), pp. 135—144.

Zastrow, C. (2004). *Introduction to Social Work and Social Welfare*. Brooks/Cole-Thomson Learning.

第四章 定量、定性及综合方法

　　社会项目评估的方法很多,定量、定性以及综合方法是其中非常重要的方法模式。在这一章,我们将详细探讨社会项目评估中的定量方法、定性方法以及综合评估方法。

第一节　定量评估方法

　　定量方式是实证主义理论影响下形成的一种研究和评估方法,是当今社会科学研究领域最具影响力的方式之一。

一、定量评估方法的含义

　　定量研究就是通过统计调查法或实验法,像自然科学那样建立研究假设,收集精确的数据资料,然后进行统计分析和检验的研究过程。把定量分析作为一种分析问题的基础思维方式始于伽利略,他第一次把定量分析全面应用在自己的研究中。从动力学到天文学,伽利略抛弃了以前人们只对事物原因和结果以主观臆断为主的分析,代之以实验、数学符号、公式。从理性的发展过程来看,伽利略提出的以定量代替定性的科学方法,使人类认识对象由模糊变得清晰起来,由抽象变得具体,使得人类的理性在定性之上又增加了定量的特征,而且由于这种替代,那些与定量无关的概念,如本质、起源、性质等概念,在一定的领域和范围内被空间、时间、重量、速度、加速度、惯性力、能量等全新的概念替代。

诚如前面已经提到的,定量研究的理论基础来自实证主义方法论。包括孔德、杜尔凯姆在内的众多社会科学家,为定量研究的发展作出了重要的贡献。尤其是杜尔凯姆的《自杀论》,标志着社会研究进入现代阶段,是孔德实证主义思想在社会研究中第一次得到完备的经验体现,是理论与经验结合的首次范例,促进了社会研究从单变量、描述性的研究转向多变量的、解释性的研究,首次将“多元分析法”引入了社会学,为如何利用统计资料、如何从经验现象中概括出理论认识提供了范例(袁方,1997)。20 世纪 30 年代,西方社会学家开始用定量方法研究社会和政治问题。自 50 年代起,定量研究逐渐演变为全球社会学研究中的新潮。现在,社会定量方法的学术地位获得公认,用数据说话并以之论证各自的观点成为学界时尚。定量研究通过技术手段和统计工具运用,在社会控制、社会预测、社会工作、社会管理和社会问题领域发挥了重大作用。

所谓定量评估方法便是运用定量研究方法进行评估研究,具体地说,就是通过将观察到的现象转化为数字,并以图形、频数分布及其他统计值加以描述的评估研究(Ginsberg,2001)。定量方法是最传统的,同时也是最常见的一种评估研究方法。传统评估研究形式中的财务管理和审计,便都是以定量的形式呈现的;以成本为基础的收益和效益评估以及其他各种项目评估,也大量表现为定量形式(方巍等,2010)。

在社会项目评估中,定量评估方法侧重测量与计算,通过数字和量度来描述,强调客观事实和现象之间的关系,强调变量之间的因果联系。定量评估方法与演绎过程更接近,从一般的原理推广到特殊的情景中,倾向于以理论为基础。当实际的评估研究以理论的检验为目标时,也通常采取定量的方式进行。定量方法取向的评估者经常认为,这个领域主要关注的是总和性评估,其焦点是发展对项目的特征、进程和影响的测量,使项目的有效性得到高可信度评估(罗希、弗里曼和李普希,2002)。

二、定量评估方法的特征

以实证主义为哲学基础的定量评估方法注重科学主义的研究范式，采取实验、调查等方式，通过量表、问卷、结构观察等技术收集资料，运用统计分析等方法来客观地确定相关关系与因果关系，具有标准化、系统化、操作化和客观性等特征。

1. 评估研究程序的标准化

标准化主要体现为这种评估方法所有的过程都遵循一套非常严格的程序，尤其是定量评估方法一般会采用实验法、调查法以及结构式观察法等一系列标准化要求极高的方法。这些方法的选题、设计、方案制定、抽样、制定测量工具、具体实施等环节，每一个阶段都有相对固定的标准化程序。研究者在实际操作中，都必须严格按照这些标准化的程序开展评估研究工作。因此，实验法、调查法、结构式观察法的采用，要求整个评估过程都要严格按照实验法、调查法及结构式观察法的标准化程序进行评估的方案设计、实施，评估结果的呈现也是采用标准化的格式。这是定量评估方法标准化特点的体现。

2. 评估过程的系统化

系统化要求定量评估的各个部分是一个有机的系统，具有一定的结构性。评估的各个环节相互联系、相互制约。每个环节都有一定的功能，具有特定的目的。在研究者采用定量评估方法进行社会项目评估的过程中，不能人为地割裂评估的各个技术环节，尤其是一些定量化的测量技术的运用，更是对这一过程的系统性提出更高的要求。换言之，定量评估的过程是一个系统化的过程，定量评估的各个阶段与各个环节组成一个相对完整、相对封闭的系统。系统化体现为整个评估过程不仅仅是采用统计分析等方法技术进行分析的过程，还包括最初项目评估的选题的确定、评估方案的设计、评估之前的准备、具体量化资料的收集、整理以及最后评估结果和报告的撰写等整个系统的过程。这一过程中的每一个步骤、每一个部分都缺一不可，都承担着评估过程中的特定职能，而定量评估最后能取得圆满的效果，亦有赖于这一系统过程的有效执行。

3. 评估技术的操作化

操作化是定量研究的一个核心环节和核心特征之一。操作化要求将一些抽象的、笼统的概念通过具体的、可以测量的指标表示出来。定量评估方法一般采用量表、问卷和结构式观察等方式来收集量化资料,这些资料的收集需要事先进行概念的操作化。由于在社会项目评估过程中多面临主观性较强、较为抽象的社会现象。而要通过这些社会现象收集量化的资料,就必须运用操作化的方法,通过制定一系列具体的指标体系来收集量化资料。因此,在测量的具体工具中,无论是量表还是问卷,强调的就是操作化的方法技术。另外,定量评估方法亦要求在具体的评估实施过程中,各种可行方案和具体方法更具操作性。

4. 研究关系的中立性与客观性

在定量评估方法中,为了对社会项目进行客观公正的评估研究,强调研究者必须与研究的项目完全分开,以避免偏见。定量评估主要用观察、实验、调查、统计等方法来对社会项目进行评估,对评估的严密性、客观性、价值中立都提出了严格的要求,以求得到客观事实。定量评估方法通常采用数据的形式,对社会项目进行说明,通过演绎的方法来预见理论,然后通过收集资料和证据来评估或验证在研究之前预想的模型、假设或理论。而事实上,在社会研究者对社会项目进行定量评估研究之前,他所提出的研究问题、建立假设的理论基础及其对社会事实的抽取和分析,都隐含着他的价值倾向。所以,试图把研究者与所研究的社会项目分开是一件极其困难的事情。

三、定量评估方法的一般过程

定量评估方法具有标准化、系统化和操作化的特点,强调通过量化资料的处理和分析对社会项目进行精确的评估。参照定量研究的一般过程,在社会项目评估中,定量评估方法的一般过程可概括为界定问题、研究设计、具体实施、资料分析和结果呈现五个阶段。

1. 界定问题

项目评估的本质是搜集和解释有关项目绩效等方面的信息,从而能回答有关决策的问题,或者至少是能回答一个或多个项目各方关心的问题。因此,在评估中一个至关重要的方面就是对评估所涉及的问题进行识别和阐述(罗希、弗里曼和李普希,2002)。从程序上讲,界定问题是一项社会项目评估活动的起点,是整个评估工作的第一步。这就需要与决策者和项目各方进行交流与商议,并且将评估问题阐述出来。研究问题一旦确定,整个社会项目评估活动的目标和方向也就随之确定。一旦问题得到界定,与评估有关的数据源得到回顾,评估者就比较有把握确认需要哪些数据来弥补各种资料缺口。将调查和其他可以执行的技术一同考虑,就有可能决定哪个是收集资料的最佳方式(泰勒、布莱恩和古德里奇,2009)。在这一过程中,强调项目各方的参与要求确定项目绩效的维度和标准,并提出切合实际的、与评估直接相关的、能够被回答或者解释的问题。罗希等人概括了几类较为典型的评估问题,包括项目服务需求、项目的概念化、项目操作和服务送达、项目结果以及项目经费和效率等方面(罗希、弗里曼和李普希,2002)。

例如,我们要进行一项城市居民最低生活保障制度的评估工作。这项评估工作首要解决的问题就是界定问题。城市居民最低生活保障制度作为一项全国性制度,在中国城市普遍实施十几年,在这一过程中,社会形势发生了变化,城市贫困家庭作为制度的客体,其贫困的状态、福利需求等都发生了很大的变化,各种情况表明,这一制度到了制度的"拐点",需要加以调整与转型。因此,对这一制度的评估的核心就集中在一个主要问题上:这一制度为何以及如何转型。结合研究者的理论分析,根据艾米特依·埃特奥尼(Amitai Etzioni)的综视决策模型(mixed-scanning model)的要求(张金马,2004),将问题主要集中于三个方面:制度理念、制度目标、制度的具体方案框架。这一评估问题的提出,实际上是综合各方主体意见的结果,国家民政部门、地方民政部门、城市贫困救助对象以及从事这一领域专业研究的专家学者,都对这一制度的实施过程和效果提出了多维度的审视。这一多维度的审视就形成了这一制度的绩效维度和标准。研究者在理论分析和前期探索性实证调查的基础上,提出了这一核心的评估问题,并在一定程度上进行了多维度设计,使得这一问题更具可操作性和可解释性。由此完成了项目评估第一个阶段的工作。

2. 研究设计

研究设计阶段的全部工作可以理解成为实现研究的目标而进行的路径选择和工具准备。即进行研究思路、策略、方式、方法以及具体技术工具方面的设计,同时还需要准备好研究所依赖的问卷、量表、实验手段等测量工具或信息收集工具(风笑天,2001)。毫无疑问,这一阶段仍然属于项目评估的准备阶段。在这一阶段,需要明确评估的目的,而且必须明确地加以陈述,这是设计评估方案的重要前提。在此基础上,设计评估的思路,选择合适的评估方法,如果需要采用抽样调查的方式收集资料,还需要进行样本的抽取工作,也就是尽可能地按照等概率的原理抽取具有代表性的样本,以方便通过对样本的定量分析来推论到总体,进而得出正确的评估结论。此外,这一阶段还需要解决收集数据的方法问题,一般常用的调查技术包括邮寄问卷、电话调查和面访等。这三种调查方法各有各的优缺点,项目研究者需要根据具体的情况选择合适的数据收集方法。与此同时,还需要设计好相应的调查问卷,准备好相关的问卷、量表等测量工具。

例如,如果我们进行一项城市居民最低生活保障制度的评估工作,首先要解决的问题就是为何进行这项评估。弄清城市低保制度为何转型以及如何转型,是我们评估工作的最终目的。因此,在评估方案中要明确地陈述这一目的,这成为指导整个评估工作的基础。在此基础上,研究者认为需要通过问卷调查的方式收集资料,通过对这些资料的定量分析来开展评估工作。因此,还需要确定评估样本。我们以浙江省四个城市的低保家庭调查为例进行评估,也就是在浙江省按照不同的地域特点和经济发展状况,选择四个不同类型的城市,在这四个城市中再按照多阶段抽样的方法,抽取 600 户城市低保家庭,最后从这些家庭中抽取 600 名调查对象。样本规模的确定与抽样的精度要求以及总体的规模等因素都有关系。另外,根据城市低保对象文化程度普遍偏低的特点,收集数据的调查工作采用当面访问的方式进行,即访问员根据事先设计好的结构式访问问卷进行调查资料的收集工作。因此,在这一阶段,研究者除了需要制定好相关的调查方案,确定好调查方法,做好时间和经费安排以外,还需要进行样本的实际抽取和问卷的设计工作。

3. 具体实施

这个阶段的主要任务就是具体贯彻研究设计中所确定的思路和策略,按照研究设计中所确定的方式、方法和技术进行定量资料的收集工作。在这一阶段,研究者要深入实地,要接触被研究者,或者要设计出实验环境,实施实验刺激和测量,或者要收集大量的文献资料(风笑天,2001)。社会项目评估的具体实施是对前期项目评估设计思路的贯彻执行,也是取得有效评估数据的必经阶段。在这一阶段,还有一项重要的工作需要完成,即调查问卷的试调查。调查问卷是项目研究设计阶段需要准备的测量工具,但问卷初稿设计出来以后,还需要通过客观检验法,即试调查的方式来进一步完善。这有助于澄清逻辑问题,包括问卷的执行时间长短,有助于解决问卷长度以及问卷的具体内容范围等可能出现的一些问题(泰勒、布莱恩和古德里奇,2009)。通过试调查这种客观检验法和把问卷给相关专家审查的主观检验法相结合的方法,可以使得数据收集的工具更为有效,具有更高的信度。

还是以城市居民最低生活保障制度的评估项目为例,这一评估项目进展到具体实施阶段,要做的首要事情就是对研究设计阶段所设计出来的问卷初稿作出进一步的完善。完善的方式一般有两种:客观检验法和主观检验法。主观检验法可以将问卷交给相关社会调查领域的专家进行评判,客观检验法就要进行试调查。我们在城市低保对象的总体上选择20名左右的城市低保对象进行试调查,对问卷可能存在的漏答和误答、问卷过长以及一些逻辑性错误等问题进行进一步的核实和修正,结合主观检验的结果,形成最后的调查问卷。不过,这一工作有些时候可以放到研究设计阶段来进行。但不管怎么样,这是一个必不可少的程序。在此基础上,按照当初研究设计的方案,研究者带领访问员深入浙江省的四个城市进行定量资料的收集工作。在每一个城市,根据研究设计的要求,抽取一定的样本进行结构式访问。在面访过程中,按照研究设计的要求做好相关记录工作,每天回到住地,还要进行问卷的编码工作,为后期的资料分析打下良好的基础。

4. 资料分析

通过具体实施阶段收集到项目评估所需要的定量资料,接下来就是对这些定量资料进行系统的审核、整理、归类、统计和分析。这一阶段也有许多具体工作要做,例如,对原始数据资料的清理、转换和录入计算机等工作,对原始文字资料的整理、分类和编码加工等,以及对原始资料运行现代统计分析技术进行统计分析等。通过定量的统计分析技术,试图找出各种变量之间的关系,对社会项目评估中的各种要素进行描述、解释和预测。在这一阶段,非常注重定量分析方法的运用。研究者要根据实际的需要,选择适当的定量数据分析方法,找出变量之间的各种相关关系、因果关系,可以进行交互分类统计、回归分析、因子分析、聚类分析等多种定量统计分析方法的综合运用,当然,也可以只运用最简单的描述性统计,在一些实验评估中,还需要采用对比分析的方法。总之,具体的方法要服务于研究的需要,采用最能体现评估结果的最佳方法。

在城市居民最低生活保障制度的评估中,通过具体实施阶段的调查,研究者收集到来自浙江省四个城市的有关城市低保家庭基本生活状况的数据,再根据当初设计的评估方案,对城市低保家庭的基本生活状况进行了描述统计,同时解释原因并预测了将来的生活趋势。在这个基础上,研究者通过对原始数据的整理、审核和统计分析,清除一些错误的、误填的数据,对原始数据进行了整理和归类,并通过编码的方式录入计算机,形成较为完整的数据库文件。再结合研究的需要,运用多种统计分析方法对这些数据进行统计分析,对城市低保制度运行十多年来的状况进行了系统评估,总结出这项制度的直接效果、附带效果和意外效果,对现行城市低保制度进行了客观的评价,并提出了未来制度转型的可能方向、原则以及目标转型的可能性,最后结合各种定量数据分析的结果,提出了构建新型制度的设想。

5. 结果呈现

这一阶段的主要任务就是撰写评估研究报告,评估研究质量,交流研究成果。研究报告是一种以文字和图表将整个评估研究工作所得到的结果系统地、集中地、规范地反映出来的形式,它是整个评估研究结果的集中体现。问卷调查的结果可以包含在评估总报告中,有时也可以单独呈列(泰勒、布莱恩和古德里奇,2009)。在评估报告中,需要详细地对评估的问题进行解释,需要详细描述获取资料的方法、样本的抽取方法、样本概况、资料分析的方法,需要详细呈现资料分析的结果、资料分析的结论。定量评估一般强调评估的标准化、操作化和系统性,因此,最后评估报告的呈现在形式上基本差不多,只是具体的结论与实际获取的数据以及数据分析的结果有关。

在城市居民最低生活保障制度的评估中,最后的评估研究报告就是以相对标准化的形式呈现出来的。在这份评估报告中,研究者要详细介绍本次评估的主要问题、主要目的、具体的方案设计、资料收集与分析的方法、样本情况等,与此同时,还系统性地介绍了定量数据分析结果以及最后得出的评估结论。这些结果主要是以统计表、统计图以及文字说明的形式体现出来。在评估研究报告的最后,还加上一些附录,包括定量资料收集过程中所使用的调查问卷、问卷的编码方式等,这些附录同定量数据分析结果一起,成为完整的评估研究报告的一部分。至此,整个社会项目定量评估工作到此结束。

第二节 定性评估方法

将定性分析方法应用到项目评估中经历了一个较为漫长的过程,但当前也取得了较大的发展,越来越受到重视,发挥了巨大的作用。

一、定性评估方法的含义

定性研究发端于 19 世纪,在 20 世纪二三十年代因社会调查运动而开始得到发展。所谓定性研究,是指在自然环境中使用实地体验、开放型访谈、参与性与非参与性观察、文献分析、个案调查等方法,对社会现象进行深入细致和长期的研究;分析方式以归纳为主,在当时当地收集一手资料,从当事人的视角理解他们行为的意义和他们对事物的看法,然后在这一基础上建立假设和理论,通过证伪法和相关检验等方法对研究结果进行检验;研究者本人是主要的研究工具,其个人背景以及被研究者之间的关系对研究过程和结果的影响必须加以考虑;研究过程是研究结果中一个必不可少的部分,必须详细记载和报道(陈向明,1996)。

将定性研究方法应用于项目评估中,是为社会项目评估中的定性评估,即采用定性方法进行项目评估的社会评估方式。在传统意义上,很多人将定性评估界定为“凡是不经统计过程或量化手段得到研究发现的社会科学方法”,即定性评估者必须承诺非数字的主张,不会出现计算的概念,也不会以百分比、平均数、标准差或相关系数等统计概念诠释研究发现(李允杰、丘昌泰,2008),施特劳斯与古丁(Strauss & Cordin, 1990)认为这种看法是错误的,定性评估绝不是非量化研究,它是一种分析归纳法、诠释学研究法、生活历史的系统研究方法。定性评估方法具有一些共同特征:集中于原始的自然调查方法、信赖将研究者作为数据收集手段、其报告对叙述的强调超过数量(罗伊斯等,2007)。同时,定性评估方法还具有非标准化和非正式的特征。

定性评估的应用十分广泛。在一些项目的定量评估中,往往需要考察这一项目的社会背景,而对这一背景的充分考察和采访是理解一个项目的关键所在。在营销研究、政治上的投票选举和教育评估中,对焦点人群进行采访的定性技术和对参与者的观察都有着悠久的历史(罗伊斯等,2007)。定性评估方法的优点在于能够通过更为深入和更容易感知的挖掘来发现项目内在的工作状况,得出一些意想不到但十分有意义的认识,能够给参与者带来直接的利益,能够抓住项目精确的细微差别,尤其是在项目的构建阶段,定性方法作用巨大。

二、定性评估方法的特征

泰勒与包登(Taylor & Bodgan,1975)认为,定性评估是"产生描述性资料的研究过程,包括人类自我的书面或口头的文字与可观察的行为"。定性评估可以揭示社会现象背后更多不为人知的事实,弥补定量评估所无法说明的有关社会现象的细节。定性评估在社会项目评估中有着大量应用,一般具有自然情境、归纳性、互动性、整体性和动态发展性等特征。

1. 评估情境的自然情境

定性评估通常发生在研究者不想控制的自然情境下,该情境中所发生的事件、计划、社区活动与社会互动都是自然存在的,并非事前决定的。定性评估的目的主要在于了解自然情境下所呈现的自然现象,在自然情境中对个人的生活世界和社会世界进行完整、系统的研究,因为个人生活和社会活动都与周围的社会文化情境密不可分。要理解个人生活和社会组织运作,研究人员就需要深入实地进行观察,全面系统地了解他们的生活事件、对事件的解释、事件发生的社会文化背景,只有这样,才能全面把握整个社会项目发生和发展的全过程(Denzin & Lincoln,1994;Maxwell,1996)。

2. 分析方法的归纳性

定性评估在资料分析上较为注重归纳法的应用,即从研究人员进入现场搜集资料开始,使用研究对象的概念来界定自己的研究问题,扩大自己对问题的理解,在研究思路上获得理解和顿悟,对人和事物进行描述和解释,创造性地将当地人的生活事件和意义解释组合成一个整体(顾东辉,2009)。定性评估方法必须应用探索、发现与归纳的逻辑,开始于开放性的观察,然后设法从研究发现中找出共同的形态,从而建构理论。这个评估研究过程不必受制于先验的假设与变量关系。定性方法是带着问题深入实地收集资料,然后在分析资料的过程中深化对研究问题的认识,并循环往复,直至对研究或评估的现象达成深入而详尽的认识。运用定性方法评估一个项目,研究人员将深入现场直接观察项目实施情况,与项目利益相关各方(通常包括投资者、项目发起者、项目实施者和服务对象)反复交谈,阅读项目各种文件档案记录,在上述过程中不断推敲,形成自己的评估结论(方巍等,2010)。

3. 研究取向的互动性

在定性评估过程中,田野工作是其主要的活动。研究者能够直接面对研究对象。定性评估研究者为了了解现实,必须强调接近人们与情境的重要性,与人群发生互动,观察外在行为和内部心理状态,投入被观察者的现实生活中,借助内省的手段了解其内心观点。因此,定性评估要求研究人员重视与项目利益相关方的互动,要分析项目评估者的行为会对研究对象、研究过程以及研究结果可能带来的影响。定性化的访谈者会观察访谈所在地的环境和回答者散发出来的非语言的暗示,并且把这些观察记录下来。无论何时,有可能的话,定性评估者也应该通过反省、观察自己,这种自我监控过程可帮助研究者识别在评估过程中可能出现的个人偏见(罗伊斯等,2007)。这种对研究者与研究对象互动关系的强调是定性项目评估的特点之一。

4. 评估逻辑的整体性

定性评估研究者追求整体性,探讨特定情境的整体特点,最终目的是了解整体的社会现象和公共政策。也就是说,定性评估方法会通过多种途径,从整体上去解释社会事实,而不是孤立地看待社会项目的某一个部分或环节。这是一种系统论与整体论的思想。这种整体性研究路径假定:整体并不是个别部分的总和,而必须将之视为一个复杂系统加以全面地了解。对社会环境或组织的政治环境的了解与描述,是全面了解所要观察现象的必要条件(李允杰、丘昌泰,2008)。定性评估方法反对过分通过量化的方法简化现实世界经验的复杂性,强调要重视那些无法加以量化的重要因素;要对项目整体的意义进行描述,需要从整体上来理解社会项目。在一些文本内容的研究中,研究者要尝试着理解文本内容中所提出的整体观点,然后发展对各部分与整体之间的关联性。

5. 评估过程的动态发展性

定性评估方法认为社会项目是动态的和发展性的,各个部分都会不断发生变化,项目的自然情境与实验情境等都会发生变化。因此,定性评估方法非常强调描述与了解动态的计划过程及其对项目参与者的全体性影响。定性评估研究者认为,社会项目在自然情境中开展,充满了多变的因素,甚至研究者和研究对象都有可能发生变化,因此,研究方法也需要随着研究过程的改变而改变。因此,在社会项目评估的整个过程中,包括资料的搜集、资料的分析与解释,甚至是结果的呈现,都需要有一个动态发展性的思维来主导整个项目评估过程。定性评估中非常强调现场观察的重要性,而且要求现场观察必须是灵活而且全盘性的(罗伊斯等,2007),即要求现场观察足够敏感地抓住整个项目中的细节,并且要注意各个变量的变化。

三、定性评估方法的一般过程

定量评估方法与定性评估方法在社会项目评估的一般过程上其实是一致的,包括界定问题、研究设计、具体实施、资料分析和结果呈现五个阶段。两者的区别在于一些关键的过程与环节中存在方法的差异。

1. 界定问题

界定问题是一项社会项目评估活动的起点,是整个评估工作的第一步。界定问题的重要性不言而喻,这一点同定量评估方法相比并没有太大的区别。但定性评估方法所界定的问题不像定量评估方法那样明确和具体不变。定量评估方法由于收集定量数据的需要而要求问题的界定非常明确。定性评估的问题具有较大灵活性。问题可以在研究过程中不断修正和明确。这主要是由定性评估方法的理论基础主要是基于建构主义、后实证主义、解释学、现象学等理论之上,在实际的方法实践中重视观察、理解和诠释的特点决定的。一般而言,定性评估方法的问题界定始于较大范围的筛选,从一个大的范围出发,逐步集中,最后形成一个对项目主体各方都具有意义的问题,这一问题最后以适当的问题类型呈现出来。这些问题类型包括探索事件发生的全部历程的过程性问题、探索研究对象是如何建构自己的生活意义的意义性问题、探讨事件全貌的描述性问题、解释某种原因的解释性问题以及探索特定情境事件的情境类问题。

在上一节定量评估方法的论述中,我们列举了城市居民最低生活保障制度评估的例子。这一具体项目的评估除了采用定量评估的方法以外,还采用了定性评估的方法,即通过对城市低保救助对象的访谈来获取定性资料,通过对定性资料的分析来进一步佐证定量资料的分析。在这一评估中,除了定量评估方法将核心问题集中于城市低保制度为何转型以及如何转型这个问题上以外,还需要分析这一制度的客体,即城市低保救助对象的反应。因此,定性评估的问题就集中于城市低保救助对象的生活状况究竟如何,城市低保制度在这些贫困群体的关键生命事件中有没有起到其应有的作用等问题上。而这些问题就需要通过定性评估的方法,通过观察、访谈的方式收集定性资料,通过对这些资料的整理和分析来进一步论证研究假设。

2. 研究设计

同定量评估方法一样,定性评估方法在研究设计阶段要确定分析单位、抽取样本以及设计资料收集的工具。尽管对一个社会项目而言,项目评估的分析单位,也就是研究对象,一般是此项目本身,但在具体的评估方法的运用中,则存在着不同的分析单位。换句话说,在定量或定性评估的过程中,为实现某一环节的具体研究目标,则存在着相应的分析单位。就定性评估而言,分析单位一般是个体,通常为项目的主体或者客体,但也可能包括机构、团体式家庭、医院各部门或者其他任何针对一个特定的项目所组织的人类活动的团体,这些团体为了解项目的全景和它的关键参与者的人种学观察者提供了一个自然的实验室(罗伊斯等,2007)。

定性评估方法的样本抽取同定量评估不太一样。定量评估更多地采取概率抽样的方式抽取样本,而定性评估方法更多地采取非概率抽样的方法抽取样本。定性评估方法的抽样逻辑在于,研究结果的效度不在于样本数量多少,而在于样本是否合适,也就是说,该样本是否能够比较完整、相对准确地回答研究者的研究问题。一般而言,滚雪球抽样、偶遇抽样(又称"方便抽样")等抽样方法应用较多。所谓滚雪球抽样,是指当研究者无法了解总体情况时,可以从总体中的少数成员入手,对他们进行调查,向他们询问还知道哪些符合条件的人,再去找那些人并再询问他们知道的人,如同滚雪球一样,可以找到越来越多具有相同性质的群体成员。而偶遇或方便抽样则是研究者根据现实情况,以自己方便的形式抽取偶然遇到的人作为对象,或者仅仅选择那些离得最近的、最容易找到的人作为对象(风笑天,2001)。

在研究设计阶段,还需要设计资料收集的工具。由于定性评估方法较多采用实地研究的方式进行,观察、访谈等方法运用较多,因此,定性资料收集的工具一般为一些访谈提纲,当然,必要的物质准备也是必须的,如录音笔、照相机等工具,在定性评估过程中也有一些应用。

除此之外,同定量评估方法一样,定性评估方法也要设计一份完整的评估研究计划,主要内容包括研究对象、研究问题、研究目的与意义、研究方法描述、样本选择、资料收集手段、资料分析方法的初步设计、时间与进度安排等。需要注意的是,同定量评估的不同在于,定性评估的这份研究设计的安排要相对灵活一些,并没有定量评估方法所要求的那么标准化和程序化。这主要是为了应对多变的现实生活而进行的设计。研究人员可以根据实际情况及时调整计划,使之更符合社会现实的变化。

例如,我们进行城市居民最低生活保障制度的评估研究,采取了定性评估的方法。在分析单位的确定上,城市低保救助对象是其中一个非常重要的分析单位。而对城市低保对象的观察与访谈,则要求抽样的时候,这些访谈对象具有一定的典型性。采取的抽样方法不是概率抽样的方法,而是在调查过程中根据研究需要,考虑到便利性的要求,选取一些具有典型特征的城市低保救助对象作为访谈对象。在进行实地访谈的过程中,所依据的测量工具即一份较为简单的访谈提纲,而更多翔实的资料的收集,则需要在实地访谈过程中根据现实情况的变化相应地加以调整。

3. 具体实施

这一阶段的主要任务就是资料的收集工作。定性评估中有三类基本形式的数据:(1)由一次性观察产生的野外记录;(2)由深入访谈产生的文档和手抄本;(3)使用文档和其他已有的数据源。定性评估者一般情况下应追求不止一个来源的数据(罗伊斯等,2007)。

所谓观察法,是指研究者在实地研究中,有目的地以感觉器官或科学仪器去记录人们的态度或行为。和日常生活中人们的观察不同,作为系统的观察必须符合以下要求:(1)有明确的研究目的;(2)预先有一定的理论准备和比较系统的观察计划;(3)用经过一定专业训练的观察者自己的感官及辅助工具去直接地、有针对性地了解正在发生、发展和变化的现象;(4)观察记录是有系统的;(5)要求观察者对所观察到的事实有实质性、规律性的解释。观察法在定性评估中有着非常重要的地位。通过调查得来的数据往往并不全面,甚至出现较大的偏差,而观察法是一种非常有效的弥补方式。在实地观察的过程中,要注意采取中立的原则,对所观察到的内容,要有选择性地加以鉴别,选择最有利于该项目评估需要的资料。例如,在城市居民最低生活保障制度的评估中,我们需要观察城市低保救助对象家庭生活的各个细节,如家庭房屋类型、房屋的摆设、家具、家电等各种能够直接观察到的东西,这些重要细节能够帮助我们对城市低保救助对象的经济状况作出较为真实的评估与测量。

无结构式访谈又称"非标准化访问"(unstandardized interviews),它是一种半控制或无控制的访问。与结构式访谈相比,它事先不预定问卷、表格和提出问题的标准程式,只给调查者一个题目,由调查者与被调查者就这个题目自由交谈,各方可以随便地谈自己的意见和感受,而无需顾及调查者的需要,调查者事先虽有一个粗略的问题大纲或几个要点,但所提问题是在访问过程中边谈边形成且随时提出的。因此,在这种类型的访问中,无论是所提问题本身和提问的方式、顺序,还是被调查者的回答方式、谈话的外在环境等,都不是统一的。同结构式访谈相比,非结构式访谈的最主要的特点是弹性和自由度大,能充分发挥访谈双方的主动性、积极性、灵活性和创造性,但访谈调查的结果不宜用于定量分析。尤其值得注意的是,在定性评估研究中,集体访谈法(或焦点访谈法)应用较广。集体访谈也称为"团体访谈"或"座谈",它是指由一名或数名访问员亲自召集一些调查对象,就访问员需要调查的内容征求意见的调查方式。通过集体座谈的方式进行调查,可以集思广益,互相启发,互相探讨,而且能在较短的时间里收集到较广泛和全面的信息。集体访谈要求访问员有较熟练的访谈能力和组织会议的能力。一般需要准备调查提纲,如果在会前将调查的目的、内容等通知受访者,访谈的结果往往更加理想。参加座谈会的人员要有代表性,一般不超过十人。访问员要使座谈会现场保持轻松的气氛,这样有利于受访者畅所欲言。如果讨论中发生争论,要支持争论进行下去;如果争论与主题无关,要及时将受访者引导到问题中心上来。主持人一般不参加争论,以免打断与会者的思路。另外还要做好详细的座谈记录。例如,在城市居民最低生活保障制度的评估中,就采用非结构式访谈的方式收集了许多定性资料,这些资料对评估这项制度的制度效果有着重要的参考意义。

在定性评估中,文档是最后且较重要的数据来源。文档是机构活动自然而然的副产品,是记录机构生活中的内部工作方式的重要信息源,包括笔记、备忘录、通信、议事程序、任务综述、财政记录、控制方针、筹集资金的建议书和其他任何与项目及它的功效有关的打印材料(罗伊斯等,2007)。例如,在城市居民最低生活保障制度的评估中,研究者还收集了各个地方的相关政策文件、规章制度、相关的办事程序安排细则等文档资料,这些资料也在评估中起着非常重要的作用。

4. 资料分析

通过前面具体实施阶段的资料收集工作,定性评估方法的资料一般包括访谈笔记、观察记录、录音文件、照片、文档以及其他一些文字、图片和符号等材料。这些资料具有来源多样性、形式无规范性以及在不同阶段具有变异性的特点(风笑天,2001)。定性评估方法收集到的多是定性资料。定性资料的分析很少有标准化的分析程序和技术,而且定性资料的分析工作实际上从资料收集工作一开始就同时开始了,在整个评估的过程中一直进行。

实际上,在定性评估方法中,从资料的整理到分析都是一个完整的过程。资料的整理主要包括分类、建档和编码等具体内容。首先将观察和访谈得到的内容和文字不做任何修改地如实输入计算机中,可以借助一些专门的定性分析软件,如 Nvivo、Nudist 等来进行这些资料的整理工作。在资料整理过程中,可以着手建立各种资料档案。接下来最重要的工作之一就是对定性资料的编码。在定性研究中,编码是资料分析中的一个完整部分,研究者将原始资料组织成概念类别,创造出主题或概念,然后用这些主题或概念来分析资料。这种编码是在研究问题的指导下进行的,而其结果又会导致提出新的问题,使得研究者摆脱了原始资料的细节,在更高的层次上来思考这些资料,并引导研究者走向概括和理论(风笑天,2001)。

施特劳斯定义了三种定性资料的编码类型,主要包括开放式编码、轴心式编码和选择式编码(Strauss, 1987)。开放式编码是资料处理的第一步。研究者在仔细阅读访谈笔记等资料的基础上,寻找关键词、关键事件或主题,设定一些主题,并给资料贴上最初的编码或标签,把大量零散的资料浓缩成若干类别。开放式编码要求研究者尽可能采取中立的原则。资料处理的第二步就是轴心式编码。在轴心式编码中,研究人员从一组有组织的初步标签或概念入手,重视初步编码的主题而非资料本身。在这一过程中,研究者可能会产生新的观点与思想,并随时记录下来。轴心式编码着重于发现和建立类别之间包括因果关系、时间关系、语义关系等在内的各种联系。研究者思考原因和结果、阶段和过程,并寻找将它们聚合在一起的类别或概念(风笑天,2001)。选择性编码是对资料与先前编码的浏览。研究人员选择性地阅读凸显主题的个案,并在大部分或所有资料收集完成以后进行比较对照。在进行选择性编码时,重要的主题或概念最后将引导研究人员在资料中开展搜寻工作,重新组织先前编码时发现的特定主题,并详细说明一个首要主题。

定性资料的分析实际上是一个多编码后的资料进行检验、筛选、归类、评估、比较、综合的过程。这一过程主要包括初步浏览观察记录与访谈笔记等资料,在阅读中进行资料的各种编码工作,最后根据不同的标准和角度审阅资料,思考和比较不同的主题及分析备忘录。在这一过程中,寻找资料的相似性与相异性。连续接近法、举例说明法、比较分析法、流程图法等具体的定性资料分析方法得到了广泛的应用(Neuman,2001)。这里不一一赘述。

5. 结果呈现

把定性资料分析的结果呈现出来的过程就是定性研究报告的撰写。定性研究报告同定量研究报告有所不同,没有十分固定的格式。定性研究报告最重要的要求是资料与分析的有机连接。尤其是在项目评估中,要求在纷繁复杂的定性资料中,迅速找出问题的要点。因此,定性评估研究报告的撰写面临的第一个问题就是如何恰当地缩减资料。与此同时,撰写定性研究报告的时候,还需要考虑到研究报告的读者,这些通常包括实践者、政策制定者、团体和案主发起小组等。在报告的行文过程中,往往会采用一些较为主观的、非正式的语气和方式来进行描述和表达。

在定性评估研究报告中,研究者也需要对评估方法、评估过程进行介绍和说明,包括抽样技术、资料收集和分析方式等。在开头陈述评估目标并且简练地总结发现,在报告的主题部分描述项目(历史、目标、职员、案主等)和评估的背景。在定性评估报告中,可以使用数字,一些表格、图表和曲线图等表述形式往往具有较好的效果(罗伊斯等,2007)。在报告的最后部分,一般是结论与建议,在这一部分,除了进行总结以外,还可以指出该项目与相关的项目评估的联系、该项目评估存在的不足。最后就是要致谢。总体而言,定性评估研究报告的描述和说明不像定量评估研究报告那样格式化,而是一种自然的研究过程的记述。

不论是从方法论角度来看还是实践方面来看,定性方法都是项目评估研究不可或缺的重要手段。从逻辑上来说,定性方法主要是通过实地研究,借助归纳方法来获得评估结论。因此,一方面它的贡献是能够在深入和丰富的资料基础上发现新的事实,尤其是评估人员原来不掌握的事实,对于我们知识的积累有着重要意义;但另一方面,它也存在主观性强、结论缺乏普遍性、耗时成本高的缺陷。因此,在实际的评估研究中,定性方法主要适用于非大样本的场合,如我们一般不用定性方法去进行一个项目受众的需要评估,更不会用其进行项目理论研究;但是,当我们试图考察一个具体项目的实施过程或者是进行某一项社会工作服务成效评价时,定性方法可能便是一种十分有效的手段(方巍等,2010)。

第三节　综合评估方法

综合评估方法试图弥补定量与定性评估方法的不足。一定数量的综合方法设计是可以采用的,包括两种方法之间暂时的先后顺序(罗伊斯等,2007)。在当前社会项目的评估中,越来越多地采用这种综合定量评估与定性评估的方式,以吸取两种方法的优点。

一、综合评估方法的含义

所谓的综合性评估方法,指的是在一项评估研究过程中,根据研究目的同时运用定性和定量方法的做法(方巍等,2010)。具体而言,综合评估方法是在社会项目评估中采用社会研究方法中的综合研究方法的体现。在美国,综合方法的研究是指采用了一种以上的研究方法或掺了不同研究策略的研究。美国学者约翰逊和奥屋格普兹认为,"综合方法研究就是研究者在同一研究中综合调配或混合使用定量研究和定性研究的技术、方法、手段、概念或语言的研究类别"(Johnson & Onwurgbuzie,2004)。它区别于其他两种研究方法范式的核心在于,必须在同一研究中分别运用一种以上定性研究和定量研究的方法与手段。对综合研究方法的定义,各个研究者基本上没有太大的分歧,都认为定性与定量方法的综合运用是其实质。这一点在社会项目评估中体现尤其明显。不同的社会项目,尤其是项目彼此之间的交叉与复杂性,决定了需要采用何种评估方法。而从现实情况来看,综合评估方法的运用越来越广泛。当然,定性方法与定量方法也并非截然不同,它们在很多方面是相互重合的,例如,参与式观察或非正式访谈也可以像定量方法一样被用于检验某一理论或假设,而定量方法中的问卷调查也可以被用来了解对某一社会现象的理解与解释。人类的认识过程经常是通过观察实际的情景、事件,并进行归纳、抽象以获得推理性的一般观念或理论,然后通过调查等演绎的方式对理论假设进行验证,定性与定量的方法共同构成了认识过程的这一循环(邓猛、潘建芳,2002)。

在社会项目评估中采用综合研究方法,也就是在同一项目评估与研究过程中,使用了两种以上的量化及(或)定性资料搜集与分析的方法,但其中一个方法比较重要。资料搜集可以同时或循序进行,在项目研究评估过程中要留意不同性质资料的整合。项目评估选取综合研究方法,主要是基于以下理论与实践层面的原因。

从理论层面上讲,定量的研究方法的认识论基础是实证主义的,并且遵从科学主义的研究范式。科学主义的研究范式采用假设—推理的方式,也就是说,研究者始于某一个理论命题,并且在此命题的基础上建立起一套符合此命题的研究假设,这些假设尝试去预测两个或更多现象之间的关系。为了验证这些假设,不同学科的研究者均对要进行调查的现象进行严格的控制和设计,没有严格的控制和设计,研究者就无法下结论说现象之间的关系是真实的、客观的。定量研究立足于收集事实,强调测量程序的信度和效度,遵从科学的方法,强调研究结果的一般性与可重复性(周明洁、张建新,2008)。20 世纪 60 年代以后,随着人类学、人种志的方法在社会科学研究中的应用和发展,解释主义也成为揭示社会现象、人类经验和客观事实的主要范式之一。解释主义的范式、方法是指对不同的主观意义的重构。其认识论者以主观主义为主,假定认识的主体与客体是不可分的,研究发现则是两者交互作用的结果,因此,研究者的价值观在研究中扮演着重要的角色,与之对应的定性研究方法则是归纳性质的,始于具体的观察并逐渐建构成一般模式与概念。无论是定量方法的支持者或定性方法的支持者,都相信实证主义与现象学、建构主义、解释主义理论及其相对应的定量与定性研究方法范式是泾渭分明、不能相容的。他们都属于单一方法论或纯粹论的阵营,相信由于哲学基础和范式不同,同一研究只能使用单一方法范式进行(邓猛、潘建芳,2002)。单一方法论者非此即彼的争论,不但夸大了定量研究方法与定性研究方法范式之间的区别,阻碍了两种方法范式之间的沟通与交流,影响了研究质量的提高,更为重要的是,影响了一些实践问题的解决。为此,一些学者在20世纪晚期先后提出了定性研究方法与定量研究方法可以相容、和谐共处,在同一研究中可以共同使用的观点。这就是综合研究方法的提出,也称"多元研究方法"。

　　从实践层面上讲,作为一项经验研究,研究方法的选择和研究的主题紧密相关。正如常人方法学派一贯主张的"方法的独特适当性"原则,研究者应该根据社会现象及其局部场景的特点"因地制宜"地采取研究方法,使方法和研究对象统一起来,而不是将一个预先设计好的固定模式套用在各种不同的经验环境中,否则就会导致常人方法学家所谓的"使现象消失"的结果(李猛,1999)。虽然近20年来,定量研究和定性研究在西方社会科学界形成了比以往任何时候都要强大的壁垒,但是同为社会科学研究的两大方法支柱,这两种方法没有孰优孰劣的差别。在社会研究者认识社会现象的过程中,它们发挥着各不相同的作用。对于有些研究情景和研究问题而言,最合适的方式或许是定量研究,而有的研究情景和研究问题则只适合采用定性研究的方式进行探讨。在实际的研究中应该运用哪种方式,这不仅取决于研究者的个人兴趣,而且取决于他所要研究的问题(风笑天,2001)。

　　总体来看,综合方法研究的优势在于它能够克服一些由于使用单一方法而带来的问题。使用综合方法研究的优势至少有如下十点:第一,研究中使用的文字、图片和解说可以被用来增加其中数字的意义;第二,研究中使用的数字可以被用来增加文字、图片和解说的准确性;第三,可以充分展示定量研究方法和定性研究方法的优点;第四,研究者可能产生和检验一个扎根理论;第五,由于研究者并不局限于一种单一的方法或手段,因而可以回答一个更宽、更全面范围的研究问题;第六,在一个研究中通过使用两种方法,研究者可以利用一种附加方法的优点去克服另一种方法的弱点,形成交叉性优势;第七,通过结果的集中和证实,可以为研究结论提供更有力的证据;第八,可以增加仅有单一方法被使用而可能忽略的洞察和理解;第九,可以被用于提升结果的概括化水平;第十,定性研究方法和定量研究方法在一起使用,可以产生沟通理论与实践所需要的更加完全的知识(Johnson & Onwurgbuzie, 2004)。当研究人员用不同资料来交叉解释同一个社会事实时,得到完整资料的可能性就大于单一的方法视角,另外,当研究者位于综合研究方法的视角中时,一个大样本获得的数据也就有了深入描述的可能性,多元视角的资料收集必然有一个资料综合分析的策略(彭华民,2007)。

对于综合方法研究的优势,正如美国学者斯科莱斯特和斯戴娜所说,从总体来看,综合方法研究的优势在于它能够克服一些由于使用单一方法而带来的问题。具体来说,包括两个方面:一方面,在同一框架内通过利用定量和定性分析技术,综合方法研究可以合并两种方法范式的优点;另一方面,也是更为重要的方面,采用综合方法研究的研究者更有可能根据他们的研究问题来选择研究方法和手段,而不是根据一些在社会科学研究中预先形成的关于研究范式的偏见来选择研究方法和手段(Sechrest & Sidana, 1995)。可以预知的是,通过缩小定量研究者和定性研究者之间的分歧,在探索提升社会项目评估的历程中,综合方法研究将会释放出越来越大的能量,其发挥的作用将越来越大。

二、综合评估方法的特征

综合评估方法由于采用定性与定量的评估方式,因此同时具有定性评估方法与定量评估方法的典型特点,如具有定量评估方法的程序化、标准化、系统化以及中立与客观的特点,具有定性评估方法的注重归纳、重视互动、推崇整体和强调动态性的特点。除此之外,综合评估方法还具有其自身的独特特征。

1. 方法设计的交叉性

综合评估方法由于同时采用了一种以上的定性评估方法与定量评估方法,因此,在方法设计上非常注重交叉性的特征。具体而言,综合运用定性评估方法与定量评估方法,不是两种方法的简单叠加,也不是两种方法的简单组合,相反,这两种方法要在一次完整的社会项目评估中得到有效的体现,就必须按照一定的逻辑关系加以有效的整合。在具体的项目评估中,可以基于同一目标,采用不同的定性评估方法与定量评估方法,交叉分析,互为佐证,对同一问题从不同的角度加以检验,以提高项目评估的信度与效度。

2. 方法使用效果上的互补性

综合评估方法的互补性特点主要体现为使用完全不同的定性评估与定量评估方法,对同一现象的不同侧面进行研究与分析,以达到相互补充的效果。具体而言,在一些社会项目评估中,定性方法与定量方法的使用并没有主次和先后之分,其作用与地位同等重要,彼此之间是一种互补的关系。例如,对城市居民最低生活保障制度的评估中,可以通过访谈的定性方法了解对城市低保家庭影响巨大的关键生命事件,同时还可以采用问卷调查的定量方法来了解城市低保家庭的整体生活状况,从而对城市居民最低生活保障制度的制度效果进行分类描述与解释。

3. 方法使用上的发展性特点

所谓方法使用上的发展性特点,主要是指在社会项目评估中,会综合采用定性评估方法与定量评估方法,而这两种评估方法在有些项目评估中的作用并不相同,两者会存在时间上的逻辑先后顺序。也就是说,采用一种评估方法所取得的分析结果会成为发展另一种方法的基础。尤其是在一些大型的社会项目评估中,这种特点体现得尤为明显。在社会项目评估的开始,甚至是在项目评估的研究设计与探索阶段,往往会采用定性方法来对作用主体和评估对象进行初步的资料收集,这些资料往往是通过初步的个案访谈获取的资料,定性的色彩较为浓厚,并没有经过较系统的整理与分析,但是,这些初步的资料是为后期定量方法的设计做准备的。在正式评估开始时,往往会重点采用另一种方法,也就是定量评估方法,而定量评估方法中样本的选取、抽样方案的设计、问卷中关键变量的测量等,都需要前期通过定性方法收集的资料作为基础。

4. 整体与动态性的综合

在社会项目评估中,会涉及项目评估的诸多环节,而不同环节的评估,如过程评估、效果评估等,需要不同的评估方法的使用。具体而言,整个社会项目评估整体上需要通过采用一定的评估方法(一般是定性方法)来了解整个项目的过程和具体状况,而除此之外,还需要通过另外一种评估方法(一般是定量方法)来检验其效果,甚至需要借助定量方法来建立一定的模型,对这一项目发展的趋势作出动态性预测。而在这一过程中,综合定量研究对于宏观方面和定性研究关于微观方面的研究,增加了研究者对社会现象不同层面的了解。例如,对城市居民最低生活保障制度的评估中,需要通过定性方法,如个案访谈、观察法等方法的使用,来了解整个制度运行的具体状况,尤其是对一些制度细节的考量。此外,还需要借助定量方法,通过数据模型的检验,来分析城市居民最低生活保障制度的实施效果、救助率以及未来的动态趋势等。

整体而言,综合评估方法除了具有定性评估方法与定量评估方法所具有的一般特征以外,其独特性主要表现为定性与定量方法在设计上的关系。如果从数理上排列组合,就是定性方法与定量方法的主次、先后以及同等地位的组合问题。这方面,摩根作出了较为简洁与统一的分类(Morgan, 1998),亦有学者对摩根的分类进行了补充与完善。但需要注意的是,不论定性评估方法与定量评估方法如何进行有机的整合,综合评估方法要发挥出其最佳的效果,关键在于要根据具体的不同社会项目,针对不同的研究问题,作出不同的方法设计。综合性是其本质特点,在综合性的框架下,定性与定量两种方法发挥有机的整合,充分发挥其各自的功能,而这一功能的实现,贯穿于整个项目评估的过程,具有动态性的特点,作为社会项目评估的组织者,要具有发展的眼光,根据项目的需要,选择合适的方法组合。

三、综合评估方法的一般过程

综合评估方法的一般过程同定性评估方法与定量评估方法的过程类似,主要包括界定问题、研究设计、具体实施、资料分析和结果呈现五个阶段。所不同的在于,综合评估方法在具体的评估过程中会根据研究的需要采用定性与定量两种方法,并在具体的环节中进行两种方法的有机整合。

1. 界定问题

采用综合评估方法的社会项目评估中,界定问题的过程同定性评估和定量评估并没有太大差别。这里不再赘述。需要补充的是,在界定问题的过程中,综合评估方法与单独采用定性与定量方法的评估不同之处在于,界定问题的过程可同时采用定性与定量的方法。也就是说,事先通过定性方法的使用,如观察法、访谈法,收集一些照片、视频、音频以及一些文件资料等方式,对所要评估的问题有一个初步的认识。在此基础上,为进一步明确问题,尤其是为进一步明确后期的评估设计,需要借助一些二次数据分析的方式,采用定量方法进一步对问题进行明确化和具体化。具体而言,明确化和具体化的过程使得社会项目评估的问题更具有可操作性。事实上,在界定问题阶段,综合评估方法与定性评估方法以及定量评估方法并没有本质上的区别。三者之间的差异主要体现在研究设计阶段以及具体的项目评估过程中,尤其是研究设计阶段,决定了一个社会项目评估过程在方法选择上的本质差异性。

2. 研究设计

研究设计阶段的主要任务是完成评估方案具体内容的构建。一般而言,具体的评估方案需要对评估的目的、内容、样本的抽取、方法的选择以及具体的人员分工、经费安排等作出较为详细的设计。在这一点上,综合评估方法与定性评估方法和定量评估方法并无二致。三者的不同之处在于,综合评估方法在研究设计阶段,需要进一步明确评估过程中的具体方法,尤其是如何将定性评估方法与定量评估方法进行有机整合,这是在研究设计阶段需要解决的关键问题之一。以城市居民最低生活保障制度的评估为例,我们对综合评估方法的研究设计阶段进行说明。

严格意义上来讲,对"城市居民最低生活保障制度"的评估属于政策项目评估研究,主要是从具体的社会问题出发,通过对具体的制度分析,来发现这一制度自身以及在执行过程中所存在的问题,并试图建构一种更新、更好的制度,以期达到对现有制度的调整来完善制度的目的。对具体制度的分析,从方法论层面上讲,至少要具备几个方面的条件。首先就是理论上的铺垫与突破,这一政策项目评估所要探讨的问题,核心就是贫困问题。具体而言,就是有关贫困与贫困救助的研究。针对我国城市贫困家庭面临的贫困问题,我们试图从一种新的研究视角出发来看待这个古老而又具有时代特征的问题。其次,从方法上来讲,对一项制度或者一项政策的研究,离不开对这项制度或者政策本身的内容分析以及这项制度或者政策效果的分析。正如托马斯·戴伊所言,"制度研究经常描述具体的政府制度,即他们的结构、组织、职责和功能"。这就需要根据实际的具体数据来论证有关的研究假设,因此,定量的分析方法就成为可能的选择之一。本研究需要的数据主要来自两个方面:一个是宏观的数据,主要是有关最新的我国城市居民最低生活保障制度运行的最新数据,主要来自国家的统计年鉴和中央与地方民政部门的统计数据;另一个是微观层面的数据,主要是有关城市居民最低生活保障家庭的有关状况的数据。因此,对一项制度的研究,就从宏观与微观的层面,解决了实证数据的来源问题。

而另一方面,我国城市居民最低生活保障制度是支持家庭的社会政策之一,而家庭是我们社会的最基本单位之一,在具体的制度评估过程中,无疑要涉及大量的城市贫困群体。这些群体的贫困体验和典型性的个案状况,这些城市贫困群体的态度与行为等因素,对一项社会救助制度而言,具有重大的现实意义。研究者甚至需要深入到贫困个体的生活细节中,去发掘导致其贫困的深层次原因,寻找帮助其摆脱贫困、规避社会风险的各项社会政策措施。而这些,往往不是单靠定量的调查数据所能实现的。因此,研究还需要采用定性研究的方法,主要通过个案研究来实现。个案研究是社会调查的一种类型,从研究方法上讲,与前面的定量的统计调查是相对而言的。在社会学中,个案研究的对象从个人扩大到团体、组织、社区、社会。其资料来源主要有个人的文献资料、访问资料以及观察所得的资料。主要采用两种形式:其一,描述和解释这个个案,提供有关当前的状况和它不断运动的动力的信息,也就是列举分析,利用一般规律或规则进行特殊个案的分析,即用一个已知的概括作出一个特殊的分析;其二,通过对单个个案的分析,发展出经验的概括或理论,是把它作为理论建构的经验基础,是用特殊个案发展一般的陈述。当作为和社会状况及文化背景相关的东西要进行具体详细的研究时,当要研究某个对象、某人、某种状况的自然发展或生活史时,当不能确保整个社会状况或有关因素的复合关联的事实,记述社会过程的分析就不能进行时,当要研究个人生活及社会需求、动机或者生动的存在、文化背景下的群体行为时,个案研究就具有重要的意义。

　　因此,总体来讲,对城市居民最低生活保障制度的评估,将在理论分析的基础上,主要采用定量研究与定性研究相结合的综合研究方法。具体将通过问卷调查与个案访谈相结合的方式收集资料,并通过对这些资料的整理分析,并结合宏观层面的二次数据分析,来验证研究假设。通过个案研究做弥补,为定量调查不能回答的研究问题提供答案。综合研究方法的运用,将会使得研究的结果互相佐证,能够给我们提供多元、不同的解释和新的研究方向。

　　在确定采用综合评估方法的基础上,该项目评估中研究设计的具体环节就显得水到渠成,比较简单,无非是根据具体的需要,对定性方法与定量方法的选择问题。例如,抽样的具体方法可以采用定量的方法,而个案样本的选取则需要按照定性方法的要求来进行。有关研究设计中的其他环节,这里不再一一赘述。

3. 具体实施

具体实施阶段进一步体现出综合研究方法的特点。这一阶段需要综合运用多种方法进行具体的项目评估。在这一阶段,定性评估方法与定量评估方法将围绕整个项目评估的具体过程进行有机整合。定量方法中的变量测量、变量操作化、问卷设计,定性方法中的观察法、无结构式访谈法等都将一一派上用场。因此,在这一阶段中,将会出现不同取向的评估方法,也会收集到不同类型的资料。至于这些方法如何进行有机整合,可以回到本节开始我们对综合评估方法的含义的具体介绍中,这将取决于每一个阶段所需要解决的研究问题。所以,综合评估方法现在之所以被广泛采用,其主要原因就在于在具体的实施阶段,它能够扬长避短,充分发挥定性与定量这两种方法的优点,获取评估所需要的定性与定量资料,使得最后的结果呈现更有说服力。

以城市居民最低生活保障制度的评估为例,在具体的实施阶段,将根据具体的问题,首先搜集量化数据,再搜集定性资料,具体到资料的收集方法,先问卷调查,再深度访谈;重点在量化数据;诠释数据时将两种数据合并;定性资料是帮助解释量化分析结果,提供分析的脉络。其中,在采用定量方法的问卷调查中,会选择结构式访问的方法来收集问卷资料,这当然是根据项目评估中具体对象的具体特点而定的。另外,在选择调查的地域时,会根据定量方法的要求,综合考虑浙江省人口、经济发展状况,选择四个规模与特点不同的城市,可以增强研究样本对更大范围状况的代表性。此外,在进行个案访谈的过程中,可以有选择性地选取具有典型性的个案作为个案分析。访谈对象的抽样应考虑对本研究问题具有重要意义的因素,如样本的性别、年龄、职业、家庭背景,但定性研究中可供选择的抽样方法很多,一般常用的是"目的性抽样",又称"理论型抽样",即抽取能够为研究问题提供最大信息量的人、地点和事件。因此在兼顾访谈对象的典型性和一定的代表性的基础上,需要选取访谈对象时即考虑到能提供最大信息量的人。

　　当然,与定性评估方法和定量评估方法相比,在具体实施阶段,综合评估方法将更为复杂,尤其是对研究者的要求更高。研究者要善于根据不同的问题选择合适的评估方法,而这种方法的选择,更多的是建立在一定的理论认知与实际经验基础上的。也就是说,虽然综合评估方法有着比单纯采用定性评估方法或定量评估方法所不可比拟的优点,但其运用起来的难度也是这三者之中最大的。

4. 资料分析

　　综合评估方法的资料分析阶段的分析主要针对两种类型的资料的分析:定性资料与定量资料。对定量资料,需要进行系统的审核、整理、归类、统计和分析,对原始数据资料的清理、转换和录入计算机等工作,以及对原始资料运行现代统计分析技术进行统计分析等。通过定量的统计分析技术,试图找出各种变量之间的关系,对社会项目评估中的各种要素进行描述、解释和预测,多种定量统计分析方法综合运用。对定性资料,一般包括访谈笔记、观察记录、录音文件、照片、文档以及其他一些文字、图片和符号等材料,也需要经历分类、建档和编码等具体内容。

　　以城市居民最低生活保障制度的评估为例。在资料分析阶段,问卷的数据分析主要是在事先编码之后,输入计算机,并进行数据的审核和整理,之后,通过 SPSS 统计软件对问卷数据进行单变量、双变量以及多变量的定量分析。各种定量分析方法,主要取决于研究的需要。

　　定性访谈资料的分析主要经历两个过程。一个是事后的立即回忆与整理,一个是对访谈录音的整理分析。在资料的收集过程中,每次个案访谈完毕,回到住地,撰写调研日志,除了对当天的调研工作进行小结以外,还对当天的访谈过程进行全程回忆,企图真实地再现当时的情景。通过这样一个过程,不断反思研究过程和所收集到的资料,使得早期的资料分析结果不断指引后续的资料收集工作,形成一种系统的、不断积累的资料收集和资料分析的过程。在对访谈录音材料的整理中,一般都是逐字逐句按原话整理出来。在对这些资料的分析中,尽可能让资料自己说话,不要带入自己的主观价值判断。在对定性访谈资料的阅读与分析中,尽可能让自己浸淫在文字材料中，贴着材料走，逐字逐句地找关键词、关键句，从当事人的话语、立场中寻找出当事人到底想说什么，看其是怎么说的，追究出其所表达的是一种怎样的思路。尤其对一些城市低保对象的访谈资料的阅读，更是要设身处地地去体会其所处的生活困境，体会其话语当中透露出的种种信息，尽可能还原这些低保对象本来的意思表达。同时，这些低保对象可能由于文化程度普遍较低以及所处的贫困环境的原因，其说话、做事都给人一种难以言传的独特性。因此，在对这些原始资料进行阅读与筛选的时候，特别要注意这些城市贫困者反复使用的、习惯性的、用于表达他们自己看待事物的方式的概念。

由于研究中的资料包含问卷资料和个案访谈资料，资料的分析方法也包含定量分析与定性分析，因此，如何将这两种分析方法进行有机的整合，充分发挥综合研究方法的优势，成为研究关注的重点之一。一般而言，整合定量资料与定性资料的原则是将资料根据具体的研究问题、概念、变项来分类，进行相互支持和验证，然后得出研究结论。如果在资料分析过程中发现不同方法收集的资料分析的结果有矛盾或者相互冲突的地方，必须找出具体的原因，这些原因，可能来自研究设计，也有可能来自调研过程中的误差，不管是哪一种原因，都必须如实地交待清楚。在城市低保制度的评估中，主要通过以下几种方式进行两种资料的整合：其一，通过对问卷调查的定量资料进行统计分析，然后，根据具体问题，采用相应的定性资料进行验证或者补充；其二，对定性访谈资料进行分析，得出具有典型意义的结论，然后，通过定量数据的分析加以推论统计，尽可能使研究结论具有代表性；其三，使用文字以及访谈资料，增加其中定量数据分析中数字的意义；其四，通过定量数据的分析，增加访谈资料的准确性；其五，适当时候进行数据转换，将一种数据形式转换成另一种数据形式，比如，对定性资料，可以通过数字编码的方式进行量化，同样，对问卷调查的定量数据，也可以通过转换，成为"质化"的数据形式；其六，类属发展，也就是对一种类型的数据的分析所产生的意义的类属系统，被用来作为分析另外一组数据的概念或类属框架。例如，可以将对问卷调查的定量数据的因子分析所获得的概念作为定性资料的编码与类属标准,或者将定性资料发展出来的概念系统作为定量数据,处理回归分析的解释性变量;其七,针对一种数据中发现的极端案例,在另一种数据中得到检验或解释,比如,定量数据分析的回归分析得到的较高的残差所代表的极端案例,可以通过定性资料的继续分析来进一步解释;其八,联合使用定性资料与定量数据,以创造出新的或聚合的变量或数据形式,加深资料分析的深度和创新性。

5. 结果呈现

同其他两种评估方法一样,综合评估方法这一阶段的主要任务就是撰写评估研究报告,评估研究质量,交流研究成果。研究报告是一种以文字和图表将整个评估研究工作所得到的结果系统地、集中地、规范地反映出来的形式,它是整个评估研究结果的集中体现。由于综合评估方法是根据需要采用定量与定性评估方法,因此,在研究报告的呈现上显得更具综合性。对于定量评估的结果,一般通过标准化、操作化和系统性的方式呈现。定性研究报告同定量研究报告有所不同,没有十分固定的格式。

在综合性评估的研究报告中,定量与定性分析的结果呈现的方式各异。有的报告以定量分析结果为主,以定性分析结果为辅,有的报告则相反,而在有些综合性评估的报告中,则两者并重。在定量评估过程中会穿插一些定性评估分析结果,以提供资料的佐证或者促进研究问题的进一步深化。在综合性评估报告中,同样需要对评估的方法与过程加以详细的介绍,包括抽样方案、样本抽取过程、访谈过程与问卷调查过程、分析方法的选择等。在结果呈现中,有些评估报告需要加上一些附录,附录的内容能在一定程度上体现出综合性评估方法的运用。附录的内容一般包括定量评估所使用的问卷与量表以及一些统计图表,甚至包括一些分报告等。同时,综合性评估的附录也包括定性评估所使用的访谈提纲及定性资料的编码方法等。

思考题

1. 什么是定量评估方法？它有什么特征，其基本研究步骤如何？

2. 什么是定性评估方法？它与定量研究相比有什么特点，在研究步骤上有什么不同？

3. 什么是综合评估研究方法？它相对于定量和定性方法有什么特点，在研究步骤上与定量和定性方法有什么区别？

推荐阅读

艾尔·巴比(2009)：《社会研究方法》，北京：华夏出版社。

纽曼(2007)：《社会研究方法：定性与定量的取向》，北京：人民大学出版社。

Bryman, A. (2010). *Social Research Methods*. Oxford；New York：Oxford University Press.

参考文献

艾尔·巴比(2005)：《社会研究方法》，北京：华夏出版社。

陈向明(1996)：《社会科学中的定性研究方法》，《中国社会科学》1996 年第 4 期，第 93—102 页。

邓猛、潘建芳(2002)：《论教育研究中的综合方法设计》，《教育研究与实验》2002 年第 3 期。

方巍、张晖、何铨(2010)：《社会福利项目管理与评估》，北京：中国社会出版社。

风笑天(2001)：《社会学研究方法》，北京：中国人民大学出版社。

顾东辉(2009)：《社会工作评估》，北京：高等教育出版社。

李猛(1999)：《经典重读与社会学研究传统的重建》，《社会理论论坛》，北京大学社会学系，转引自 http://www. douban. com/group/topic/2455799/。

李允杰、丘昌泰(2008):《政策执行与评估》,北京:北京大学出版社。

罗西、弗里曼、李普希(2002):《项目评估:方法与技术》,北京:华夏出版社。

罗伊斯等(2007):《公共项目评估导论》,北京:中国人民大学出版社。

彭华民(2007):《福利三角中的社会排斥——对中国城市新贫穷社群的一个实证研究》,上海:上海人民出版社。

泰勒、布莱恩、古德里奇(2009):《社会评估:理论、过程与技术》,重庆:重庆大学出版社。

袁方(1997):《社会研究方法教程》,北京:北京大学出版社。

张金马(2004):《公共政策分析——概念·过程·方法》,北京:人民出版社。

周明洁、张建新(2008):《心理学研究方法中"质"与"量"的整合》,《心理学进展》2008 年第 1 期。

Denzin, N. K. & Y. S. Lincoln. (1994). Introduction: Entering the Field of Qualitative Research. In N. K. Denzin & Y. S. Lincoln (eds.). *Handbook of Qualitative Research*. Thousand Oaks, CA: Sage, pp. 1—18.

Ginsberg, L. H. (2001). *Social Work Evaluation: Principles and Methods*. Boston: Allyn and Bacon.

Johnson, R. B. & A. J. Onwurgbuzie (2004). Mixed Methods Research: A Research Paradigm Whose Time Has Come. *Educational Reasearcher*. Vol. 33. No. 7, pp. 12—26.

Maxwell J. (1996). *Qualitative Research Design: An Interactive Approach*. Thousand Oaks: Sage.

Morgan, D. L. (1998). Practical Strategies for Combining Qualitative and Quantitative Methods: Applications to Health Research. *Qualitative Health Research*. Vol. 8. No. 3, pp. 362—376.

Neuman, W. L. (1997). *Social Research Methods*. Boston: Allyn and Bacon.

Sechrest, L. & S. Sidana (1995). Quantitative and Qualitative Research Methods: Is There an Alternative? *Evaluation and Program Planning*. Vol. 18. No. 1, pp. 77—87.

Strauss, A. L. (1987). *Qualitative Analysis for Social Scientists*. Cambridge: Cambridge University Press.

Strauss, Anselm and Juliet Corbin (1990). *Basics of Qualitative Research*, Newbury, CA: Sage.

Taylor, Steven J. & Robert Bogdan (1975). *Introduction to Qualitative Research Methods: A Phenomenological Approach to the Social Sciences*. New York: John Wiley & Sons.

第五章　社会项目评估测量

在上一章中,我们讨论了社会科学研究及评估研究的三种基本形式,即定量、定性和综合方法。准确地说,不论是定量还是定性方法,它们在获取数据进行评估研究的过程中都涉及测量,都需要以某种形式反映研究对象的特定属性(纽曼,2010)。相对而言,定量研究对测量问题更为关注,致力于以数字的形式揭示研究对象的属性,进而对问题作出评估结论。在这一部分,我们将专题讨论定量研究中的这种量化问题以及指数和量表两种主要的测量形式。

第一节　测量及其质量

测量是社会科学及评估研究中揭示对象属性的基本手段,并且大量表现为对象属性的量化过程。在第一节,我们将首先探讨评估研究中的测量及其层次,进而分析评价测量质量的效度和信度的概念,为讨论指数及量表这两种测量形式奠定基础。

一、测量与评估

诚如上一章指出的,定量评估便是将观察到的评估现象转化为数字,并以图形、频数分布及其他统计值加以描述的一种研究方法。显然,根据这一界定,定量评估的关键是将研究问题数量化;那种根据研究对象的属性或品质的程度差异而赋予其不同数字的过程,便是社会科学研究或评估中所谓的测量(德威利斯,2004)。

我们都对自然现象的测量十分熟悉。例如,我们根据地球的自转作为一天,并将其等分为 24 小时;又根据地球的公转确定一年,再将其区分为 12 个月。这样,我们就建立了时间的概念,并能够对时间的长短作出量化的评价。又比如,我们将水结冰的温度规定为 0 摄氏度,而将水沸腾的温度界定为 100 摄氏度;这样,我们又可以对水或其他物体,包括我们生活的环境温度作出量化的区分。当然,我们同样可以对社会现象作出数量化的测量,并据此对现象的某种属性或品质作出评价。例如,有关人类智力水平,即智商的数量化测定,便是社会领域定量评估研究方面的一个案例(Guba & Lincoln, 1989)。根据智商数值的大小,我们便可以对特定对象的智力水平作出高低评价。

但是,就像我们前面指出的,社会现象不同于自然现象,在研究和评估方法上有自己的独特之处,需要借助定性方法,遵循人文主义原则;社会现象的测量方面也有自己的特点,并不是所有的社会属性和品质都能够加以量化。例如,社会服务对象的性别——男和女——便是两种平等的属性,无法将其量化为具有程度差异的数字。在社会科学研究和社会评估研究中,尽管我们有时也将男性标记为 1,女性标记为 2,但是这里的 1 和 2 并没有数字大小的含义,仅仅代表了两类不同的性别。像这种将研究或评估对象按其属性或品质区分为几种不同的平等类别的测量,我们称之为"定类测量"。不难认识到,它是社会科学研究和评估中十分常见,同时也是应用十分广泛的一种测量方法。

然而,在社会研究或社会项目的评估研究中,我们也经常会将某种事件或对象的属性作出具有一定倾向性结论的做法。例如,一些网络服务商便常常要求接受服务的网民对自己提供的服务作出评价,给出诸如好评或差评之类的评价。这种测量方法尽管也可以将其视为定类测量,但其不同类别之间可以按照服务对象的肯定或否定的倾向进行排列,因而反映出研究或评估问题属性上的方向性。上述能够将研究对象的属性进行高低或大小排列,具有大于、小于等数学属性的测量方式,我们称之为"定序测量"(李沛良,2002)。这种量化测量在社会科学研究或评估研究中极为常见,像服务对象的收入水平高低,是老年、中年还是青年,以及他们对服务的满意程度等,都是定序测量的例子。

　　除了定类和定序测量以外,社会科学与评估研究中还有两类具有明确数值大小的测量方式,我们分别称之为"定距"和"定比测量"。它们的差别在于该数值是否具备绝对零点;具有绝对零点者是定比测量,没有绝对零点者是定距测量。前者如个人或家庭的收入、家庭人口、不同家庭成员的年龄等,后者如温度等。它们在对象属性的量化方面表现的差异在于,定距数据仅仅可以进行加减运算,而定比数据除了加减运算以外,还可以进行乘除计算。例如,对于温度,我们可以说今天比昨天高几度或低几度,但是不能说20摄氏度是10摄氏度的2倍。因为上述倍数关系在其他诸如华氏之类的温度测量方法中是不成立的。至于经济收入、年龄等量化结果,类似的倍数表述显然是有意义的。

　　需要指出的是,尽管社会现象与自然现象一样可以进行上述四种层次的测量,也可以找到其大量应用的事例,但社会现象的一个重要特点便是相当部分研究或评估问题的属性只能进行定序,甚至只能进行定类的测量。考虑到测量层次对于定量数据统计分析方法运用的影响,特别是量化程度越高的测量数据能够运用的统计手段越多,我们在此尤其提请大家注意,在社会科学研究与评估研究过程中,只要能够进行高层次的测量,便尽可能实施高层次的测量,因为高层次的测量可以转化为低层次的测量,如具体的收入数字可以转化为高、中、低不同类别。关于测量层次更详尽的讨论,可以参考有关社会科学方法教材或论著。

二、测量与效度

　　通过上面的讨论,我们了解到,尽管社会现象有特殊性,但是我们仍然可以对其进行不同程度的量化水平测量;即使对某些我们后面将要讨论的较为复杂的建构或较为复杂的概念,我们也能够加以测量并予以不同程度的量化。但是,能够测量与是否测量了所要测量的对象以及测量的结果是否准确并不是一回事。这两个问题便是我们在这一节接下来要讨论的效度与信度问题。

所谓的效度,指的是测量在多大程度上反映了所要研究的概念的真实含义(巴比,2000),或者简单地说,你测量的是不是就是你所要研究的内容。用一个更为简单的事例来说,效度问题类似于你第一次单独去南方城市深圳。我们要考察的是,虽然你最终到达了南方城市,但是你到达的城市究竟是深圳,还是广州、珠海,抑或是其他某一个城市。即使你到了南方,只要你最终到达的城市不是深圳,不论你如何顺利、快捷地到达广州、珠海或其他地方,你的努力都是不成功的;用本节讨论的概念来说,便是你的行为是没有效度或者效度不高的。

在社会科学研究或评估过程中,由于我们所要研究的问题往往较为复杂,许多概念并不是现实中的真实存在,而是我们研究中建构的结果,因此,人们对其认识可能不统一,对其测量的结果也不能得到所有人的认可,被认为真正反映了我们要研究的问题或概念的属性。例如,关于新贫困概念的测量,便存在着这样的问题。事实上,城市新贫困是近年来学术界在关于贫困问题研究过程中经常使用的概念。新贫困的概念首先源自西方国家,用以描述 20 世纪 70 年代以来劳动力市场变迁引发的部分低技术工人失业或非长期就业造成的社会排斥问题(方巍,2008)。那么,国内学者所谓的新贫困,究竟是否在内涵上与西方国家相同?如果不同,它们指代的又是怎样一种贫困情形?这是我们在评估测量过程中首先应该解决的问题。

即使在我们明确概念的前提下,实际测量收集的数据是否真正能够揭示城市新贫困的内涵,也是我们在考察测量质量的过程中不容忽视的问题。例如,是否我掌握了城市中收入低于贫困线的群体的人数便是揭示了城市新贫困的现状?首先,所谓的城市新贫困,必然是指当今社会转型背景下产生的新贫困群体,它们既应该包括具有城市户口的下岗失业人口,也要考虑外来迁徙群体。进而,贫困并不仅仅是收入低于贫困线,而且应该考虑到诸如疾病等开支对其生活的影响;此外,不考虑某人的资产而仅以其收入作为衡量贫困的标准也是有缺陷的。如果我们仅仅以上述城市户籍居民工资性收入低于贫困线作为测量城市新贫困人口的标准,其测量结果的效度无疑是值得怀疑的。

那么,在评估研究中,我们应该如何提高测量的效度呢? 对此,通常有两种选择:一是尽量使用其效度得到公认的测量工具,二是在制定相关的测量工具时充分征询权威专家的意见。在以往的研究过程中,社会科学研究人员已经创建了不少测量工具,并成功地运用于实际研究和评估中,其中相当部分的研究成果得到了学界和社会的普遍认同。所有这些成果,都是我们在评估研究中十分珍贵的、可供借鉴的财富。当然,随着时间的推移或在不同的社会背景下,某些测量工具需要作出修正,但这并不足以影响权威测量工具的地位。至于在建立测量工具过程中广泛倾听专家学者的意见,则是自行建立测量工具过程中必不可少的一个环节,我们可以在许多评估指数或量表的创建过程中找到例子,具体将在第二节和第三节关于评估指数和量表的创建过程中加以更为详尽的说明。

三、测量与信度

效度探讨的是测量工具的恰当性问题,它只是保证测量质量的一个环节。工具是需要人使用的,使用者对工具的掌握状况对测量结果有不可忽略的影响。不论测量者是有意还是无意,任何一种疏忽都可能影响测量结果的准确性。造成这种影响的原因,可能是测量者的客观原因,比如,对工具及其测量要求不够熟悉。正因为如此,像人口普查等一些重要的大型调查研究,都需要对调查员进行专门的培训,确保他们恰当地使用测量工具并尽可能获得准确的结果。此外,测量人员的主观努力也直接影响到测量数据的质量。作为一项科学活动,测量过程必须严谨客观,如实反映测量对象的属性。但在现实中,特别是在一些委托他人所做的问卷调查中,经常出现调查人员敷衍了事,甚至自己一个人填写大量问卷的情形。这是我们在测量过程中需要着力避免的问题。

除了测量人员的行为态度影响测量数据的质量以外,社会科学研究和评估对象不同于自然科学对象所具有的主观能动性,也对测量的结果有着重要影响。例如,如果测量对象对测量人员不信任、不配合,他完全可能在相关测量过程中不告诉你实情、欺骗你,甚至根本就不愿意参加调查。因此,社会调查研究与评估的测量十分关注研究人员或调查人员与研究或评估对象的关系问题。一般而言,研究者与研究对象关系越是熟悉,就越是容易收集到高质量的准确数据。对方越是信任测量人员,越是可能告诉你他的真实看法。因此,增进与测量对象的了解和熟悉程度,有益于提高测量的质量水平。但是,这种情形也不是绝对的。有关研究显示,在调查过程中,如果测量对象不必担心陌生的测量人员泄露其私人信息,也可能在较短时间里告知研究者其真实想法(Brannen,1988)。因此,关键还是需要根据测量的内容来决定访问策略。

上述测量反映出的准确性问题,也就是测量结果与研究或评估对象属性的真实原貌的一致程度,便是我们所要界定的信度。在社会研究和评估教材或著作中,信度往往被界定为经验数据的可重复性;即,在使用相同研究技术重复测量某一个对象时,我们能够得到相同结果的可能性(巴比,2000)。综上所述不难理解,信度和效度是衡量社会研究和评估测量水准的两个完全不同的概念。信度反映的是结论的可重复性或准确性,而效度揭示的是研究的适宜性。它们反映了测量的两个不同方面的属性,是不能够相互替代的。但是国内的某些教科书对效度往往存在着望文生义的错误理解,认为所谓的效度便是测量的有效性,进而认为有效的测量便一定是准确的、高质量的。对此,巴比在其社会研究著作中,用同心靶所做的比喻和演示十分形象(巴比,2000),能够帮助我们更好地理解信度和效度的含义及其相互之间的真实关系,因而也为其他一些后来的著作所引用(纽曼,2010),值得我们参考。

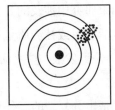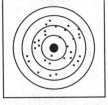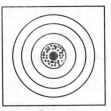

信度高但缺乏效度　　　效度高但缺乏信度　　　信度和效度皆高

图 5.1　信度与效度关系示例

第二节　测量指数

在社会科学研究与评估过程中,某些现象及属性的测量十分简单,我们用一个数据即可完整表达,如性别和收入等;但是,更多的现象及其属性很难用一个数字反映,需要用一组数字从多个方面加以揭示,这就引出了本节和下面一节将要讨论的指数和量表问题。

一、测量指数的概念

简单地说,指数是综合一系列项目形成的、反映社会现象或概念属性的单一数值(纽曼,2010)。然而,要想具体解释什么是社会研究与评估中的测量指数,我们还得先从社会研究的概念、概念的测量和指标等问题谈起。

众所周知,社会科学作为一门科学,其基本任务便是揭示所研究的社会现象的一般规律。通常,为了强化其结论的概括能力及其适用面,社会科学的研究成果便需要对个别认识的基础上进行概括,获得具有普遍解释功能的一般理论。这些研究结论越抽象,其解释能力和使用范围便越广泛。然而,由此也带来一个矛盾,那便是上述表述与我们可以观察得到的经验现象之间的距离越来越远,无法直接用具有高度抽象性的概念去测量经验现象。就像我们前面已经提及的,说起人的年龄、收入,我们马上便可以将其与相关的数字建立联系;但是,如果研究中涉及的是具有广泛的涵盖力,同时又是高度抽象的人类发展、生活质量或社会质量等概念时,我们便无法在现实世界中直接找到称之为"人类发展"、"生活质量"和"社会质量"这样的经验数据。

事实上,社会现象不仅是高度抽象的,而且是十分复杂的。任何想简单地认识或评价社会现象的做法,往往注定是要失败的。例如,谈起某位老师的讲课效果,A 同学可能因为其讲课内容生动、听课轻松而给予高度评价,而 B 同学则可能因为该老师讲课经常游离课本而极有意见。那么,究竟谁的结论更能反映该老师讲课的真实情况呢?显然,仔细分析后不难发现,其实 A、B 两位同学的评价可能都对,但他们关注的只是该老师讲课过程中的两个不同方面。要想给出全面的评价,必须考虑包括上述两个方面的所有相关评价结论。在社会科学研究和评价中,我们通常将反映事物某一方面属性的量化测量结果称为"指标";那么,上述讨论意味着,要想揭示社会现象及其属性,我们必须借助一系列的指标,用以全面地反映所研究和评价问题的一般属性。

那么,我们如何才能借助指标,最终全面确立社会研究与评估的指标体系或指数呢?对此,我们认为,巴比所提出的指标维度概念有着极大的帮助作用(巴比,2000)。所谓的维度,就是指标所反映的社会现象或概念的具体方面和层面,是对抽象的社会现象及概念结构的一种描述。借此,我们实现了高度概括和抽象的概念与其经验现象之间的联系,从而为实现量化的测量奠定了基础。例如,孙宇、刘武和范明雷关于政府服务的满意度指数的建构,便是以政府部门为标准,进行分层分类并建立指标体系的。首先,他们将所有政府部门划分为行政管理、教育、媒体、司法、生活服务、社区以及执政与国防七个类别,建立了一级指标体系;然后,依次在上述七个部门之下,以具体政府职能部门为类别建立 32 个二级指标,如行政管理大类之下的工商税务、劳动保障、民政、城建城管、纪律监察等五大二级指标,教育大类之下的中小学和大专院校两个指标,最终构成该研究的满意度指标体系,为测量各不同部门的满意度指数奠定了基础

（孙宇、刘武和范明雷,2009）。

二、构建评估指数

通过上面的讨论,我们已经了解了评估指标与指数的含义,现在便可以具体来构建评估指数了。根据评估研究指数的概念以及有关研究的经验,我们把评估指数的构建过程区分为理论遴选和实证筛选两大环节（范柏乃,2007）。

1. 评估指数的理论遴选

从某种意义上来说,评估指数的理论遴选便是基于一定的理论框架,将研究对象的评估属性转化为一定的指标并加以结构整合的过程。首先,评估指数往往是基于一定理论基础形成的、关于研究对象某种具有一定抽象性属性的测量。不同于一般社会现象的测量,评估指数往往是基于某种理论建构对研究问题的综合性研究。诚如巴比指出的,诸如偏见等社会科学的观念性概念本身并不存在,它们往往是有关学科基于其理论研究需要建构的有助于学术交流及其结论表述的产物（巴比,2000）。例如,生活质量便是一个具有高度抽象性的社会评估指数,我们无法在现实生活中直接观察到生活质量,而是需要借助生活质量理论获得对其内涵的把握。学界通常认为,美国著名经济学家加尔布雷斯真正开启了生活质量的研究。美国社会心理学家坎贝尔认为,生活质量是生活幸福的总体感觉,华裔学者林南则将生活质量定义为人们对生活及其各个方面的评价和总结。通常,生活质量可以区分为个体与群体两个层面,同时也包括主观和客观两个方面的标准（参见周长城、刘红霞,2011）。

其次,评估指数的测量最终将表现为与研究对象属性相关的一系列指标及其量化反映。正是由于评估指数的高度抽象性与概括性,因此它与现实经验现象存在某种程度的距离,想对其加以量化,就必须通过第一节提到的操作化,分层次地将其与现实中可以观察到的现象建立联系。只有借助与研究对象属性直接相关的具体指标,我们才能对评估对象作出量化的评价。例如,在关于"百件实事网上办"的满意度评估中,劳动与社会保障服务的满意度最终表现为工资福利、就业管理、劳动仲裁、劳动关系、劳动能力鉴定、社会保险、退休管理、社会救助、社会福利、优待抚恤和退伍安置等 11 个公众具有切身感受的方面(朱国玮、郑培,2010)。当然,如果想更深入地对政府的劳动与社会保障服务加以评估,我们也可以将上述 11 项指标进一步细化,从而获得更准确和细致的评估结论。

最后,评估指数以一定的理论为依据,决定了上述大量指标之间的结构关系,进而反映上述指标之间的某种关系及其系统性。例如,上述关于"百件实事网上办"的满意度评估研究中,除了上面已经提到的 11 项指标,还有其他 89 项指标。然而,这些指标相互之间并不是杂乱无章的,而是在一定理论的框架下各居其位,形成一个包括教育、医疗卫生、劳动与社会保障、交通出行和公共事业等 5 项一级指标,以及教育之下的 9 项二级指标、医疗卫生之下的 19 项二级指标、劳动与社会保障之下的 11 项二级指标、交通出行之下的 7 项二级指标、公共事业之下的 8 项二级指标。这些二级指标再进一步具体化,最终形成关于服务型政府满意度评估完整的评价指标体系(朱国玮、郑培,2010)。

作为上述内容的表现,评估研究的指数构建往往表现为研究者根据一定的理论框架,将反映对象属性的指数分层次地、系统地转化为一系列指标的过程。例如,在其关于中国政府绩效评估指数的研究过程中,范柏乃及其领导的课题组以政府倡导的科学发展观和执政为民为指导原则,根据公共经济学、行政学、统计学等学科原理,结合中国政府实际加以理论遴选,建立了由行政管理、经济发展、社会稳定、教育科技、生活质量和生态环境等六个方面共 66 个评估指标,形成了测量政府绩效的第一轮评估体系(范柏乃,2007)。

2. 评估指数的实证筛选

为了提高评估指标的测量效度和科学性,我们还需要对基于理论建构形成的指标体系进行实证分析,从中筛选出高质量的评估指标体系,进而确保指数的科学性。为此,通常需要进行专家咨询、相关性分析和鉴别力判断等三个步骤。

对基于理论遴选产生的评估指标体系进行专家咨询,其目的是为了提高评估指标的效度,确保真正有效地揭示研究对象的属性。通常,研究者根据理论构建的评估指标体系具有一定的主观性;邀请有关专家学者对该指标体系进行分析判断有助于提高指标体系的效度。尽管每一个专家的观点都可能具有一定的主观性,但是多多听取不同专家学者的意见,无疑将增加评估指标体系的客观性,这也是自行构建指标体系或指数过程中最为常用的提高测量效度的办法。也有一些研究主张对专家的咨询结果进行隶属度分析,借助模糊数学的方法来定量地筛选指标,增进过程的客观性和准确性(范柏乃,2007)。这一方法值得借鉴,但限于篇幅,本文不进一步展开。

为了避免通过上述筛选确立的指标相互之间的重复性,从而减少测量工作量,提高研究效率,我们还需要借助相关分析剔除上述指标体系中具有重复性的内容。这一步骤通常可以借助相关性分析来实现。为此,我们需要对指标体系中的各项指标两两进行相关分析。根据概念不难理解,那些相关系数过高的指标其实在测量的内容上具有高度重复性,因而可以对其加以删除。例如,在有关中国政府绩效评估指标体系的研究过程中,研究者通过对经过专家咨询形成的指标体系中的 51 项指标,借助有关统计年鉴和政府统计公报进行相关性分析,发现 GDP 总量与财政总收入、小学毕业生升学率与学龄儿童入学率、小学毕业生升学率与初中毕业生升学率、万人专利授权量与万人专利申请量、万人电脑拥有量与万人国际互联网用户数、百人固定电话拥有量和百人移动电话拥有量、百人固定电话拥有量与百人彩色电视机拥有量的相关系数均高于 0.8,于是,删除每对具有相关关系的指标中隶属度较低的 7 项指标,最终保留 44 个项目构成中国政府绩效评估的第三轮指标(范柏乃,2007)。

那么,通过上述研究确立的指标体系或指数,是否能够区分研究对象属性的差异性呢? 为此,我们还要进行评估指标的鉴别力分析。在上述例子中,研究者借助有关的统计数据,运用社会科学统计分析软件 SPSS 进行方差分析,删除鉴别能力相对低的能源消费弹性系数、国定资产投资价格指数、小学毕业生升学率、成人平均受教育年限、万人电脑拥有量和城市空气质量达标率等 7 项指标,获得由 37 项内容构成的有关政府绩效评估的指标体系,最终确立了政府绩效的评估指数(范柏乃,2007)。

三、常用评估指数

作为定量反映评估对象属性的一种手段,指标及指数在评估研究的发展过程中占据了重要地位。了解这些发展,进而直接借助这些指标或指数进行社会项目评估,无疑是提高研究效度和研究效率的重要手段。

在我们前面已经提及的库巴和林肯关于评估研究发展历史的回顾中,智商作为一种评价人的智力水平的指数,便是第一代评估研究的典型代表(Guba & Lincoln, 1989)。20 世纪 70 年代之后,随着国际范围内关于发展内涵的认识逐渐从单一的经济范畴扩大到包括社会范畴,有关社会发展评价的各类评估指数便不断涌现。

在社会评估领域,联合国开发计划署的人类发展指数(Human Development Index)和美国学者理查德·埃斯蒂斯(Richard Estes)的社会发展指数(Social Development Index)也是具有广泛影响力和国际声誉的评估工具。联合国的人类发展指数研究始于 20 世纪 80 年代,其评估指标主要包括预期寿命、成人识字率、综合入学率和人均国内生产总值等四个方面。1990 年起,联合国计划开发署根据相关数据出版专题报告,连续 21 年对各个国家的年度人类发展水平进行评估(参见方巍,2009;UNDP,2011)。它不仅是评估指数研究的成功典范,同时为我们了解世界不同国家和地区的社会发展状况提供了翔实的纵横两个方面的资料。

相对于人类发展指数,埃斯蒂斯关于社会发展指数研究的时间更早,同样用于对世界主要国家和地区社会发展水平的评估(Estes, 1984)。2000 年,埃斯蒂斯与香港社会服务联会(Hong Kong Council of Social Service)合作,首次发表了香港社会发展指数(Social Development Index for HK SAR)。该发展指数综合社会、政治和经济等方面 14 个类别的 47 项指标,较为具体和客观地记录了 1986 年以来香港社会的发展状况,具体包括国际化、政治参与、公民社会力量、家庭团结、经济、人身安全、卫生健康、环境质量、治安、教育、科技、房屋、文娱以及运动与休闲等领域(Estes, 2000)。

除此之外,社会质量也是近年来国际上具有重要影响的评估指数。"社会质量"的概念起源于 20 世纪 90 年代的欧洲,主要是为了克服过于强调经济政策而给社会发展带来的问题(韩克庆,2010)。作为一种理论建构,社会质量着重从社会经济保障、社会排斥与社会整合、社会信任和社会团结以及社会参与和社会赋权等四个纬度来界定社会质量。显然,作为一个指标体系,社会质量指数尚需要在上述四个纬度的基础上进一步具体化。例如,在社会团结纬度上,又可以表述为信任、其他增进社会团结的价值规范、社会网络、身份认同等方面,而上述四个方面还需要建立具体指标以便与经验现象建立联系。事实上,通过有关指标和统计数据分析社会质量状况,是当前欧洲研究社会发展水平的重要做法(参见林卡、高红,2010)。与一般概念的不同在于,沿袭欧洲社会强调社会团结文化与社会排斥、社会团结的学术传统,社会质量的概念十分注重社会关系与社会联系在一个人参与经济和社会活动过程中的作用,将其视为实现个人福祉的重要保障(沃克,2010)。

在中国,自从中共中央确立构建社会主义和谐社会、政府职能日益转向公共服务和社会管理以来,各类政府绩效和社会发展的评估指标和指数以及有关经验研究不断发展,成果数量众多。例如,以林卡和张海东等学者为代表的一些国内学者,近年来便积极引进欧洲的社会质量概念,对有关指标进行本土化改造,将其运用于实证调查,并进行国际比较研究(林卡、高红,2010;张海东,2010)。例如,林卡等从社会信任这一基本纬度出发,对中国社会质量的现状进行评估(林卡、柳晓青、茅慧,2010)。近来,更有学者试图从个人发展和社会发展两个方面建构具有中国特色的社会质量评价指数,具体提出社会安全质量、社会保障质量、社会动员质量、社会融合质量、社会活力质量、社会文化质量等六个方面的指标体系(周小毛、何绍辉、杨畅,2011)。笔者以为,这种从中国文化背景出发,构建具有本土特色的社会质量评价体系的方向无疑是正确的,但是在具体的指标体系上,仍然有许多可以进一步探讨的空间。

第三节　测量量表

在社会研究和评估研究中,量表是与指标或指数经常共同使用,甚至是不加区分的概念(巴比,2000)。那么,严格地说,到底什么是指标? 什么是量表? 它们在反映研究或评估对象的特点或属性的过程中又有什么不同呢? 本节将在探讨这些基本概念的基础上,评价一些常用的评估量表,进而讨论评估量表的构建问题。

一、评估量表的概念

从其表现形式上来说,指数和量表都是对社会现象及其属性的一种综合性测量;也就是说,它们都是借助一组指标对某一复杂的社会现象进行测量的工具。但是在其目的、功能方面,两者还是存在着显著的差异,尽管在一些情形下,我们可以将构成某一指数的一组指标转化为量表。

为了说明指数与量表的差别,我们还是先来看一个例子。例如,为了测量一个人的政治热情,我们可以建立一个指数,它具体包括如下六个方面的指标:给当地政府官员写信、在政治请愿书上签名、为某项政治活动捐款、为某位政要的竞选捐资、撰写政治取向的文章给报纸投稿以及说服别人改变投票对象。通过测量研究对象在上述每一个指标上的得分,进而将其综合成单一的参数,这是我们上一节讨论的指数的例子。同样,我们也可以通过量表测量一个人的政治热情。例如,我们可以建立如下四个指标构成的量表:参与投票、为政治活动捐款、为政治活动出力以及直接竞选公职(巴比,2000)。

那么,通过上述例子的比较,我们可以找到指数与量表之间的哪些差异呢? 首先,从指数与量表包含的指标的结构关系上来看,指数关注的是其构成指标的总量,而量表重在揭示其构成指标之间的程度差异。在上面的指数示例中,通常我们不对上述各项指标进行加权,而是将其直接相加,最终获得某人政治热情的指数。但是,需要关注的是,不同指标反映的个人的政治热情程度可以是一样的,也可以是不一样的。上面指数例子中的各个指标基本上反映了相同的政治热情程度。但是在量表的示例中,四项指标揭示的研究对象的政治热情显然是不一样的;我们甚至可以说,如果研究对象在后一项指标上表现出肯定倾向,那么一般他在此前的指标上也会表现出肯定取向。例如,一个竞选从事公职的人,通常会参与投票、为政治活动捐款、为政治活动出力。

相对而言,指数在社会科学研究过程中运用的范围更为广泛,而量表通常仅用于测量个人对某项事宜的感受或看法(纽曼,2010),呈现出更为明显的主观倾向。例如,诚如前面讨论中列举的,指数可以用来测量社会的发展水平,可以反映某一社会的生活质量和社会质量状况;同样,我们也可以将其运用于个人层面的智力水平等属性的测量。但是量表则不同,它主要运用于个体的态度或观点研究。在具体的测量过程中,所谓的"情感温度计"(feeling thermometer)是对量表测量研究或评估问题属性特点的最为形象的说明;也就是说,量表反映的往往是诸如温度计刻度的某种属性的高低水平。更具体地说,在量表测量过程中,我们往往为其各个指标的测量设置两种极端情形,如好与坏、赞成与不赞成、同意与不同意、喜欢与不喜欢等,然后测量研究对象在上述某种测量尺度下的位置。对此,我们将在下面具体的量表介绍时再予以进一步的说明。

需要指出的是,一般来说,量表在其揭示的信息量上要多于指数或指标,但是,由于量表通常要比指数复杂,因而实际社会科学研究和评估过程中指数的运用要大大多于量表(巴比,2000)。然而,这并不是说建立指数是一件轻而易举的事,仍然要引起我们的高度重视。

二、常用的评估量表

尽管量表相对于指数更为复杂,但在日常的社会科学研究和评估研究中,我们仍然可以见到运用量表进行测量的例子,某些量表测量甚至散见于大量问卷研究之中。在这一部分,我们将讨论四种最常用的量表形式,即李克特量表(Likert Scale)、哥特曼量表(Guttman Scale)、鲍嘎德社会距离量表(Bogardus Social Distance Scale)和语义差异量表(Semantic Differential Scale)。

1. 李克特量表

顾名思义,李克特量表便是由伦西斯·李克特(Rensis Likert)创立的一种量表形式,其特点是借助同意—不同意的程度、以定序测量的方式反映研究对象对评估问题的态度(纽曼,2010)。从某种程度上来说,李克特量表也许是我们自觉或不自觉地运用最多的一种量表测量形式。例如,我们在问卷调查过程中便经常列出"非常同意"、"同意"、"说不清"、"不同意"和"非常不同意"这些定序选项,要求调查对象对某一问题作出自己的评估。当然,李克特量表也可以更为简单地表示为"同意"、"不同意"这样的简单选项,或者更为复杂地表示为从"同意"到"不同意"的8个甚至更多不同程度的选项。一般而言,选项越多,调查的准确性越高,如有需要,也可以转化为简单的更少选项;但是选项过多无疑更为复杂,同时反而会造成评价者的某种困惑。

然而,作为一种比指数测量更为精确的量表形式,李克特量表的主要特点并不是仅仅将所有评估问题都分成相同的等分并给予相同的评分。与其他量表一样,李克特量表重在揭示态度的相对强度。为此,对于具有不同态度倾向强度的指标,量表测量过程中往往需要重新赋值(巴比,2000)。例如,对于诸如"农民工的孩子不应在非户籍所在城市获得高考录取机会"和"农民工的孩子一般学习成绩不如城市孩子"这样两个问题,考虑到它们反映的评价者不同的态度倾向,即使调查结果都是完全赞成,李克特量表最终测量的量化结果也是不一样的,需要反映这些不同问题评价者对农民工及其孩子态度方面的不同倾向结构(参见纽曼,2010)。例如,同样是"非常同意",对前一问题的歧视性评分可能是15分,而后一问题的歧视性评分仅仅为3分。

2. 语义差异量表

语义差异量表主要用于测量人们对概念、物品和人的感受的间接测量（纽曼,2010）。与李克特量表相似之处在于,语义差异量表也往往将测量指标区分为完全不同的、对立的两种维度,然后要求研究对象在每一个具体问题提供的两个方向之间确立自己的态度位置。例如,对于铁道部 2012 年春运期间推出的网络售票形式,我们可以区分便捷—不便捷、公平—不公平以及值得推广—不值得推广等方面,给出"非常肯定"到"完全否定"之间的某种评价结论。然而,与李克特量表相比,语义差异量表测量的问题内容更为具体,不再是仅仅表现为"赞成"或"不赞成",而是可以从问题的不同层面作出更为全面的评价。

3. 鲍嘎德社会距离量表

鲍嘎德社会距离量表最早是由埃默里·鲍嘎德(Emory Bogardus)于 20 世纪 20 年代创立、通过不同群体交往意愿研究、用于测量不同群体之间存在的社会隔阂距离的一种研究手段(纽曼,2010)。与指数不同的是,构成鲍嘎德社会距离量表的一组指标相互之间存在着一种递进关系。例如,如果我们将鲍嘎德社会距离量表用于测量城市居民对于农民工及其子女的接受程度,我们可以指定如下一组指标:

（1）农民工子女的合法权利应该得到有效保证;

（2）我不介意农民工子女在其父母工作的城市接受义务教育;

（3）我不介意我的孩子上学的学校招收农民工子女上学;

（4）我不介意农民工子女与我的孩子在同一个班级上学;

（5）我不介意我的孩子与农民工子女在班级里同桌。

显然,同样的肯定回答,上述五个题目反映的对农民工子女的社会距离是不同的,并且,从（1）至（5）,即使是相同的回答,回答者从中反映的城市居民与农民工子女的社会距离依然是不同的。然而,鲍嘎德社会距离量表的不同问题之间存在着程度的差距;一般而言,前面的问题反映的评估对社会距离要小一些,而后面的问题体现的社会差距更大。于是,只要我们了解到其中一个指标对评估结论是否定的;那么,只要是该临界点

第六章　实验和准实验评估

　　项目评估就是要确定项目实施是否在实践中达到既定的目标,评估设计则决定着结果的可信度。现场实验设计从 20 世纪 60 年代开始在社会科学领域得到广泛运用(Shadish & Cook,2009)。作为最科学和严密的评估方法,随机现场实验是所有评估设计的基础。而由于实践中,很多条件难以满足随机现场实验的要求,准实验评估方法在项目评估中得到广泛运用。本章将对比实验评估和准实验评估的特点,介绍实验评估法和准实验评估法的具体操作。

第一节　实验评估与准实验评估方法概述

　　随机现场实验评估是讨论项目评估设计的基础。我们要明确实验评估和准实验评估的基本概念、适用条件和特点。

一、实验评估与准实验评估方法的含义

　　研究者可以通过实验法,高度精确地得出项目的有效性结果,因此,随机现场实验评估是项目评估领域的标杆。政治、社会等领域研究采用实验法处理大量问题,其基本原理是研究对象被随机分派进两组,即实验组和控制组。项目评估中的实验组是指接受项目实施,控制组则没有参

以下的问题,其评估结论必然是否定的。例如,如果你对你孩子所在的学校招收农民工子女持否定态度,一般而言,该城市居民对农民工子女与自己孩子同班,甚至同桌,通常会持反对态度。

4. 哥特曼量表

相对而言,哥特曼量表是当今西方学术界运用十分普遍的一种量表形式(巴比,2000)。与一般的量表相似,哥特曼量表主要的功能在于揭示相关测量指标之间的逻辑结构关系;同时,它又不同于上述其他量表,其量表是建立在对测量结果的分析基础上的。

通常,哥特曼量表由 3—20 个指标构成。例如,在关于外来务工人员社会救助的态度上,我们可以确立三项具有不同倾向性的指标:向任何生命处于严重威胁状态的外来务工人员提供救助、向有工作和社会保险关系的外来务工人员提供救助、向一切外来务工人员提供救助。利用哥特曼量表研究上述问题,我们主要想了解不同的人对上述问题的态度之间存在的逻辑关系。为此,我们首先运用上述指标对有关人员进行测量,然后分析上述测量结果之间的逻辑关系。如表 5.1 所示,我们可以获得两种分析结果:量表类型和混合类型。所谓的量表类型便是测量结果符合有关对外来务工人员救助态度的理想类型的对象,而混合类型则是不符合上述逻辑关系的对象。

表 5.1　关于外来务工人员社会救助的态度

	生命处于严重 威胁状态者	有工作和社会 保险关系者	一切外来 务工人员
量表类型	+	+	+
	+	+	-
	+	-	-
	-	-	-
混合类型	-	+	-
	+	-	+
	-	-	+
	-	+	+

注:"+"表示赞成,"-"表示反对。

如果我们测量各个研究对象的态度,将其区分为赞成者和反对者,通常逻辑上主张向一切外来务工者提供社会救助者也会赞成向其他两类务工人员提供救助,而主张向生命处于严重威胁状态者提供社会救助的人则不一定赞成另两种做法。这是我们通过量表所要测量和研究的情形。但是,测量和研究过程中也可能存在某些特殊的、违反常理的情形,即上述表格的混合类型中表现的诸如主张向一切外来务工人员提供社会救助,却反对向其他两类外来务工人员提供救助的情形。在所有的测量对象中,量表类型所占的比例在 0—100% ;通常,如果该比例达到 90%—95% ,上述指标体系便构成哥特曼量表(巴比,2000)。

其他诸如对于女性堕胎的观点(巴比,2000)、儿童对于周边事情的了解以及对于不同政治行为的态度(纽曼,2010)等,都构成了哥特曼量表的研究选题。在某种程度上,它们出现混合类型的可能性更大,其结果也更符合常理,具体请参阅有关资料。

三、评估量表的构建

上面讨论的量表为我们提供了某些社会问题及其基本测量形式,但是面对不断变迁的社会及其出现的各种新现象,我们在测量过程中无疑需要作出相应的变革,才能更好地达到社会研究和评估的目标。根据有关研究,学术界关于量表的建构过程虽然有一些差异,但其基本步骤相同,可以区分为明确测量对象、建立测量题库、选定测量形式、专家评议题库、考察确认题库的全面性、量表的样本测试检验、优化量表长度等步骤(Worthington & Whittaker, 2006;德威利斯,2004)。

在编制量表的过程中,明确测量对象显然是第一步。有关研究认为,人们在许多情形下自以为了解所要研究和评估的内容,但事实上往往依然模糊不清。为此,注重理论在构建分析框架中的指导作用往往尤为重要(德威利斯,2004)。我们经常说,理论来源于经验但高于经验。社会科学的理论往往为我们提供了观察社会现象或观察评估问题的重要参照,明确告诉我们需要观察的对象和范围。例如,基于涂尔干的自杀理论,我们便了解到,在测量自杀的人数时,应该注意到利己性自杀、利他性自杀、失范性自杀和宿命性自杀等四种类型(涂尔干,2008);而根据西尔弗关于社会排斥的范式理论,我们又会从团结型排斥、垄断型排斥和市场型排斥三个方面测量分析某一国家或地区迁徙者面临的排斥特点(Silver, 1994)。

在明确测量对象和内容的情形下,我们便可编制出有关的测量条目。在具体的条目编制过程中,一个基本的原则便是尽量列出比最终确定的量表包含的条目更多的指标。这样做的原因,一方面是为了尽可能不遗漏重要属性的测量指标,为专家审定奠定基础,便于借助因子分析方法对相关指标进行分类和减少条目(Worthington & Whittaker, 2006);另一方面则是提高测量的信度,因为条目的数量与信度存在着正比关系(德威利斯,2004)。

在建立题库的同时,我们还需要为每个条目确立测量形式。我们在上一部分讨论了常用的一些量表形式,它们除了可供我们直接选用以外,也可以为我们在建立测量指标的过程中提供测量方式的借鉴。例如,在我们准备制订的量表中,究竟是采用类似哥特曼量表这样的二级态度分区方法,还是采取向李克特量表这样的五级,甚至更多级别的测量方法呢?对此,我们需要根据研究的目的加以选择。例如,对于目前我国城市化过程中十分突出的农民工融合问题的研究,城市居民对于外来打工者或者外来打工者与城市居民的认同情况,无疑是十分值得关注的问题,对此,鲍嘎德社会距离量表显然具有十分重要的参考作用。尽管不同的研究可能对已有量表的借鉴程度不一,但这些已有的量表仍然为我们提高测量水平提供了扎实的基础。

在专家对评估题库表面效度进行评定的同时,我们自己也应该通过积极的工作进一步考察这些涉及的问题的效度问题。对此,有关权威性论著建议进行两方面的工作:一是通过额外的专门问题测量量表可能产生的偏差;二是确保量表的题库具备应有的共同效度(concurrent validity)(Worthington & Whittaker, 2006)。据此,我们可以在最终的量表构成指标中包含某些特殊的问题,用以检验量表的构成选项是否存在某些具有诱导性倾向。为此,专门的社会赞许性量表、明尼苏达人格量表等都是可供参考的资源。其次,要保证新的量表与原有的同类型量表,特别是其效度已经得到检验的量表,相互之间存在着高度的相关性。例如,新的关于智力水平的量表,就必须与已有的、高度认同的智商量表在构成指标之间保持应有的相关性(Newman,2010)。

在以上工作的基础上,我们可以请专家来对已经建立的题库进行评定。这一评议程序具有三个方面的功能:确认对研究问题的定义是否正确、审议有关问题的表述是否简洁明白、提出对问题的新的研究方法(德威利斯,2004)。然而,专家评定的主要任务还是确保最终确立的量表的表面效度(face validity)。所谓表面效度,指的是测量的内容与概念的一致性,或者说测量的方法与概念界定的一致性(Newman,2010)。例如,如果要评估某个社区社会福利事业的发展水平,我们是否可以用民生工程的开支来加以衡量呢? 显然,我们测量的内容与实际要评估的对象之间是有差异的。按照目前的惯常用法,民生工程涉及的范围要远远大于社会福利的范畴。因此,用于所谓的民生工程的费用不一定增进该社区居民的社会福利水平,尤其是社会弱势群体的福利水平。

在完成上述四个步骤工作之后,我们可以认为基本完成了量表的编制。但是,这一量表究竟如何,还需要在实际的研究对象中进行检验,并根据执行情况确定量表的合适长度。对此,限于篇幅不做赘述,详见有关论著(德威利斯,2004)。

思考题

1. 什么是测量? 什么是评估测量的信度和效度? 信度和效度之间存在怎样的关系?

2. 什么是评估指数? 建立评估指数的基本步骤如何,可以举出一些你熟悉的评估指数及其结构吗?

3. 什么是量表,它与指数有什么区别? 常见的量表形式有哪些? 建立量表的基本步骤是什么?

推荐阅读

范柏乃(2007)：《政府绩效评估与管理》，上海：复旦大学出版社。

罗伯特·F.德威利斯(2004)：《量表编制：理论与应用》，重庆：重庆大学出版社。

参考文献

巴比(2000)：《社会研究方法》(上)，北京：华夏出版社。

范柏乃(2007)：《政府绩效评估与管理》，上海：复旦大学出版社。

方巍(2008)：《关于社会排斥概念的本土化思索》，《浙江工业大学学报(哲学社会科学版)》2008年第3期，第267—272页。

方巍(2009)：《发展性社会福利理论》，载彭华民等：《西方社会福利理论前沿：论国家、社会、体制与政策》，北京：中国社会出版社，第184—200页。

韩克庆(2010)：《社会质量理论：一个研究综述》，《东吴学术》2010年第1期，第97—103页。

李沛良(2002)：《社会研究的统计应用》，北京：社会科学文献出版社。

林卡、高红(2010)：《社会质量理论与和谐社会建设》，《社会科学》2010年第3期，第57—63页。

林卡、柳晓青、茅慧(2010)：《社会信任和社会质量：浙江社会质量调查的数据分析与评估》，《江苏行政学院学报》第52期，第61—67页。

罗伯特·F.德威利斯(2004)：《量表编制：理论与应用》，重庆：重庆大学出版社。

孙宇、刘武、范明雷(2009)：《基于顾客满意度的公共服务绩效测评——以沈阳市为例》，《东北大学学报》第21卷第1期，第30—34页。

涂尔干(2008)：《自杀论》，北京：商务印书馆。

沃克(2010)：《社会质量取向：连接亚洲与欧洲的桥梁》，《江海学刊》2010年第4期，第21—29页。

张海东(2010):《从发展道路到社会质量:社会发展研究的范式转换》,《江海学刊》2010 年第 3 期,第 119—123 页。

朱国玮、郑培(2010):《服务型政府公共满意度:评测理论与实践》,北京:科学出版社。

周长城、刘红霞(2011):《生活质量指标建构及其前沿述评》,《山东社会科学》第 185 期,第 26—29 页。

周小毛、何绍辉、杨畅(2011):《中国特色社会质量理论与评价指标体系初探》,《湖南师范大学社会科学学报》2011 年第 6 期,第 83—87 页。

Brannen, J. (1988). The Study of Sensitive Topics. *Sociological Review*. 36, pp. 552—563.

Estes, R. (1984). *The Social Progress of Nations*. New York: Praeger Publication Inc.

Estes, R. (2002). Toward a Social Development Index for Hong Kong: The Process of Community Engagement. *Social Indicators Research*. Vol. 58. No. 1—3, pp. 313—347.

Neuman, L. Lawrence(2010). *Social Research Methods: Qualitative and Quantitative Approaches.* 北京:人民邮电出版社。

Guba, E. S. & L. Lincoln, Y. S. (1989). *Fourth Generation Evaluation*. Newbury Park, CA: Sage.

Silver, H. (1994). Social Exclusion and Solidarity: Three Paradigms. *International Labour Review*. 133(5—6), pp. 531—578.

UNDP(2011). *Sustainability and Equity: A Better Future for All*. Human Development Report 2011. New York: United Nations Development Programme. http://hdr. undp. org/en/media/HDR_2011_EN_Complete. pdf.

Worthington, R. L. & Whittaker, T. A. (2006). Scale Development: Research: A Context Analysis and Recommendations for Best Practices. *The Counseling Psychology*. Vol. 34, pp. 806—838.

与项目实施。项目评估则通过各种测评工具观察和对比两组的效果变化,从而确定项目实施的效果。罗希、李普希和弗里曼对控制组从三个方面进行界定:构成一致、趋向一致和经历一致。构成一致:按照与项目和结果有关的特性,实验组和对照组由同样的人员或单位组成;趋向一致:在没有实验操作的条件下,实验组和对照组面对同样的项目环境,且具有等同概率达到既定目标结果;经历一致:在整个项目中,实验组和对照组经历相同的变化过程、成熟、长期变化等(罗希、李普希、弗里曼,2007)。表6.1展示了传统的随机实验评估模式。

表 6.1　随机现场实验评估传统模式

	前　　测	项目操作	后　　测
实验组	O_1	X	O_3
控制组	O_2		O_4

表中,O代表测量,X代表项目实施,O_1与O_2为项目前测,项目后测为O_3和O_4。我们将通过实施项目组(实验组)与未实施项目组(比较组或控制组)之间的比较来验证效果与项目实施之间因果关系的方法称为"实验设计方法"。如果只进行实施前与实施后的比较,则因为还存在项目外部因素的影响,所以难以验证所发生的变化与特定项目之间的因果关系,因此,该方法从实验组的实施前与实施后的差异值中再减去比较组的变化值,以图求得项目的"纯粹效果",即$[(O_3-O_1)-(O_4-O_2)]$。

实验评估方法通常用于各种治疗项目,如药品、酒精滥用、各种成瘾控制及复原。尽管实验评估方法能够较有效地确定项目实施效果,但是,由于各种政治与伦理的限制,该方法还是有很多限制条件。张晓林(1995)提出实验研究方法的本质就是要确认独立变量与从属变量之间的因果关系,属于解释性研究方法。其方式是否有效的衡量标准是内在效度,即能否准确地确定变量之间的因果关系。因此,因果关系的验证需要满足以下要求:项目实施后目标效果发生改变;目标效果改变发生在项目实施之后;能够排除其他因素影响目标效果的变化;能够运用统计方法对结果进行验证,消除抽样误差或观察误差的影响。丹尼斯(Denis,1990)提出进行随机现场实验需要满足五个基本条件:现有实践必须得到改善;预期项目实施的效力在现场条件下必须是不确定的;没有更简单的可替代性的项目评估方法;评估的结果对项目必须有潜在的重要性;评估设计必须符合研究者和服务提供者的道德伦理标准。结合以往研究,归纳得出最适合实验评估方法的情景:无法确定结果是由项目实施还是其他因素造成的;研究样本可以得到多种无害的项目干预和处理;当项目需要大范围推广;一个项目代价昂贵而其效果难以定论。

准实验也在项目评估中得到广泛运用。其主要原因是在实践中,任何实验评估都不能完全控制所有的外在影响,只能通过控制关键变量来检验项目效果。例如,在开发援助项目中,研究者难以事先确定实施组与比较组①。要在3—5年的项目期内,在相同条件下确定被项目排除的组,除了存在较大伦理方面的问题外,成本也是一个问题。在项目评估中便于使用的模型是,在实施项目后确定实施组以及与其性质相似的比较组(此时必须探讨以什么指标判断两者是否相似),对效果进行比较的方法。这种方法叫做"准实验评估方法"。该方式是对所有条件不尽相同,但规模、特点大致类似的地区进行比较的一种方法(也称"匹配模型")。例如,确定在开展了地区保健医疗活动的A社区与在人口、男女比例、人口数量、传染病种类、医疗服务的实际情况、经济发展条件等方面类似的B社区作为比较组,并比较两者实施项目后的情况。宾厄姆和菲尔宾格(2007)指出,评估者在设计随机现场实验评估方法时,必须充分考虑各种准实验方法,只有这样,才能保证评估结果的准确性。研究者认为,在以下条件下可以考虑使用准实验评估方法:当事前测量不能进行或者太花时间时,就可以运用"真实控制组织进行后验测试"的形式;当评估者无法把主体随机安排到控制组时,就可以采用"实验前后不对等的控制

① 以往的评估研究将比较组与控制组进行了严格区分,真正的控制组是随机安排形成的,比较组要尽可能在关键特征上与实验组相同。

方案"的形式;当控制组无法建立,而同样的测量可以在一组人或事物在项目完成之前或之后多次运用时,采用"单一小组多次实验方案";"无控制组前后测验方案"检验影响。

因此,准实验评估方法适用于可以利用随机方法却不能完全保证其随机性的项目评估。罗希、李普希和弗里曼指出准实验评估方法能否对项目效果进行无偏估计,很大程度上取决于研究者能否将实验组和控制组进行有效匹配,即在关键特征上减少差异(罗希、李普希、弗里曼,2007)。

二、实验评估与准实验评估方法的特点

实验评估的优点是能明确项目的效果和意义,是评估设计的核心基础(余向荣,2006)。随机现场实验评估能够在计划的时间内控制各种变量和因素,确定项目实施的影响效果。再者,实验法具有一定的可重复性,只要外在条件允许,研究者可以根据项目和评估设计进行重复(排除受时效影响明显的项目)。宾厄姆和菲尔宾格(2007)指出,实验评估具有四个重要特征:随机、操作、控制和可普及性。首先,最关键的就是随机。真正的实验设计能够完全随机安排研究对象,保证实验组和控制组等值。第二是操作。实验中的研究对象,特别是实验组能够发生改变。第三是控制。由于实验评估设计前期充分考虑各种影响因素,在评估过程中能够排除其他因素。最后是可普及性,即评估结果可以推广到其他情境(但是普及性受到的影响因素较多)。关于实验评估和准实验评估的内在效度问题,以往研究进行了深入讨论,主要影响因素有:历史、成熟、测量工具、统计回归以及实验过程控制等。

在运用各种评估方法前,关键是要明确其局限性,进而在实践中可以采取有效的方式进行修正。对于复杂和直接影响公众生活的社会项目评估,随机现场实验方法也存在一定的局限。张晓林(1995)从项目设计、样本随机性以及评估道德伦理问题三个方面来论述实验评估方法的不足。首先是项目设计与评估设计之间的冲突。社会项目根据社会需要和

项目目标来确定其对象范围和执行方式,但是这个范围或方式可能改变了实验设计对变量控制和效度控制的要求,而且项目设计规定研究者不能随意改变社会项目的范围、方式或其中的某些因素。其次是实验中的随机性。理论上,随机性是实验评估的根本要求。但在实践中,实验评估难以对样本进行严格随机抽样和随机分配,多利用现成样本群,特别是现成的社会层次和机构划分。这些划分自有其特点和环境,容易在选择、成熟、历史等因素上影响研究效度。最后,实验评估存在着道德两难问题,例如,一项扶贫项目已有一定证据表明可能取得成功,研究者如何选择参照组是很大的挑战,因为该决策意味着参照组丧失了被资助的权利。而且由于实验评估研究是针对社会环境中影响人们生活的社会项目进行的,并对其中的变量进行改变或操控。罗希、李普希和弗里曼则关注项目进展阶段、伦理问题、实验与实际干预之间的差异、时间和成本、可概化度和效度以及实验完整性(罗希、李普希、弗里曼,2007)。首先,社会项目在实施过程中会根据阶段性特征进行修正,而随机现场实验设计很难根据项目进展进行改变。他强调随机现场实验评估最适合运用于项目实施过程中各种措施严格按照计划不变的项目评估。第二,伦理道德问题是社会项目评估中所面临的重要挑战,主要是随机化过程中的伦理问题。由于社会项目一般具有福利性或者帮助性质,因此如何选择实验组和控制组是评估面临的问题。但在实践过程中,可以通过阶段性解决,例如,在实施援助项目时,根据项目的目标和特点,可以在某个社区或地区做试点,按照随机化方法进行控制。第三,时间和成本问题。一般来说,随机现场实验评估方法是最费时和费力的方法之一。除了可靠与可控的政策项目评估可以尝试使用随机现场实验评估,其他情景尽量少用,如没有证据表明项目有明显效果。第四,可概化度和效度。由于随机现场实验评估方法需要对项目实施和参与者进行严格的筛选和控制,评估结果是否能够推广到真正的实践中是受到质疑的。这也就意味着实验评估的效度不高,进而影响可概化度。最后,由于实验评估的阶段性,在项目过程中,样本流失会影响评估的完整性。在社会项目中,例如,援助计划或者心理干预项目,虽然在实验评估前期严格按照随机化要求形成了实验组和对照组,但是在项目实施过程中,由于其他非随机因素的影响,使得两组本身就不具有等值性了。例如,社会经济发展或者国家在实施其他相关政策。

兰贝恩(Langbein)在实践中总结了随机实验与准实验评估方法差别(参见宾厄姆、菲尔宾格,2007)。最关键的是准实验评估往往是回溯性的,通常运用于项目之后,准实验评估的优点主要体现在降低控制水平,增强现实性。准实验评估是将真实验的方法用于解决实际问题的一种研究方法,它不能完全控制研究的条件,在某些方面降低了控制水平。虽然如此,它却是在接近现实的条件下,尽可能地运用真实验设计的原则和要求,最大限度地控制因素,进行实验处理实施,因此,准实验研究的实验结果较容易与现实情况联系起来,即现实性较强。其不足是在结果的效度方面。准实验评估利用原始组进行研究,缺少随机组合,无法证明实验组是否为较大群体的随机样本,同时,任何因素都可能对原始群体起作用,所以因被试挑选而带来的偏差将损害研究结果的可推广性,从而影响了准实验研究的内在效度,因此在内在效度上,真实验优于准实验设计。但由于准实验的环境自然而现实,因此它在外部效度上能够且应该优于真实验设计。因此,在考虑准实验研究的效度时,应该对它的特点有清楚地认识,并注意确定实验组间的对等性,同时,在逻辑上对可能有的代表性和可推广性加以论证,避开其不足之处。

弗兰克·费希尔(Frank Fischer)介绍了以准实验方法评估堪萨斯城巡逻项目的有效性。该评估以问卷为主要研究工具,评估警察巡逻的效果及其影响(Fischer,2003)。评估指标主要有三方面:减少发案率、增加警察对案件的反应次数、改善公民对警察的看法等。研究假设巡逻警力与地区案件成反比,与警察的反应次数和公民对警察的满意度成正比。

该评估的分析单位为城市内的不同区。根据研究设计,评估组构建了三个分析单位:在城市的某一区安排的巡逻车的数量是通常的两三倍,另一区则没有安排巡逻车,而第三个区安排的是常规的巡逻警力。因此,第一区与第二区是实验组,而第三个区代表比较组。项目评估组在一年的时间内根据设计,对三个区进行了定期调查。但是评估的结果却与研究假设大相径庭:实验组与比较组在三个指标上基本没有差异。

虽然项目评估的结果并没有达到预期的目的,但是研究者从多个方面对结果进行了解读。首先是内部效度。该项目的研究工具主要是问卷,而研究内容是对治安等社会问题的评价。在研究过程中,填写问卷的个体特征影响结果。而且对于治安问题,理论上只有亲身经历后才有更直接和客观的评价。这些因素是评估方案内在有效性的主要威胁。其次是外部效度。研究结果是否能够推广到其他城市是受到质疑的。因为该评估方法采用准实验设计,很难对外在环境因素进行严格有效的控制。更重要的是,每个城市的特点都不尽相同,如巡逻方式、人口构成、经济特点等。最后,也是社会科学研究中实验方法面临的挑战:伦理问题。有研究者提出,警方没有权力随意在该城范围内为不同的人群安排不同的警力保护。而现实中,正是出于这种考虑才中断了巡逻实验。一旦人们知道该城的某些区域没有警力保护,或者至少没有警察巡逻车的保护时,选举产生的官员们马上意识到,万一在没有警察巡逻的区域发生杀人案件,将会引起轩然大波。不仅评估者将会因为没有考虑到这一点而受到法律的制裁,很快整个项目也会功亏一篑(费希尔,2003)。

通过上例可以发现,准实验评估的操作比随机现场实验评估的要求低些,但是,其内在效度也受到影响。同时,也存在着实验评估方法中的伦理道德问题。罗希、李普希和弗里曼总结了在项目评估中使用准实验评估方法时应注意的事项。以往实践研究发现,有些随机现场实验评估结果与准实验评估结果高度相似,而有些存在着一定的差异,关键在于结构化控制。研究者进一步指出,评估者在项目评估中运用准实验评估方法,必须根据具体假设、已经选定了的设计要求、项目特征以及对对象总体属性逐个进行分析,这样才最有可能得出有效的项目效果评估值(罗希、李普希、弗里曼,2007)。

　　总之,评估者和研究者在进行评估设计时,首先需要明确实验评估方法和准实验评估方法的优点和局限,然后慎重选择可信与可行的方法。在随机现场实验评估中,核心是设置随机;而在准实验评估中,关键是如何用统计控制和选择性模型进行匹配。

第二节　实验评估方法

　　在明确了实验评估和准实验评估的基本内涵与特点后,我们需要掌握各种实验方法的具体实施过程。本节将重点介绍实验评估的模式和过程。

一、实验评估方法模式

　　一般来说,实验设计评估方法主要有三种:前—后测控制组设计、所罗门四组设计、单后测控制组设计(宾厄姆、菲尔宾格,2007)。

　　前—后测控制组设计是最为传统的实验评估设计,如表6.2。研究者随机安排人员到两个组中的任一组。通过随机安排,使得目标群体相互之间等值。一般而言,这种设计经常用于健康或就业等项目评估。格林斯特-维斯(Grinstein-Weiss et al., 2008)运用纵向随机现场实验评估方法评估了个人发展账户(IDA, Individual Development Account)项目对低收入的房屋所有者的影响机制。拥有房屋代表着稳定,而低收入的拥有房屋家庭直接影响社会环境。因此,美国在全国范围内实施了 IDA 项目,旨在帮助这些家庭提高家庭收入。项目评估组根据前期的个人财产收入和家庭财产收入调查,确定了收入在国家贫困线以下的家庭,共有1 103 户。根据以往的研究,得出低收入且有房屋家庭的收入影响变量有家庭规模、种族、工作状况、婚姻状况等,并以此建立衡量实验组和控制组同质标准。

表 6.2　纵向实验评估每个阶段样本数

阶段	项　目	时　间	实验组	控制组	总　数	反应率
1	基线测评	1998.10—1999.12	434	429	863	—
2	18 个月	2000.5—2001.8	363	358	721	83.54%
3	48 个月	2003.1—2003.9	318	324	642	74.39%

在第一阶段,研究者根据这些条件,将这 1 103 户家庭随机分为两组:实验组(537 户)和控制组(566 户),最后有效的分别为 434 户和 429户。第二阶段,实验组和对照组分别为 363 户和 358 户。第三阶段为 318户和 324 户。具体见表 6.2。从中可知,在纵向实验过程中,研究对象会由于各种原因而流失。

第二种实验设计是所罗门四组设计。所罗门四组设计是由理查德·L.所罗门(Richard L. Solomon)于 1949 年提出的(宾厄姆、菲尔宾格,2007)。他认为,实验前—后测设计在实验前和实验过程的相互影响过程中会对结果产生影响,即可能产生学习效应。所罗门四组设计包含了经典设计(前—后测控制组设计)特征,再加上在项目开始前不测量的比较组和实验组。通过这样的设计,六个测量结果就可以直接比较两个实验组和两个比较组。通过两两比较,可以得出前测是否影响项目实施以及项目的效果。尽管该设计较好地证明实验之间的影响或项目前测对实施的影响,但因其程序复杂,在实际的评估中运用较少,只是在教育培训项目评估中有所运用。其中比较经典的是理查德(Richad)和乔德(Jodie)的评估戒毒项目效果(Richad & Jodie, 1995)以及伊柯斯泰特团队对大学生管理技能开发项目的评估研究(Extejt et al., 1996)。

A 组对象参加了技能项目之前和之后的测试,同时也参与了技能开发项目;B 组对象只参加了技能项目之前和之后的测试,没有参与技能开发项目。C 组和 D 组没参加前测,都参加了后测,但是 C 组参与了技能开发项目。为了消除时间成熟效应,各种测试的时间安排是一致的。同时,为了保证四组等值,研究者在学生年龄、性别、种族、专业以及成绩等方面进行检验,没有达到显著差异(见表6.3)。宾厄姆和菲尔宾格(宾厄姆、菲尔宾格 2007)以该研究结果作为样本进行了点评,指出从所罗门设计可以得出项目前测的影响效果,同时,项目评估中测量工具的选择是至关重要的。

表6.3　评估项目的所罗门四组设计

	前　测	项　目	后　测
A组	A_1	X(技能开发)	A_2
B组	B_1		B_2
C组		X(技能开发)	C_2
D组			D_2

注:来源于 Extejt, M. M. & Forbes, J. B. (1996). Evaluation of a Multimethod Undergraduate Management Skills Development Program. *Journal of Education for Business*, 71(4), pp.122—142。

第三种常用的实验设计是单后测控制组设计。单后测控制组设计是实验前—后测设计和所罗门四组设计的衍生。其特点是完全忽视前测,而只进行后测。具体设计如表6.4。

表6.4　单后测控制组设计

	前　测	项　目	后　测
E组		X	O_1
C组			O_2

在此设计中,实验对象被随机分配到 E 组(实验组)和 C 组(控制组)。实验组接受实验干预,在项目结束后对变化进行测量。其优点是:减少时间成本与测量成本,因为不需要进行前测避免了重复测量;可能减少前测所带来的干扰效应,如学习效应、认同认知等,减少了可能的初始偏差。彼特·道尔顿(Peter Dolton)和德纳·欧耐尔(Donal O'Neill)运用单后测控设计来评估英国失业援助和工作寻找项目的效果(Dolton & O'Neill, 2002)。由于项目实施前测很难进行,因此,研究者在项目实施

后对实验组和控制组进行测量。而对于实验组和控制组的构成,研究者进行了严格限定。实验组的组成通过失业登记数据库随机选择。而控制组则从保险登记数据库进行随机选择,但是保证其与实验组在教育程度、年龄、性别等方面一致。

二、实验评估方法过程

实验研究过程一般包括以下步骤:确定因变量、自变量和控制变量,明确自变量与因变量之间的假设关系;确定实验环境;选择并确定实验对象与控制对象;根据前期设计,建立控制机制来减少对内在效度产生影响的因素;确定测量与评估标准和方法;根据要求,进行实验实施,定期收集数据;运用统计等手段确定因变量与自变量之间的关系。项目评估中实验方法与实验研究逻辑基本一致,但是由于项目评估的特殊性,实验评估方法也有所差异。根据以往的总结,实验评估一般可以分为以下几个阶段:确定评估分析单位、构建项目假设与理论、实验设计与随机化、实验控制与数据收集、数据分析与总结。

第一步是确定分析单位。简言之,社会项目中的参与对象就是分析单位。项目评估中的分析单位不一定就是个体。根据项目的目标以及特征,社会项目可能会涉及各种不同的对象:个体、群体、组织甚至是机构。而且实验成本和难度会随着分析单位的大小和复杂程度的增大而增加。在大多数项目中,分析单位应该是非常明确的,如失业援助项目的对象是符合一定标准的失业者。但是,也存在着一些项目的对象可能存在着多个层次,如我国实施的贫困家庭补助计划项目,首先需要评估该项目对贫困家庭的影响,此时分析单位为家庭;同时,还需要考虑该项目对地区或社区的影响,那么分析单位则比家庭更加复杂。

第二步是构建项目假设和理论。这是所有项目评估的核心。项目理论便是对项目干预机理的说明,是关于项目之所以实现其目标的原因的一种理论假设。从这一意义上来说,项目理论评估便是检验上述理论是否在实践中得到验证(方巍、张晖、何铨,2010)。格林斯特-维斯(Grinstein-Weiss et al. , 2008）在总结收入、债务与购房之间的关系时,提出的假设是低收入群体的存款少是购房的主要障碍,因此提出 IDA 项目在理论上应该能够增加低收入群体拥有房产的可能性。正是基于这个假设,开展了实验评估研究。那么,如何构建项目理论和假设? 方巍等人进行了详细论述,主要有三个方面:文献综述、项目相关人员以及项目过程观察(方巍、张晖、何铨,2010)。纵观项目评估研究,都需要在项目评估方法以及研究主题方面进行系统广泛的研究,从而能够明确研究问题的特点,提出可信的研究假设。与项目密切相关的人员对项目的目标、发起原因以及结果都有深刻的理解。只有与这些相关人员进行深度访谈,评估者才能整合理论和实践两个方面,更好地明确项目的内在逻辑。而项目服务对象对个体问题的理解可能更有助于评估者对项目的整体理解,进而明确项目假设。

第三步是进行实验设计与随机化。从实验评估过程来看,实验设计和随机化直接决定了评估结果的信度与效度。实验设计主要在前期确定了分析单位和项目假设后,明确了项目评估中因变量、自变量以及控制变量,并进一步对各种变量提出明确的操作定义,特别是对项目效果有影响的其他变量的控制。而随机化是实验评估中的关键。随机的目的是实现实验组和控制组之间对等性。随机化就是确定对象是接受项目还是进行控制组的程序。但是,随机化绝不是偶然的或者反复无常的。宾厄姆和菲尔宾格(宾厄姆、菲尔宾格,2007)指出,将对象随机分配给实验组和控制组需要非常谨慎,以保证对象群体中的每个单位都有同样机会被选入任意组。随机化的常用做法有:用转硬币的方式随机安排每个研究对象:正面的为一组,背面的为另一组;抽签法:将所有研究对象的名字放在固定容器里,充分混合后,一次拿出一个,奇数为一组,偶数为一组;使用字典、随机数字表或电脑程序产生随机数字来安排研究对象。社会项目中较常用的就是偏随机,即专门为评估社会项目而在部分地区、部门、人员中执行社会项目或不执行社会项目。例如,在某社区开展老年人心理健康促进与干预活动,而在其他社区没有开展,按照正常工作开展;在某些地区引入低保的自助选择政策,而在其他地区保持原来的政策。这些被选择来参加项目的部门或人员可能是随机抽样得来的,也可能是根据有关特征抽样而产生的,但无论是否执行该社会项目,这些对象都是专门选择的,需要监测记录的数据是事先统一规定的,测量记录活动也在实验过程中予以专门安排和执行。为了检验两组的对等性,研究还需要对两组在关键特征指标上进行检测,做到在统计意义上没有得到显著性差异。在实际操作中,不管采用何种方法,都必须对具体情形进行系统深入的分析,结合文献综述基础,明确影响项目效果的关键特征,在随机化中要重点消除关键特征的影响。

第四步是收集数据。一般在实验设计时已经明确了数据收集的工具标准和时机。概念与标准的操作化直接影响测量工具的有效性(方巍、张晖、何铨,2010)。项目评估的数据收集者需要保持客观标准,避免受到各种主观因素影响。一般来说,按照评估设计对效果指标进行多重测量,特别是项目实施前后的多次测量,有助于明确项目实施的净效果。项目前测量数据可以对比项目前实验组和控制组的状况,明确项目实施后的效果。但是,在项目前测量不可能的情况下,可以在事后进行多次测量,尽可能消除期望等主观因素的影响。如果需要明确项目过程变化的特点,数据收集则需要随着项目开展周期性地进行。而周期性测量结果可以使得评估者对项目作用过程有全面的解释。当然,评估者需要了解在实验评估的数据收集中可能出现的错误:收集的数据与欲检验的社会项目的目标不符(内容、范围以及时间等)、数据缺乏基本的信效度检验以及实验组与控制组数据测量的工具标准等方面存在差异而无法对比。

第五步是数据分析。实验评估根据分析单位和设计模式,可以分为简单随机实验和复杂随机实验评估。对于简单随机实验,只要用统计方法检验理论上对等的实验组和控制组在关键指标上的差异。而统计方法一般有 T 检验、方差分析和回归分析。如果项目实施有效果,则统计指标达到显著性;如果项目没有预期效果,则统计结果表明误差值大于目标值。对于复杂随机实验评估数据分析,则需要更复杂的分析方法和技术,一般需要用方差分析、多元回归以及因果模型来分析和解释数据特点。

第三节　准实验评估方法

准实验设计的概念是坎贝尔（Donald T. Campbell）和库克（Thomas D. Cook）在讨论研究效度问题时首先提出的。库克和坎贝尔在 1979 年发表的专著《准实验研究：现场情境的设计与分析》（*Quasi-experimentation: Design & Analysis Issues for Field Settings*）中为准实验研究提供了扎实的理论基础，并且全面阐述了准实验设计的原则和分析方法。后续很多的研究者在此基础上，进一步运用和完善了该研究方法（Shadish, Cook & Campbell, 2002）。

一、准实验评估方法模式

在实验设计的基础上，准实验包括不对等比较组设计、回归间断点设计、间断时间序列比较组设计等。

不对等比较组设计的基本模式与实验设计中的实验组—控制组比较设计相同，包括前—后测比较组设计和单后测比较组设计两种（表6.5）。

表 6.5　不对等比较组设计

	前　　　测	项目操作	后　　　测
实验组	O_1/NA	X	O_3
比较组	O_2/NA		O_4

注：O 代表测量，X 代表项目实施，NA 则代表无操作。

如果实验组和比较组前后都进行测量，则该设计则是前—后侧比较组设计，而单组后测则都不需要进行前测。例如，拉隆德（Lalonde）运用了前—后侧比较组设计评估了改进健康习惯的社区干预项目。针对健康状况与健康习惯的关联性及其与社会经济状况成差异性分布的现象，荷兰政府在那些被剥夺社区发起了旨在改进健康习惯的社区干预行动。为了对该项目的影响进行评估,研究者采用准实验方法,在十个目标社区中分别选择三个实施项目干预、三个用于比较对照,分别在项目实施之初的2000 年 9 月和项目实施两年后的 2002 年 9 月进行问卷调查。根据拉隆德(Lalonde)的研究,评估者提出了健康状况的三个方面决定因素,即物质和社会环境、生活方式和健康照料组织。项目试图通过一系列的相关服务,在目标社区居民的生活方式方面实现水果和蔬菜消费的增加、体力活动增加,同时减少吸烟和过量饮酒。于是,上述四个方面的变化也成为项目影响的主要表现。最后,通过对干预对象和比较群体的前测与后测数据的比较,研究者对项目影响作出了积极评价:总体而言,目标对象在与健康有关的知识、态度和行为结果等方面,都比对照组有较明显的提高(方巍、张晖、何铨,2010)。

单后测比较组设计中两组都在项目后测量,主要适用于事件后的评估,特别是某些项目在进行中产生问题而需要评估。该设计只是在一个时间点上进行测量,因此,数据的可信度往往会受到质疑。选择一个比较组是该设计的关键。因为单后测比较组设计是事后测量,不可能进行随机分配。比较组单位应该尽可能与实验组在相关变量上相似。一般为了提高内在效度,对实验组和比较组的特征测量应该同时进行。翰比(Hamby et al. , 2011)运用单后测比较组设计方法评估"积极青年发展项目"(Positive Youth Development Program)。该项目主要是通过参与式行动研究方法丰富青年的知识和提高人生价值。项目内容是远离艾滋、吸毒、酗酒以及暴力行动等不良行为。研究采用课堂教学形式,市属中学的八年级学生参加。研究者将所有学生随机分成两组:86 个进入实验组,84 个进入比较组。在进行了系列课程后,研究者对两组学生进行相关知识和价值的测量。从测量学的角度来看,单后测比较组设计可以避免测量工具带来的学习效应影响。

在评估中,如果评估无法将对象随机分配到实验组但能与项目人员合作将对象按照其需求、价值或其他情况进行系统分配,之后根据结果将最显著(或特定标准以上)的对象分配到实验组。这时,往往运用回归间断点设计评估最有效(罗希、李普希、弗里曼,2007)。而回归间断点设计通过实验处理与事后测量回归线的间断点的特征确定项目处理的主效应(王重鸣,2001)。一般来说,该设计的基本逻辑是根据项目目标与评估标准设立特定临界点,高于临界点的对象归为一组,而低于临界点的对象归为另一组。陈和林(Chen & Lin, 2008)为了评估大学生特定课堂到课率与学习成绩之间关系,以缺席一次和两次或以上作为临界点。全程没有缺席的作为比较组,缺席一次的作为第一实验组,而两次或以上的作为第二实验组,从而检验研究假设。该方法的优点是选择标准与过程明确,以变量为分类的统计结果估计无偏。沙迪什、库克和坎贝尔(Shadish, Cook & Campbell, 2002)提出该设计存在统计结果无偏等优势,但是,在实践中临界点的选择至关重要。项目评估运用并不多,比较经典的是伯克和罗马(Berk & Rauma, 1983)评估刑满释放人员获得失业保险资格项目的效果研究。

间断时间序列比较组设计是一种优点明显的类似实验方案。其主要作用是检验项目实施是否影响和如何影响的过程,以及对比实验组和比较组的影响机制。该设计的基本原理是,实验组和对比组在项目实施前后多次测量目标效果(见图6.1)。

实验组 O_{1a} O_{2a} O_{3a} O_{4a} O_{5a} X O_{6a} O_{7a} O_{8a} O_{9a} O_{10a}
比较组 O_{1c} O_{2c} O_{3c} O_{4c} O_{5c} O_{6c} O_{7c} O_{8c} O_{9c} O_{10c}

时间 →

图6.1 间断时间序列比较组设计

这种准实验设计要求包含一定数量的观察与测定,从整体发展趋势上分析实验处理的效果。在采用这种设计时,要特别注意周期性因素的影响(季节、态度、情绪等方面的变化)。同时,应尽可能使被试保持稳定,防止被试更换或淘汰的情况发生。这种设计也带来一些影响内部效度的因素,例如,实验处理实施之后可能发生的历史因素、多次测定中测量操作程序的变化等。为了控制这些因素,可以把时间序列设计与不等同对照组设计结合在一起,或者可以转换或撤除实验处理,观察各组的变化,这些都是时间序列设计的一些较有效的变式。

弗洛里斯(Flores et al.,2005)就使用间断时间序列比较组设计评价社区保险管理人员提供医疗保险信息和申请协助的效果。研究对象为无医疗保险的拉丁家庭儿童。本试验过程为:首先招募和培训社区医疗保险管理人员;研究对象被随机分配到实验组和比较组;实验组儿童分配一名社区保险管理人员;管理人员提供保险入保资格的信息,协助填写申请表格,与政府保险部门维持联系,每月随访儿童家长确认是否已加入医疗保险;随访持续 11 个月。比较组儿童没有社区保险管理人员的协助,只是每月随访确认其是否加入医疗保险。随机分配采用计算机生成的随机数字表;没有参与随机分组生成过程的研究人员在研究对象面前打开密封不透明信封,并告知研究对象其所在组别;随访人员不被告知每个研究对象的所在组别。所有以上措施是为了尽可能保证两组的对等性。当然,该设计不足的地方也正是在此,由于不清楚影响项目效果的变量而采用了"随机"过程,但两组是否真的随机,还是需要统计检验的。

二、准实验评估方法过程

由于实验设计的局限以及社会项目越来越关注"生态效度",准实验设计也越来越多地得到运用。准实验设计不需要运用随机化程序,也没有采用非常严格的人为控制方法。因此,在准实验设计中,研究者需要建立一个与实验组在各方面尽可能相似的比较组。宾厄姆和菲尔宾格(宾厄姆、菲尔宾格,2007)多次强调设计实验评估方法时,必须考虑准实验评估方法。而准实验评估方法基本的流程也同实验评估方法相同,其核心的差别是不需要严格的随机,但需要借助各种方法构建类似等值的比较组。库克及其研究团队(Cook et al.,2008)提出,在准实验评估中,理想的对比标准必须满足以下七条:研究必须对比随机形成的控制组和非随机形成的控制组,否则无法对比;实验或准实验中,评估标准应该是相同的,而且直接针对项目目标;随机组和非随机组只是在任务方法上有区别,其他应该是一致的;在准实验中,测量结果的研究者应该不知道实验中的结果,否则容易受到期望效益影响;随机实验中的样本非常具有代表性;准实验中的样本应该基本具有代表性,减少各种抽样效应的影响;能够明确实验与准实验中的各项标准。库克的研究表明,当以上七个条件全部或大部分被满足后,准实验设计的结果基本接近实验设计的结果。因此,对于其他步骤,请参考前文的实验评估方法,本部分将重点介绍构建比较组的方法以及数据分析。

罗希、李普希和弗里曼总结了在准实验评估中建立比较组的两种常用方法:配对方法和统计等值法(罗希、李普希、弗里曼,2007)。在确定了分析单位和项目理论假设后,评估者明确了实验组和比较组的关键特征。在配对设计中,研究者就是通过这些特征的匹配来决定哪些可以和实验组匹配来建立比较组的。其基本逻辑是两组在没有进行项目实施前,根据关键特征进行匹配。如果匹配不平衡,势必影响结果的准确度。首先,确定用以配对的变量,通过已有的前期研究决定。但是如果选择分组的变量不能完全匹配,研究者则需要明确测量和控制这些变量的方法与手段。而配对时则可以通过个体或者整体来建构。在个体配对时,需要每个个体在关键特征上有匹配,例如,吕众超(2008)的早期密集行为治疗(EIBI)项目在对孤独症儿童的影响研究中采用匹配程序来构建比较组。首先,经过前期的筛选确定了孤独症儿童的基本特征,然后在学龄前孤独症儿童康复/教育机构中选取接受不同干预方法的两组儿童。EIBI干预组来自在一所康复机构接受早期密集行为治疗的孤独症儿童,非干预EIBI组来自另外几所学龄前教育机构的孤独症儿童,他们接受机构自行制定的教育计划,且未曾接受早期密集行为治疗。两组严格按照年龄、性别进行1∶1匹配,每对性别相同,月龄不超过三个月。通过统计程序来建立比较组,通常是由于项目实施后需要在便捷和相关基础上构建比较组与实验组进行简单对比。例如,社区实施了老年人心理干预方案后,为了对比项目效果,会从相似的社区选取对象进行测量对比。该项目的目标对象是 50 岁以上的老年人,项目内容是持续一年地开展各种促进心理健康的活动。最后,对心理健康进行评价。项目对象共有 200 人参与,那么,为了简单对比效果,项目组会在相似的小区随机选择 200 个 50 岁以上的老年人进行测量。如果只是简单对比,可能效果并不显著,但如果控制了教育水平,可能就明显了。由于该设计很难保证所有变量的统计控制能够从项目效果的评估中完全提出选择性偏差,因此,在运用统计方法控制时,需要全面考虑多个控制变量。那么,在实际过程中也可以运用多元统计方法来控制实验组和比较组之间的差异。其目的是解释实验组和比较组之间的原始差异,通过减去完全属于原始差异的部分来调整最终差异。而运用多元统计控制模型一般是多种类型的控制变量。第一类是与项目效果有关的人口学变量,如年龄、教育、性别等;第二类主要与项目设计相关的对象选择标准,即造成选择性偏差的控制变量,如参与项目的动力、已有的经验等。对于复杂的统计控制,罗希、李普希和弗里曼详细介绍了构建因子模型的方法(罗希、李普希、弗里曼,2007)。

对于准实验评估的数据分析,同样由于要对比实验组和比较组之间的差别,统计中的 T 检验、方差分析以及回归分析都会得到广泛运用。但是,由于准实验设计各种模式的特殊性,因此,数据分析各有注意事项。库克和坎贝尔(Cook & Campbell, 1979)进行了深入的讨论。

在对不等同对照组设计的研究结果进行分析和比较时,应该注意一些可能引起偏差和误估的因素(王重鸣,2001)。匹配型方差分析适合于采用了匹配程序的不等同对照组设计,在这一分析中,应特别重视匹配程序所带来的系统性偏向和可能发生的回归效应。

回归间断点设计利用了回归分析的预测意义,又运用了事前、事后测定进行对比分析,能较好地验证某种实验处理的真正效应。这种设计的关键是保证事前、事后测量的质量,并注意掌握实验处理的水平。但回归间断点设计不适合曲线关系的研究。在运用这种准实验设计时,应考虑到这些局限性,采取相应的措施,弥补这种设计的弱点。

采用间歇时间序列设计的准实验,结果的分析应特别谨慎,需要从实验处理前后的整个发展变化趋势来评估其效应,而不能只看与实验处理相邻的前后两次观察值的差异。劳拉·兰贝恩(1980)详细阐述了不同曲线代表的含义,得出六种实验组—比较组共变趋势:项目的直接和突然的影响;两组趋势相同,但是效果不显著;两组最初相同但是后期效果凸显,说明项目效果的滞后性;项目有稳定的影响;项目影响不稳定。王重鸣(2001)也总结了六种实验处理的变化趋势变化线(见图6.2)。

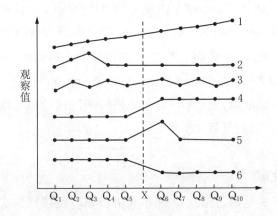

资料来源:王重鸣(2001)《心理学研究方法》,北京:人民教育出版社。

图6.2　间歇时间序列设计可能变化曲线

王重鸣(2001)指出,前三种结果都不能说明实验的效应,而后三种可以归因于实验处理。其中,第四种结果说明实验具有稳定的正效应,第五种结果表现出实验处理的短暂的作用,第六种结果则表明了负效应。

间歇时间序列设计的准实验结果的统计分析,需要对实验处理前后的一系列观察值作出检验和比较。自回归整合移动平均模型方法比较复杂,需要较多数学技术进行时间序列分析,并作出模型,这种方法可以较准确地决定实验处理的实验效果。

🖋 思考题

1. 实验评估方法是项目评估设计的基础,其基本特点是什么? 有何优缺点？

　　2. 准实验评估方法的适用条件是什么？有什么优缺点？

　　3. 实验评估方法操作过程中的构建对照组的挑战与方法有哪些？

　　4. 准实验评估方法中每种方法与数据分析的特点是什么？

推荐阅读

Cook，T. D. & Campbell，D. T.（1979）. *Quasi-experimentation：Design & Analysis for Field Setting*. Boston：Houghton Mifflin Co.

Shadish，W. J. & Cook，T. D.（2009）. The Renaissance of Experiments. *Annual Review of Psychology*. Vol. 60，pp. 607—629.

查理德·宾厄姆、克莱尔·菲尔宾格（2007）：《项目与政策评估——方法与应用》，上海：复旦大学出版社。

参考文献

查理德·宾厄姆、克莱尔·菲尔宾格（2007）：《项目与政策评估——方法与应用》，上海：复旦大学出版社。

弗兰克·费希尔（2003）：《公共政策评估》，北京：中国人民大学出版社。

彼得·罗希、马克·李普希、霍华德·弗里曼（2007）：《评估：方法与技术》，重庆：重庆大学出版社。

王重鸣（2001）：《心理学研究方法》，北京：人民教育出版社。

余向荣（2006）：《公共政策评估的社会实验方法：理论综述》，《经济评论》2006 年第 2 期，第 72—78 页。

张晓林（1995）：《信息管理学研究方法》，成都：四川大学出版社。

Berk，R. A. & Rauma，D.（1983）. Capitalizing on Nonrandom Assignment to Treatments：A Regression Discontinuity Evaluation of a Crime Control Program. *Journal of the American Statistical Association*. Vol. 78. No. 381，pp. 21—27.

Chen, J. & Lin, T. F. (2008). Class Attendance and Exam Performance: A Randomized Experiment. *Journal of Economic Education*. Vol. 39. No. 3, pp. 213—227.

Cook, T. D. & Campbell, D. T. (1979). *Quasi-experimentation: Design & Analysis for Field Setting*. Boston: Houghton Mifflin Co.

Cook, T. D. , Shadish, W. R. & Wong, V. C. (2008). Three Conditions Under Which Experiments and Observational Studies Often Produce Comparable Causal Estimates: New Findings from Within-Study Comparisons. *Journal of Policy Analysis and Management*. Vol. 27. No. 4, pp. 724—750.

Dennis, M. L. (1990). Assessing the Validity of Randomized Field Experiments: An Example Horn Drug. Abuse Treatment Research. *Evaluation Review*. Vol. 14. No. 4, pp. 347—373.

Dolton, P. & O'Neill, D. (2002). The Long-Run Effects of Unemployment Monitoring and Work-Search Programs: Experimental Evidence from the United Kingdom. *Journal of Labor Economics*. Vol. 20. No. 2, pp. 381— 403.

Extejt, M. M. & Forbes, J. B. (1996). Evaluation of a Multimethod Undergraduate Management Skills Development Program. *Journal of Education for Business*. Vol. 71. No. 4, pp. 122—142.

Flores, G. , Abreu, M. , Chaisson, C. E. , et al. (2005). A Randomized, Controlled Trial of the Effectiveness of Community-Based Case Management in Insuring Uninsured Latino Children. *Pediatrics*. No. 116, pp. 1433—1441.

Grinstein-Weiss, Michael, Lee, Jung-Sook, Greeson, Johanna K. P. , Han, Chang-Keun, Yeo, Yeong, H. & Irish, Kate. (2008). Fostering Low-income Homeownership Through Individual Development Accounts: A Longitudinal, Randomized Experiment, Housing. *Policy Debate*. Vol. 19.

No. 4, pp. 711—739.

Hamby, A. , Pierce, M. , Daniloski, K. & Brinberg, D. (2011). The Use of Participatory Action Research to Create a Positive Youth Development Program. *Social Marketing Quarterly*. Vol. 17. No. 3, pp. 2—17.

Kloel, G. C. , et al. (2006). Impact Evaluation of a Dutch Community Intervention to Improve Health-Related Behaviour in Deprived Neighbourhoods. *Health and Place*. Vol. 12. No. 4, pp. 665—677.

Langbein. L. I. (1981). *Discovering Whether Programs Work: A Guide to Statistical Methods for Program Evaluation*. Glenview, Ⅲ: Scott, Foresman.

Shadish, W. R. , Cook, T. D. & Campbell, D. T. (2002). *Experimental and Quasi-Experimental Designs for Generalized Causal Inference*. Boston, MA: Houghton Mifflin.

Shadish, W. J. & Cook, T. D. (2009). The Renaissance of Experiments. *Annual Review of Psychology*. Vol. 60, pp. 607—629.

第七章　实地研究评估

实地研究法是一种具有定性特征的研究方法,其在方法论背景、研究目标、研究策略、资料收集方法和资料分析方法等方面都有其自身的特点。实地研究评估是社会项目评估中常见的方法之一,在实际的社会项目评估中有着广泛的应用。

第一节　实地研究评估概论

在这一部分,我们首先探讨实地研究评估的含义,进而分析实地评估研究的特点和过程,为进一步深入研究访谈和观察两类具体实地研究评估方法奠定基础。

一、实地研究评估的含义

实地研究评估是一种深入社会现象的生活背景中,以参与式观察和非结构式访谈的方式收集资料,并通过对这些资料的定性分析来对社会项目进行评估的一种研究方式。实地研究评估实际上属于定性评估方法中的一种,其中的观察法与访谈法被广泛采用,或者说,观察法与访谈法的核心地位得到重视(Emil,1997)。实地研究评估与实验评估等其他评估方法的区别在于,其所使用的收集评估资料的方法多为观察法与访谈法等实地调查的方法,且以定性分析为主。因此,从一定意义上讲,实地研究评估是实地调查法在社会项目评估中的应用。

实地调查有时也被称为"人种志研究",是定性调查研究方法中发展较快、最有代表性的一种方法。实地调查法是处于方法论和具体的方法技术之间的一种基本研究方式,它规定了资料的类型,既包括收集资料的途径和方法,又包括分析资料的手段和技术。实地调查法收集的资料通常是定性资料,采取的收集资料的方法主要是参与式观察、无结构式访问,分析资料的方法使用的是定性分析的方法。这种调查研究方法起源于20世纪初,60年代兴起于美国,80年代后得到普及。有人界定说:"人种志研究是在广义的文化概念下对特定的文化情境作深入、解析性的描述。人种志研究大量依赖于对研究对象的观察、描述、定性判断或解释。它发生在自然的情境中,重视过程,旨在获得整体画面。人种志研究经常没有坚实的理论基础,在研究着手之前很少有具体的假设。"(威尔斯曼,1997)早期的实地调查多用于文化人类学领域,称为"田野工作"或"实地参与式观察法",是文化人类学最具特色的研究法。它与"民族志研究"或"民族志"一起,构成人类学家收集资料的有效方式。人类学家提出的具有一定可能性的理论都来自将观察与假设结合在一起的归纳过程,而这种归纳过程只能由人类学家在田野中完成。研究者必须做好准备,到他将要研究的人群或民族中生活几年,与这些人建立尽可能密切的关系。

实地调查法所收集的资料常常不是数字而是描述性的材料,而且研究者对现场的体验和感性认识也是实地研究的特色。与人们在社会生活中的无意观察和体验相比,实地调查是有目的、有意识和更系统、更全面的观察和分析。早期的实地调查研究大多被西方学者用于研究城市下层阶级居住区的生活,或用于研究城市的流浪汉、贫民、黑人等底层群体。现在,研究者则采用这种调查研究方法来研究社会中的个人、群体、组织或社区。在社会项目评估中,实地调查法亦有着广泛的应用。其基本特征在于强调"实地",要求研究者深入社会生活中,通过观察、询问、感受和领悟,去理解社会项目的过程与特点。

实地研究评估要求评估者置身社会项目的实际环境,设身处地体会项目相关各方的所想所思、所作所为。它主要是采用直接接触研究对象的访谈、观察方式开展现场调查;它是以定性为主的调研,在收集资料时,很少使用量化的工具,参与式观察力求在自然、自由的气氛下进行,研究者倾听研究对象的意见或与其交谈,从而获得研究结果。与此同时,实地研究评估把研究对象的行为看成研究对象所生存的整体环境的一个部分,注重了解研究对象外部环境的性质、传统、价值以及行为规范等,并以局外人的身份进行观察,从研究对象的角度进行解释。当然,在实地研究评估中,还会采取一些辅助的方式来推动整个评估进程。这些方式包括人工制品的收集以及某些用于辅助目的的问卷调查等。

二、实地研究评估的特点

实地研究评估由于实地调查法的采用,使得其自身具有诸多不同于其他评估方法的特点。

1. 评估研究的过程持续时间一般较长

在实地研究评估中,由于较多采用观察法和访谈法来收集评估所需的资料,这些方法都需要较长的时间才能获得符合要求的资料。尤其是参与式观察法,研究者需要花费一定的时间进入现场,取得研究对象的信任,并广泛深入地参与研究对象的生活,在与研究对象的实地互动中收集所需要的资料,这就使得实地调查者不可能在短期内对大量的现象进行细致深入的考察。在实地研究评估中,研究者可能更为关注一些较具有典型意义的个案。

2. 研究者与社会项目过程中的个体、群体等有着更为深入的互动与情感交流

实地研究评估非常强调“实地”的特性,也就是说,在整个评估研究的过程中,要求研究者与社会项目中的个体、群体进行深入的互动,通过实地的观察、访谈,加强对这些对象的认知,并建立起一定的情感交流关系。因此,在实地研究评估中,研究者需要结合当时、当地的情况,并设身

处地地解释和判断观察到的现象,这往往渗透着研究者本人对现象本质和行为意义的理解。

3. 资料收集方法的多样性

与实验评估方法等其他评估方法的不同之处在于,实验评估方法的收集资料方式一般较为单一,一般通过情境实验等方式来收集定量与定性的资料,而实地研究评估则广泛采用观察法、访谈法收集资料,在这一过程中还会辅助一些其他方法。因此,实地研究评估由于是采用实地调查法进行收集资料,而实地调查法则综合了多种收集资料的方法,并借助一些特殊的工具,如录像机和照相机等。在这些资料收集的方法中,参与式观察和访谈是最主要的资料收集方法。

4. 实地研究评估强调研究者的主体参与性

这是实地研究评估与其他评估方法较为明显的区别。实地研究评估的不同阶段都非常强调研究者的"亲身"实践。尤其是在资料收集阶段,需要研究者通过参与式观察或访谈的方式获取资料,研究者不是作为一个纯局外的主体,而是设法成为要研究的人群中的一员,尽量去共享他们的知识,直到与他们达成共识。而且,这一阶段收集的资料是否具有较高的信度与效度,与研究者本人有着非常密切的关系,对研究者本人的素质要求较高。同时,研究者的身份在研究对象中有时是模糊的,甚至他们完全不知道研究者的身份。即使被研究者知晓研究者的身份,研究者也不干涉他们的日常生活,而是让他们尽可能以"原汁原味"的状态活动。研究者只有通过这种方式有针对性地开展资料的收集工作,所获取的资料才具有较高的信度与效度。在资料的分析阶段,需要研究者充分运用自己的经验、想象、智慧和情感,对定性资料进行"解释性理解"。

5. 实地研究评估注重归纳推理

实地研究评估假设特定人群共享一种知识,对事物有一种认识,研究者的目的就是加入这个人群并分享他们的知识。研究者要关注这些人群是怎么认识的,而不去解答这种知识的真实性问题。因此,研究者进入现场时,通常不是去证实或证伪某种理论假设,而是从经验材料中归纳出理论观点,即实地调查法获得结论的途径是归纳推理,而非演绎推理。研究者通过观察法与访谈法,会收集到许多纷繁复杂的定性资料,在资料的分析阶段,需要研究者对这些资料进行归纳与推理,从个别性知识推出一般性结论。

从以上实地研究评估的特点来看,实地研究评估适用于对社会项目中实践性的考察,既对主体的各式各样的行为进行考察,同时关注具体项目运行过程中的情节、项目不同主体之间的互动关系以及其扮演的角色。此外,对群体与组织的关注使得团体焦点访谈法得以运用,并使得实地研究评估的具体操作方式更为丰富。

三、实地研究评估的一般过程

实地研究评估根据其具体方法运用的特点,其一般过程可以简单地分为以下六个步骤:准备阶段、进入现场、抽样、资料收集、资料分析和结果呈现。

1. 准备阶段

实地研究评估的准备阶段需要研究者完成不同的工作,主要包括界定问题、确定资料收集方法、选择实地调查地点及其他一些专门的准备工作。

首先是界定问题。项目评估的本质是搜集和解释有关项目的信息,从而能回答有关决策的问题,或者至少能回答一个或多个项目各方关心的问题。因此,在评估中一个至关重要的方面就是对评估所涉及的问题进行识别和阐述(罗希、弗里曼、李普希,2002)。问题的界定是社会项目评估的起点。研究者要通过阅读文献,查阅所有与研究问题相关的资料,增加对研究对象的了解,以便确定所研究问题的基本框架。还可以请教同行,根据文献提供的信息,可以向已经做过同类研究的人请教其对于评估议题的看法。有关问题的界定在我们有关定性与定量评估方法的讨论中已经有较为深入的分析,这里不再详细讨论。

其次,确定评估资料的收集方法。实地研究评估中用于资料收集的方法有很多,观察法、访谈法等都是较为常用的方法,其共性在于研究自然情境下的态度、行为和跨越时间的社会过程。研究者要根据项目评估的具体要求,选择适当的资料收集方法。一般在实际研究中,为了得到更全面的信息,有时是多种方法并用,既有参与式观察,又有深度访谈,同时还辅之以其他方法。

再次,要选择实地调查的地点。实地选择要符合两个原则:一是相关性,二是方便性。所谓相关性,是指要尽量选择与社会项目密切相关的现场。所谓方便性,是指在符合相关性的前提下,现场要易于进入和观察。但在实际操作过程中,实地的选择往往与研究者的社会资源息息相关。实地选择也是沿着私人的亲友关系网络进入调查现场,利用了这一颇具中国特色的社会科学研究方法。

最后,做一些与社会项目评估相关的专门性准备。如果研究问题对现场的人来说是一个敏感的话题,他们就可能拒绝合作。那么,研究者可以考虑事先到现场进行一个初步的调查,看在那里从事此类研究是否可行。或者,研究者可以先在现场做一个不太敏感的研究项目,借此了解现场中的人对外来研究者的基本态度。然后决定自己是否应该从事先前已经计划好的项目。如果研究者针对一项研究设计了几种不同的研究方案,也可以先到实地做一个预研究,了解哪种方案比较合适。

2. 进入现场

由于实地研究评估非常强调"实地"这一特点,因此,研究者如何进入现场成为如何完成"实地"研究的关键所在。在这一过程中,要特别注意"关系"的运用。这里的关系主要包括私人关系以及正式的组织关系。

在私人关系层面,由于实地研究评估注重研究者主体的参与性及互动性的特点,使得在实际评估过程中,尤其是在资料收集过程中的"人情"关系显得特别重要。研究者要顺利地进入现场,需要借助一定的人情关系。这就要求研究者设法了解现场的权力结构、人员关系以及普遍认可的行为规范。如果研究者认识现场的人或者他们的朋友和家人,可以和这些人取得联系,尽量充分地了解现场的情况,听取他们对进入现场的建议。如果研究者不认识现场的人，可以事先了解现场中有没有态度比较开明、愿意帮助别人的人。如果有这样的人，研究者可亲自上门拜访，看对方对进入现场有什么建议。

在组织关系层面，为了增加自己身份的"可信度"，降低进入现场的难度，研究者可以在研究工作开始之前，请自己单位的领导写一封介绍信，或者请被研究单位的上级领导写一封批文。但这里要防止适得其反，造成对研究对象的心理压力。事实上，究竟是通过私人关系还是通过正式的组织关系进入现场，抑或是两者结合在一起，都要求研究者根据具体项目的特点加以取舍。

进入现场之前，研究者还应学习一些与被研究者建立良好关系的"诀窍"。最重要的是获得被研究者的信任。如果被研究者对研究者产生了信任，一切问题都可以迎刃而解（陈向明，2000）。

进入现场有很多种方法，研究者要根据具体的情况选择适当的进入现场的方法。

一种为隐蔽进入式。当研究者无法通过商议进入现场时，研究者只能采取隐蔽的方式进入。这种方式使研究者避免了协商进入研究现场的困难，而且他有较多的个人自由，可以随时进出现场。需要研究者以成员的方式完全参与其中，不能表明研究者的身份。

另外一种为逐步暴露式。有些具体的社会项目适合更正式的接触，并需要表明研究者的身份。进入现场的方式就需要通过正式的组织途径，或通过一些私人关系征得研究对象的同意，以研究者的身份进行直接而正式的观察和访谈。例如，在进行城市居民最低生活保障制度评估的过程中，需要到社区收集一些有关城市低保家庭的资料，这样就可以通过这种方式进入现场，对城市低保对象进行访谈。

在有些情况下，两种方式可以结合。例如，在进行城市居民最低生活保障制度的评估过程中，一方面可以事先以较为隐蔽的方式进行观察，了解城市低保救助对象的日常生活状态，另一方面，也可以通过各级民政部门及街道、社区等相关组织进入我们需要收集资料的地点，采用访谈法来进行资料的收集。但不管采用哪一种方法,取得被调查者的信任是获取有较高信度与效度的资料的必要条件,这也是实地研究评估过程中需要解决的问题之一。

3. 抽样

在进入现场后,为了使选择的研究对象具有代表性,有时还需要进行抽样。因为研究者不可能观察到一切现象,访问到所有对象,只能从现场所有的研究对象中抽出样本进行观察或访谈。艾尔·巴比就说过,研究者不能期望观察到所有事物,也不可能记录所有观察到的东西,观察代表的是所有可能观察中的实际样本(巴比,2005)。

有关抽样的方法,在一些专门的社会研究方法教科书中都有比较详细的介绍,这里不一一列举。需要指出的是,在实地研究评估中的抽样方法,一般都是非概率抽样,如判断抽样、滚雪球抽样等,主要是为了选定特定的观察对象或访谈对象,获取所需要的资料,所选取的样本只需要满足典型性的要求即可,而对代表性则一般并不作要求。另外,需要强调的是,一些特殊个案的重要性也不容忽视。对于脱离正常模式的个案研究可以加深对人们态度及行为的正常模式的理解。例如,我们需要了解城市居民最低生活保障制度的实际效果,除了访问一些接受救助的对象以外,还可以选择一些生活并不贫困、没有接受低保救助的常态居民进行访问,这样也许会获取一些重要的信息,加深对问题的理解。

4. 资料收集

实地研究评估中所采用的资料收集方法主要以观察法、访谈法为主。实地研究评估在进行资料收集时需要注意一些关键问题。

首先,在进行实地调查的记录时,应该采用描述性的记录方式,同时注意收集不同维度的信息与资料;其次,在选择观察或访谈对象时,应该尽可能选择那些能够提供主要信息的对象,并对他们的回答进行提炼(袁振国,2000);再次,时刻切记要保持与研究对象良好、密切的关系,这是获取真实研究资料的前提;在采用观察法、访谈法获取资料时,研究者要尽可能地参与整个过程,而不要让其他人替代完成相关工作,因为在实地研究中,非常注重研究者自己的主观理解与体验,这会直接影响整个项目评估的结果。另外,在实地调查收集资料的过程中,做好记录是一个非常重要的核心环节。

实地调查的常用工具是笔记本和笔。笔记不但要记录观察到的,而且还要捕捉当时当地特殊氛围中产生的灵感,将"想到的"也记录下来。记录要完整翔实,除了要高度集中注意力外,还要养成当场记录的习惯,做到当场记录或事后及时记录。在记录时要分段记录,先记下关键的词语和短语,然后再做详细的整理,要努力把观察到的所有细节都记录下来。参与式观察的记录通常是先看在眼里,然后记录在本子上。一般必须在当天晚上进行回忆和记录。白天观察时,研究者应尽可能多地记住他所观察到的行为、现象、人物和事件,记住关键人物说的关键话语。访谈的记录可以分为两种情况:一种是比较正式的、事先约好的访谈,另一种是非正式的、偶然的、闲聊式的、非常随便的访谈。正式访谈的记录可采用录音笔等征得受访者同意的现场记录。非正式访谈可先在头脑中反复强化记忆,到晚上再进行详细记录和整理。

无论是现场观察记录,还是访谈记录,最好能够做到"不引人注目地记录",即记录的动作要小,记录的速度要快,记录的时间要尽可能短(风笑天,2001)。另外,记录的时候,要把访谈对象的行为、现象以及事实如实记录下来,同时还要把自己的感想等单独记录下来。

5. 资料分析

首先进行资料的审查。原始资料在记录过程中,可能出现虚假、遗漏、自相矛盾等问题。资料审查的目的是消除原始资料的这些问题,保证资料的信度和效度。在实地研究评估的资料收集过程中,资料的收集和审查必须同时持续进行,直到研究方案接近完成。因此,收集资料不是机械地记录资料,而是必须同时分析和解释资料,并且知道这些资料是否互相矛盾,是否需要进一步搜集更多资料。当资料中的主题已显然可见时,研究者才能准备结束资料的收集工作,专注于资料的综合分析和解释。

其次,就是为观察和访谈的资料建立相应的档案,以便于后期评估过程中的分析。在研究活动完毕之后,研究者要尽快以记录大纲为线索,整理出完整详细的笔记。然后,根据实地调查的时间,可以将这些记录编目,形成背景档案、人物档案、文献档案以及分析档案等。

最后,进行资料的分析。实地研究评估过程中所进行的实地调查,通常会采用归纳推理的方式建立理论,这是一个不断深入的过程,得出理论雏形以后又可以进一步指导评估研究,整个评估研究过程可以因此得到不断的修正。研究者可以通过增加定量评估的方法加以佐证,可以通过请教专家,也可以通过不断的自我反省的方式来获取正确的分析结论。当然,对实地研究评估过程中的定性资料的分析,现在已有一些专门的定性分析软件,如 Nvivo 质性分析软件等,来帮助研究者进行资料的分析。

6. 结果呈现

在分析资料的基础上,经过一定的归纳总结与抽象概括,得出结论。结论的形成常常要经历很长的过程,一般而言,研究者要力图避免人的主观因素诱发的一些错误。最后的结论是以研究报告的形式呈现出来的。在实地研究评估的研究报告中,研究者也需要对评估方法、评估过程进行介绍和说明,包括抽样技术、资料收集和分析方式等。在开头陈述评估目标并且简练地总结发现,在报告的主题部分要描述项目(历史、目标、职员、案主等)和评估的背景。在定性评估报告中可以使用数字,一些表格、图表和曲线图等表述形式往往具有较好的效果(罗伊斯等,2007)。尽可能详尽地将整个研究过程进行完整的介绍,可以让读者能够根据研究者所使用的方法以及实际的调查资料收集过程来判断其研究结论的可信度和推广度。

四、对实地研究评估的评价

任何一种研究都涉及信度和效度问题。我们在前面已经分析了信度和效度的一般概念,同时也讨论了定量研究测量的信度和效度。尽管实地研究评估的信度和效度问题就其本质来说是一致的,但是作为定性研究,它仍然有着自己的特点。因为实地调查都在自然情境中实施,并常常关注过程,所以它们的可重复性很令人怀疑。艾尔·巴比就认为,实地调查研究在信度方面存在一些潜在的问题。即使是实地调查的深度测量,也是非常个人化的(巴比,2005)。

研究者已经提出了一些方法来避免这些问题。如运用多种方法收集资料和三角互证法,可以提高研究的内在信度。实地调查中运用的细致描述对内在信度是有益的。实地研究常常是几个人之间的合作研究。大家应一直有机会交流观点,讨论对问题的阐释和评论他人的描述。研究者必须清楚地辨别、详尽地讨论资料的分析过程,并对资料是如何被分析和综合的作出回顾性的描述。因为信度取决于后来的研究者重新构建出原是分析策略的潜在可能性,因而只有那些以足够的细节说明了他们的实地描述才是可以重复的(威尔斯曼,1997)。

实地调查是在自然情境中进行的,它不可能像实验那样严格控制无关变量。实地调查常常跨越相当长的时间,这就增加了外在影响的可能性。各种事件的发生顺序、对各种来源信息的看法以及各种无序变量的可能影响,这些都是会影响内在效度的因素。但是与问卷调查以及实验的测量方法相比,实地调查研究能够提供更好的测量效度(巴比,2005)。实地调查强调深入观察、设身处地地感受与理解,研究者测量的是他所希望测量的概念或现象。

第二节 访谈评估

访谈法是实地研究评估过程中最常用的资料收集方法之一。类似实地研究评估这样的定性评估,通常用开放的、非结构式访谈的方法去了解社会项目的细节信息,访谈法能够让研究对象用自己的语言和思维方式以及价值观来回答问题(Emil, 1997)。

一、访谈评估的含义

访谈是访谈者直接向受访者提问的资料收集方式,访谈可以面对面进行,也可以通过电话进行。这种方法不是让受访者亲自阅读并填写问卷,而是由研究者派遣访问员口头提问并记录受访者的回答(巴比,2005)。访谈法是指通过与研究对象交谈来收集所需资料的调查方法,又称"谈话法"或"访问法"。访谈是一种研究性交谈,也就是两个人(或更多人)之间一种有目的的谈话,其中,由访问员通过询问来引导受访者回答,以此了解调查对象的行为或态度。访谈的内容一般包括研究对象的背景、事实与行为、意见与态度等。因此,所谓访谈评估,实际上就是借助访谈的方法来进行资料的收集,并通过对访谈资料的分析来完成评估的一种社会项目评估方式。我们讨论访谈评估,更多的是对访谈法本身的讨论,以及对访谈法在社会项目评估中的应用加以分析说明。

实地研究评估中的访谈一般为非结构式访谈,又称为"深度访谈"或"自由访谈",它与结构式访谈相反,并不依据事先设计的问卷和固定的程序,而是只有一个访谈的主题或范围,由访谈员与受访者围绕这个主题或范围进行比较自由的交谈(风笑天,2001)。调查对象可以随便地谈出自己的意见和感受,而无需顾及调查者的需要。调查者事先虽有一个粗略的问题大纲或几个要点,但所提问题是在访问过程中边谈边形成的。因此,在这种类型的访问中,无论是所提问题本身和提问的方式、顺序,还是被调查者的回答方式、谈话的外在环境等,都不是统一的。其类型有重点访谈、深度访谈、客观陈述式访谈等。同结构式访谈相比,非结构式访谈最主要的特点是弹性和自由度大,能充分发挥访谈双方的主动性、积极性、灵活性和创造性,但访谈调查的结果不宜用于定量分析。

访谈一般以面对面的个别访谈为主,也可采用小型座谈会、调查会的形式进行团体访谈,还有通过电话进行的电话访谈。它不仅可以了解当时当地正在发生的社会现象,而且可以了解过去和外地曾经发生过的社会现象;不仅可以了解受访者的主观动机、感情、价值观等方面的问题,还可以了解受访者的行为、事实等方面的问题。同时还可能获取一些意外的信息(周德民,2006)。

二、访谈评估的特点

在了解了访谈评估的基本含义的基础上,我们将进一步分析其特点。访谈评估研究的特点主要体现在研究者与项目相关者的互动性、环境的可操控性、整体计划性和相对成本高等方面。

1. 强调研究者与社会项目中的个体之间面对面的互动

访谈法在实施过程中,一般是访问员(较多时候就是项目研究者本人)与受访者之间面对面的调查,它能够比各种间接的资料收集方法了解到更多、更具体、更生动的社会情况。研究者与受访者通过口头交谈的方式反复询问某些社会项目的情况,并深入探讨有关的问题,彼此之间相互作用、相互影响贯穿着整个调查过程的始终,并对调查结果产生影响。在访谈评估中,对研究者本人的素质提出了较高的要求,尤其是研究者本人对访谈技巧与方法的掌握,甚至成为影响整个项目评估成败的关键。因此,研究者要根据研究对象的不同特点,进行较为周密的研究设计,并进行适当的访谈培训,掌握必备的访谈技巧以获取真实的访谈资料。

在访谈评估过程中,研究者与研究对象之间的访谈过程比较灵活,有利于发挥双方的主动性和创造性。研究者通常会根据当时当地的情境和研究需要,临时提出一些问题,进一步加深对问题的了解。与此同时,研究者对受访者的回答会有一定的信息反馈,这种信息反馈会通过语言和表情等方式传导到受访者身上,受访者会根据这一反馈作出相应的回应。也就是说,两者之间是彼此相互影响、双向传导的互动过程。研究者在提问过程中要尽量避免提一些"是"或者"否"的问题,而要提一些"什么"和"为什么"的问题(Emil, 1997),使得这种双向传导的过程更为深入,因而更有利于真实资料的获取。

2. 环境具有可控性

当受访者对问题不理解或误解时,研究者可及时引导和解释;当受访者的回答不完整时,研究者可以追问(袁方,1997)。研究者可以通过多种方式来获取更多的信息,追问、点头、微笑甚至是沉默等,都是一种控制与引导的方式(Emil, 1997)。这些行为与表情都会促使受访者能够根据研究者的需要来作出更为详细的回答。当然,当研究者没有及时理解受访者的回答时,可以通过适当重组并试图复述受访者的回答的方式来促使受访者再次作出更为详细与合理的解释。总而言之,在访谈评估的过程中,环境具有可控性,一切都在研究者的掌握之中。

3. 整体具有计划性

具体什么时间进行访问、在什么地点、找什么类型的人等,都需要事先计划好,计划性比较强(李莉,2002)。访谈评估的过程具有系统性,从准备访谈、发展建立密切关系、提问、获取更多信息、回答的记录以及结束访谈等,作为研究者,需要进行周密的计划。虽然非结构式访谈应用较多,似乎显得较为松散,提问与回答似乎很随意,但这种访谈并非单纯的聊天,而是研究者带着非常强的研究目的来进行的实地研究活动,整个访谈过程中的提问并不是松散的,而是紧紧围绕一定的主题来进行的。因此,整个过程是具有周密的计划性的。

4. 成本相对较高

费人力、费财力、费时间,这既是访谈的特点,又是其缺点之一。由于在访谈评估过程中,收集资料较多采用面对面的访谈,这就无形中增加了时间成本、人力成本以及财力的消耗。因此,同实验评估以及一些定量评估方法相比,访谈评估需要付出更多的时间、人力与物力,大规模访谈受到一定限制。

访谈主要是通过研究者与受访者面对面直接交谈方式实现的,具有较好的灵活性和适应性,又由于访谈的方式简单易行,即使受访者阅读困难或不善于文字表达,也可以回答,因此它尤其适合文化程度较低的成人或儿童,所以适用面较广,应用广泛。它适用于问题比较深入、对象差别较大、样本较小或者场所不易接近等情况。

三、访谈评估的分类

实地研究评估中的访谈一般采用非结构式访谈。非结构式访谈也称"自由式访谈"。非结构式访谈事先不制定完整的调查问卷和详细的访谈提纲,也不规定标准的访谈程序,而是由研究者按一个粗线条的访谈提纲或某一个主题与受访者交谈。它相对自由和随便。这种访谈较有弹性,能根据研究者的需要灵活地转换话题,变换提问方式和顺序,追问重要线索。所以,这种访谈收集到的资料深入和丰富。通常,质的研究、心理咨询和治疗常常采用这种非结构式的"深层访谈"。非结构式访谈有利于充分发挥研究者和受访问者的主动性、创造性,有利于适应千变万化的客观情况,有利于调查原设计方案中没有考虑到的新情况、新问题,有利于对社会问题进行深入的探讨。

1. 正式访谈与非正式访谈

根据访谈的性质,可以将实地研究评估中的访谈分为正式访谈与非正式访谈。

正式访谈指的是研究者事先有计划、有准备、有安排、有预约的访谈。非正式访谈则指的是研究者在实地参与式观察研究对象社会生活的过程中,随时碰到的、无事先准备的、更接近一般闲聊的交谈。比如,在对城市低保家庭进行调查的过程中,临时碰到一些较为特殊的个案,或者接触到一些社区干部,研究者与其进行交谈。这种非正式访谈无法事先预料和计划,交谈的进程不能由研究者严格控制,交谈内容也不能完全按研究者的研究目标进行选择,只能随具体的谈话情景、谈话对象而定。所以,一般情况下,研究者只能因势利导,见机行事。正式访谈则通常需要按事先拟好的提纲进行,这种提纲列出了一些根据研究文献和研究者个人经验认为应该了解的各个方面的问题,但提纲也只能起到提示的作用,在实际的访谈过程中,仍然需要有相当大的灵活性和机动性(风笑天,2001)。

2. 个别访谈与集体访谈

根据受访对象的数量,可分为个别访谈与集体访谈。

个别访谈与结构式访谈中的当面访谈有很多相同的地方,但实地调查中的个别访谈不依据问卷表,只需要围绕一定的主题或范围进行询问和交流。其优点是研究者和受访者直接接触,可以得到真实可靠的材料。这种访谈有利于受访者详细、真实地表达其看法,研究者与受访者有更多的交流机会,受访者更易受到重视,安全感更强,访谈内容更易深入。个别访谈是访谈调查中最常见的形式。

集体访谈则是将若干研究对象集中在一起进行访谈。通常访谈的时候,有一个主持人,有现场记录人员,主持人提出某一个或一些较为集中的主题,参与访谈的人根据这一主题或范围发表自己的看法,研究者现场做好观察和记录,事后进行整理和分析。整个访谈过程不仅是研究者与受访者之间的互动过程,也是受访者相互之间的社会互动过程。参与集体访谈的人数不宜过多,但也不能过少。过多就难以控制,过少又达不到访谈的效果。在集体访谈过程中,要注意控制好访谈的节奏,要注意防止讨论的偏题。例如,在对城市居民最低生活保障制度进行评估的过程中,经常会通过民政部门组织包括低保对象、常态家庭居民、社区干部、街道干部、民政工作人员等在内的人进行集体访谈,以了解更多的信息。但由于人多,讨论很容易偏题,因此研究者要善于引导,控制访谈环境与过程。

3. 直接访谈与间接访谈

根据人员接触情况,分为直接访谈与间接访谈。

直接访谈是指访谈双方进行面对面的直接沟通来获取信息资料的访谈方式。它是访谈中一种最常用的收集资料的方法。在这种访谈中,研究者可以看到受访者的表情、神态和动作,有助于了解更深层次的问题。

间接访谈不是交谈双方面对面坐在一起直接交流,而是研究者借助一定的工具向受访者收集资料。间接访谈又可以分为电话访谈和网上访谈。电话访谈可以减少人员来往的时间和费用,提高了访谈的效率。而且研究者与受访者相距越远,电话访谈越能提高其效率,因为电话费用的支出总是低于交通费用的支出,特别是人力往返的支出。电话访谈也有它的局限性。比如,它不如面对面的访谈那样灵活、有弹性;不易获得更详尽的细节；难以控制访问环境；不能观察受访者的非语言行为等。网上访谈是研究者与受访者用文字而非语言进行交流的调查方式。它用电话访谈免去人员往返因而节约人力和时间的优势，甚至比电话访谈更节约费用。另外，网上访谈是用书面语言进行的，这便于资料的收集和日后的分析。但网上访谈也有与电话访谈一样的局限，如无法控制访谈环境，无法观察受访者的非语言行为等。同时，由于网上访谈对受访者是否熟悉电脑操作以及是否有电脑、通讯和宽带等要求，这在一定程度上也限制了访谈的对象。

随着科学信息技术的发展，越来越多的高科技也被应用于访谈过程中。电脑辅助电话访问（Computer-assisted Telephone Interview，CATI）就是其中一种。电脑辅助电话访问，即 CATI 应用越来越普及。研究者借助电脑拨号，并根据电脑上的问卷提示来进行电话访问。此外，还有电脑辅助亲身访谈（Computer-assisted Personal Interviewing，CAPI），它和CATI 类似，但更多用于面对面的访谈，而非电话访谈。电脑辅助自我访谈（Computer-assisted Self Interviewing，CASI），即研究人员将电脑带到受访者家里，受访者直接在电脑上阅读问卷并输入答案。电子化的自我填答问卷（Computerized Self-administered Questionnaire，CASQ），即受访者通过软盘、电子公告牌或者其他方式获得问卷，并运行相关程序，该程序能够提问并接收受访者的答案，之后受访者返还数据文档即可。按键输入资料（Touchtone Data Entry，TDE），即受访者打电话到研究组织，一系列的电子化随之激活，受访者利用电话的按键来输入答案。声音确认（Voice Recognition，VR）跟要求受访者利用按键输入答案的 TDE 不同，这个系统能够辨别声音（巴比，2005）。现在，这些访谈方法运用越来越多的新技术，有效地推进了访谈调查法的发展。

总之，访谈的类型多种多样，一个访谈可能同属于两种甚至多种类型，在实际的实地研究评估过程中，适应于研究目的而存在着彼此交叉的关系。研究者可根据研究的具体需要扬长避短，灵活运用。

四、访谈评估的一般过程

访谈评估是一种有目的、有计划的研究活动。研究者要按照一定的程序和步骤与受访者进行访谈,因此,在访谈前应该做好充分的准备。根据访谈的进程,访谈过程一般分为三个阶段,它们分别是:准备阶段、访谈阶段、结束阶段。

1. 准备阶段

一般而言,在进行正式的访谈之前,有许多准备工作需要完成,具体包括计划制定、选择访谈对象、培训访问员等环节。

(1)制定访谈计划。制定访谈计划是保证访谈能够顺利进行的前提,访谈计划应对访谈中涉及的主要问题作出明确的规定。如要对访谈的目的、访谈的类型、访谈的内容、访谈的对象、访谈的时间等作出明确的规定,还要编写访谈的提纲、进行组织分工、进行访谈前的预约工作等。访谈计划中还要准备访谈所需的工具,如访谈问卷、访谈大纲、访谈记录表、各种证明材料、证件、采访机、录音机等。

(2)选择访谈对象。受访者的选择是非常重要,因为访谈调查的信息资料是由受访者提供的,因此,它对访谈最终成功与否有直接的关系。选择访谈对象应该首先考虑整个项目评估研究的目的,然后确定访谈的总体范围,再在总体范围中采用随机抽样的方法,选取所需的有代表性的样本。访谈样本的大小多半由研究的目的和性质决定,当然也必须考虑研究者及时间、经费等条件。选择访谈对象还要了解受访者的有关情况,如受访者的性别、年龄、职业、文化水平、经历等。

(3)培训访问员。访谈要由访问员与受访者的沟通和互动才能完成任务,尽管研究所需要的信息资料是由受访者提供的,但在访谈中,研究者本人的素质如何与访谈工作能否成功关系更大。因此,访问员应该具备访谈调查的基本素质。现在访问员的培训,常采取录像的形式,将一段示范性的片段录下来,供受训者反复观看,熟悉访谈的言语、动作、表情,了解访谈的技能技巧,然后让受训者扮演角色模拟访谈,并将模拟情境录下来,供分析比较用。但在实地研究评估中,我们一般主张研究者亲自参与访谈的过程,这对后期访谈资料的分析与解释性理解有着重要的影响。

2. 访谈阶段

完成准备工作后,我们便进入到实质的访谈阶段。这一阶段大致可以分为进入现场、按计划进行访谈、做好访谈记录等环节。

(1) 进入现场。作为一种实地研究评估方法,进入现场非常重要。研究者要通过自我介绍、身份证明等方式,逐步与受访者建立起密切的关系。此外,还需要通过对整个项目的介绍,在强调研究重要性的同时,让受访者对研究者进行访谈的目的、内容等有一个初步了解。同时,还需要特别告知受访者,研究者对所获取的资料会进行严格的保密。所有这些行为的目的只有一个,就是消除受访者的顾虑,建立融洽的谈话氛围。

(2) 按计划进行访谈。在访谈双方初步认识和融洽的访谈气氛下,研究者可以按照事先拟定的访谈计划,自然地进行正式访谈。在访谈过程中,研究者要按照访谈计划中确定的访谈内容、访谈方式、问题顺序进入访谈,以保证访谈获得成效。研究者应该尽量保持亲切、尊重的态度,使受访者能在轻松的环境中,自然地敞开思想。研究者要掌握提问的技术、提问的方式,也要选择恰当的用词与受访者交流,争取受访者对回答问题的配合。研究者不能受受访者情绪的影响,不管受访者是否合作、怎样合作,也不论受访者回答的问题是否在研究者意料之中,研究者都不能表示不满,更不能对受访者批评和指责,应保持轻松和和谐的访谈气氛。此外,研究者要注意采用多种方法来加强对访谈过程中的环境的控制,善于引导受访者的回答。

(3) 做好访谈记录。记录访谈内容要做到客观和准确,要尽可能完整、全面地按受访者的回答记录,而不能加入研究者本人的主观意见,记录时可对某些不太明确的回答做记号,以便在追问中提出,不曲解受访者的原意。如无法即时记录,事后要追记,访谈后要及时整理分析访谈记录。

3. 结束阶段

结束访谈是访谈活动的最后一环,但是它并不像字面上显示的那样简单,仍然需要注意一系列的问题。

(1)掌握好访谈结束的时机。尽管实地研究评估中较多采用非结构式访谈,但有时也会采用结构式访谈为补充。结构式访谈结束的时间很简单,即一份完整的访谈问卷中的所有问题提问结束,整个访谈基本也随之结束。而非结构式访谈结束的时间也多以事先确定的大纲的问题提问结束,受访者回答完毕为标志。但对于一些非正式的交谈何时结束,则需要研究者根据当时当地的实际情况来决定,以不妨碍受访者的正常工作和生活秩序为原则。

(2)关于结束语。访谈结束时,不要忘了对受访者的支持与合作表示感谢。应该向受访者表示通过访谈获得了很多有价值的材料和信息,学到了很多知识。如果这次访谈尚未完成任务,还需进一步调查,那么必须与受访者约定下次再访的时间和地点,最好还能简要说明再次访问的主要内容,让受访者有一个思想准备。

需要注意的是,对一次完整的评估过程而言,访谈的结束并不意味着评估就结束。访谈结束只是资料收集过程的结束,同时是资料分析阶段的开始。因此,在访谈结束以后,作为一个完整的社会项目评估过程,还有资料分析与结果呈现的阶段。作为实地研究评估方法之一的访谈评估,其资料分析与结果呈现的阶段同一般的实地研究评估过程相似,这里不再赘述。

第三节 观察评估

观察法在实地研究评估中有着广泛的应用。定性评估研究者亲自参与资料的收集,能够对其观察对象的行为作出相应的回应,甚至会直接影响到评估目标的调整,研究者在这一评估过程中的作用尤其要引起重视(Emil,1997)。

一、观察评估的含义

所谓观察评估,是在实地研究评估过程中主要采用观察法来收集资料,并通过对这些资料的整理与分析来完成项目评估过程的一种方法。观察法在观察评估中居于核心地位。因此,我们对观察评估的讨论,基本上可限于对观察法这种社会科学中最常用的具体方法之一的探讨。

观察法指的是带着明确的目的,用自己的感官和辅助工具去直接地、有针对性地了解正在发生、发展和变化着的现象(风笑天,2001)。和日常生活中人们的观察不同,作为系统的观察必须符合以下的要求:有明确的研究目的;预先有一定的理论准备和比较系统的观察计划;用经过一定专业训练的观察者自己的感官及辅助工具去直接地、有针对性地了解正在发生、发展和变化的现象;观察记录是有系统的;要求观察者对所观察到的事实有实质性的、规律性的解释。以下因素是观察法在内容上必不可少的要素(帅学明,1988)。

情境:事件或活动的舞台与背景,观察任何事件或任何活动,首先应该注意到它出现的情境。情境制约着事件或活动,因此要观察事件与活动,应先对其情境进行详细的观察。

人物:观察研究的主要对象,无人物则不能构成事件与活动,因此对人物的观察是最重要的工作。观察人物应包括他们的身份、数目、性别、相互间的关系、如何成群等。

目的:每一事件或活动都有它的目的或功效,研究者应注意观察人物参与其事的目的, 如参加婚礼、祭祀、舞会、音乐会、座谈会等。此外,还应注意参加者的态度,观察他们除了基本目的之外,是否还有其他不易看出的动机或想法。

社会行为:观察参加人物的各种行为,包括事件如何产生以及行动的趋向、目标、内容细节、性质及其影响等。

频率与持续期:事件发生的时间、出现频率、延续时间、是单独出现还是重复出现等。

观察法可以观察到研究对象在自然状态下的行为表现,获得的结果比较真实。研究者能够根据当时实地观察到行为的发生发展,把握当时的全面情况、特殊的气氛和情境。同时,研究对象有时不知道观察者的存在,其行为表现自然而生动,具有真实性和直接性的特点。但是,在观察评估过程中,由于研究者实际上是处于被动的地位,往往难以观察到研究所需要的行为,收集资料比较费时。而且研究者对于突发性的事件无法预知,对于尚未发生的现象以及隐蔽的社会活动等无法进行观察。观察法所收集到的资料会受到研究者的思想方法、经验、知识水平的影响,具有一定的主观性,直接影响最后的评估结果。

二、观察评估的特点

观察法有着其他研究方法所不具有的特点,主要体现为高有效性、高可靠性、主观选择性、周期长和便于特殊资料收集等特点。

1. 自然情境下的高有效性

观察总是在自然条件下进行的,一些特殊的设计下的情境,如单面镜,或者在特别的情景下采用"参与式观察",都可以视为一种自然情境,观察者不会对观察对象造成干扰。观察对象可以在最自然的情况下行动,由这种观察所得到的资料的真实性与准确性,是其他方面不能比拟的。被观察者觉察不到别人的观察,否则,他的行为就会不自然,甚至产生防御态度。常规方法是通过询问调查对象获取信息资料,研究对象都有被研究的感觉,这样就不同程度地存在着反应性行为及应答改变。而观察法则完全或基本上避免了这一缺点,研究者是在自然情境下观察研究对象的行为,研究对象的反应性越低,资料及结果的有效性就越高。

2. 直接观察行为及行为痕迹的高可靠性

一般的调查与访谈能了解人的行为动机,但不能看到人的行为本身,观察法直接观察人的行为的特点,这是其他调查方法所不具备的。对人的行为痕迹的研究则只能通过观察法进行。观察法是对人的行为直接观察,可以很好地控制一些可能导致的误差,获得的信息及结果的可靠性极高。访谈法则需要研究对象对已经发生的事件或行为加以回忆,并通过口头表述的方式呈现出来,这中间就会存在诸多误差和信息的损耗,正所谓"眼见为实",直接观察到的资料具有较高的可靠性。

3. 观察带有主观选择性

观察总是带有一定的选择性,研究者要准确选择与目的有关的重要事实或心理活动的系统表现。研究者始终应当明确观察过程中必须解决的目的和任务。社会环境所传递的信息是纷繁复杂的,而人所能接受的信息量又是有限的,因此需要进行信息的筛选。尤其是对社会项目评估的研究者而言,必须十分明确其进行观察的主要目的何在,有针对性地收集资料。因此,在实地观察过程中,研究者就会在一定的自然情境中,有目的地选择特定的观察对象、特定的事件、特定的行为等,通过对这些有选择性的人物、事件、行为的观察来收集项目评估所需要的资料。

4. 具有较长的周期

这是观察法在时间维度上的特点。对于人的行为及其变化的深入了解,常常是一个长期悉心观察的过程,尤其是参与式观察,为了置身于观察对象的组群活动中,往往需要居住于观察现场数周乃至数年以上,其艰苦程度及难度令人望而却步。一些研究者常常需要对人的某些行为制定观察计划,利用工作及日常生活之便,花时间记录观察结果,经过数月或数年的资料积累,分析人的行为特点,预测重要的社会发展趋势。

5. 便于一些特殊资料的收集

这些特殊资料包括一些难以获取的、敏感的资料等。观察法能够突破一些障碍来获取这些研究所需要的资料。例如,在调查研究中,常常会遇到一些敏感性问题,难以用面谈方式获取信息,如涉及隐私的行为、某些宗教风俗习惯、未开发地区居民的生活行为等。观察法则能较好地解决此类问题,获得理想的信息资料。通过观察法能够得到不能直接表达或不便公开表达的对象的资料。比如,婴儿、哑巴便不能直接表达他们的感想和愿望,精神病患者说出来的话准确度也极差,这些材料就要靠我们用观察来收集。再如,一些机密的、不便在报刊上公开报道的事件,采用文献法则不能了解其情况,也只有靠观察来获知。另外,有些人害怕与生人交谈，有些对采访者怀有戒心甚至敌意，有些人在工作时不便谈话，在这些情况下，观察法就可以发挥它的效用。

三、观察评估的分类

这实际上是对社会项目评估过程中所采用的观察法的分类。从不同的角度出发，观察评估可以分为非参与式观察与参与式观察、结构式与非结构式观察、直接观察与间接观察评估等类别。

1. 非参与式观察与参与式观察

按照观察中研究者所处的位置或所采取的角色，可分为非参与式观察和参与式观察。

非参与式观察也称"局外观察"，即观察者处于被观察的群体或现象之外，完全不参与其活动，尽可能不对群体或环境产生影响（风笑天，2001）。例如，在对城市居民最低生活保障制度的评估过程中，对城市低保家庭居住情况的观察，就不需要观察者必须参与其生活，观察者只需要对这些家庭的房屋类型、家电以及家具摆设等进行直接观察。采用非参与式观察一般有两种方法：其一为近距冷淡法，即观察者在距离被观察者很近的地方观察，但对被观察者及其行动不表示任何兴趣，只听，只看，如采用单面镜的方式进行观察。其二为远距仪器法，即借助望远镜、摄像机等设备在距离较远的地方进行观察，如进行一项交通项目的评估，观察车流量的情况，可以在楼顶高处对地面及远处街道的车流量进行观察。

参与式观察也称"自然观察"，指在自然的状态下，研究者参与某一情境对研究对象进行观察。参与式观察源于人类学家的现场研究。对实地研究而言，参与式观察是长年累月住在当地社区，将自己融入社区生活中，尽量精通人们的语言，并维持一个专业者的距离。通过这种方式，研究者观察人们的日常生活，了解人们的基本信念和期望，并系统地完成资料记录。

参与式观察的优点是研究者生活在研究对象的环境中，双方的行为都是真实而自然的,资料更具信度和效度。但这种方法遇到的首要问题是伦理道德问题。研究者毕竟没有权利为了研究的目的而欺骗研究对象。其次,研究者的"成员"身份可能也会影响到所观察的社会过程。参与式观察的研究者还有被同化的危险,可能全盘接受研究对象的观点,从而不能客观地分析所观察到的现象。非参与式观察虽然没有上述问题,但观察难以深入,不能对研究对象作出全面的了解,其观察也就比较简略和空泛。

2. 结构式观察与非结构式观察

根据观察方式的结构程度,可以分为结构式观察和非结构式观察。

结构式观察事先对要观察的内容进行分类并加以标准化,规定要观察的内容和记录方法,它所获得的资料大多可以进行定量处理和分析。它一般只适用于小群体研究和行为科学研究。非结构式观察没有事先规定要观察的内容,并不要求专注于某些特定的行为与现象,而是对该场景下的所有行为和现象都进行观察,所获资料也多是从定性角度描述所观察的对象。一般的参与式观察都是无结构的。

3. 直接观察与间接观察

根据观察对象的不同,可分为直接观察和间接观察。

直接观察是对那些正在发生的社会行为和社会现象进行观察。间接观察是对人们行动以后、事件发生以后所遗留下的痕迹这一中介物进行观察。

间接观察包括痕迹观察和行为标志观察两种类型。行为标志观察是通过一些表面的或无意识的现象推测人们的行为方式和价值观。可以根据城市居民家庭所居住的房屋类型、家具的摆设等,来估计其社会、经济地位。至于痕迹观察,我们将在下一章另作专题讨论。

四、观察评估的一般过程

就其程序而言,观察评估与其他评估研究方法类似,基本上也可以分为准备阶段、实地观察阶段、结果呈现阶段等过程。

1. 准备阶段

观察评估的准备阶段是十分重要的阶段。这一阶段需要完成包括观察设计、进入现场前的物质准备及人员培训等。

研究者首先要进行观察设计。研究者要对社会项目评估过程之初所界定的问题进行仔细思考,对问题的性质、研究价值、客观限制与研究的可能性等,都须经过认真考虑。在可能的情况下,对问题中有关因素的因果关系,要先提出一个暂时性的、假设性的陈述,作为以后进行观察的指引。在此基础上,根据一定的标准确定观察的具体对象。同时,研究者要确定大致的观察内容,选择合适的观察方法。

研究者在进入观察现场前,还需要进行一些必要的物质准备。研究者要根据社会项目评估的需要,制定观察记录表。根据研究目的,选定观察现场及对象后,要尽可能地了解社区的基本情况,如风俗习惯、地方语言等。还需准备足够的研究用品,如文具纸张,是否需要录音设备、录像设备、笔记本电脑等。根据所需要的研究时间,准备生活用品。

最后,就是人员的培训问题。根据研究的需要,选择合适的观察人员,注意性别、年龄、民族等特征的合理搭配。可以通过一些情境模拟的形式对所选择的人员进行培训,提高其观察能力与实地研究的能力。

2. 实地观察阶段

实地观察阶段是观察评估的核心阶段。这一阶段的主要任务就是通过各种各样的途径与方法来完成社会项目评估所需要的资料的收集。参与式观察与非参与式观察的方法都有所应用。

实验室观察就是典型的非参与式观察。研究者一般通过单面镜来观察被观察者的行为与活动,被观察者并不知晓其处于观察中。在这一过程中,可以将录音、录像设备置于现场,以便将来做进一步的分析。录像带、录音带等观察的结果往往由研究人员逐段分析,作出解释、分析,归纳被观察者的行为模式,寻找出一些最有利于该项目评估的突破口。当然,也可以在一些公共场所采用非参与式观察的方法收集资料,如对火车站或者客流量大的公交车站行人的行为以及购票习惯的观察等。在进行非参与式观察时,要善于采用一些必要的设备,如照相机、摄像机等。影像追踪是另一种非参与式观察的方法,通过智能型摄像机对监视物进行跟踪摄影,并将录影存档以备查询之用。近年来,网络发展的突飞猛进为影像监视系统的数据传输带来了便利。通过互联网传输监视影像,成为自动监视系统新兴的途径。现在很多学校的教室里都装有摄像头、拾音器等设备,可以进行较好的影像追踪,但是其中会涉及一些隐私及社会研究中的伦理问题。

参与式观察实际上根据参与的程度可分为半参与式观察与完全参与式观察。半参与式观察法是指观察者并不一定参与观察对象的所有活动,而是在不妨碍观察对象生活等前提下保留自己的一些生活习惯,但通常在语言和生活习惯上与观察对象保持一致,使他们认为自己是受欢迎的客人或者"自己人";观察对象知道自己正在被观察,知道观察者的身份,把观察者参与他们的活动视为礼貌和友谊,但不会强求观察者按照他们的行为模式去做。完全参与式观察是观察者在不暴露自己的身份、避免观察对象知道自己正在被观察的情况下,完全投入到被观察对象的活动中,分享他们的喜怒哀乐。正是在这一过程中,观察被观察对象的行为。观察者在进行完全参与式观察时要不露声色,时刻牢记自己是团队的一个普通成员,在团体中只能多看、多听、少发言、少提问,以免被其他成员察觉。观察者进入现场后应居住在所要进行观察的地点,如村庄、机构、单位等,尽快熟悉当地的基本情况、地理特点、交通等。应用观察法收集资料常常是对观察对象进行连续性的追踪观察,必要及可能时可进行录像、录音,也可进行一些非正式面谈,但不要当面记录,尽量默记,回住处后再回忆记录。记录形式包括日记、工作日志、观察记录、编码记录等。这些记录形式可能繁杂或有重复,但可相互补充。例如,观察记录并不一定天天有,日记、日志则可以补充一些重要信息。总之,记录应尽量详细。

值得一提的是,在一些需要长期观察的社会项目评估研究中,一些新的观察方法得到广泛的应用,如图片日记法和影像故事法。

图片日记是参与者使用研究者所提供的相机,通过日记、杂志的形式对自己的日常生活进行记录。记录的内容包括他们认为重要的人和物、他们感兴趣的活动及物品。通过这些图片日记,研究者可以了解其一天的活动,理解其行为特征,通过长期的累积分析,得出一些需要通过长期观察才能获取的潜在资料。在欧盟的一个改善老年人生活状态的实际项目里,研究者调查了欧洲几个社区的老年人生活,调查的程序是,第一年开辟设计新的领域,第二年旨在完善以及测试这些新的设计方向。研究者将带有图像问题的卡片、一次性相机、地图分发给老年人,以此收集老年人的喜好信息以及对待事物的态度。相机的背面印有一些拍摄主题,并且预留了一半的空间以便老年人自由发挥,拍摄自己感兴趣的主题。这些照相机最后要被寄回,用于研究。此外,这些被调查的老年人都被要求用相册的形式讲述故事。研究者鼓励其展示自己认为有意义的生活瞬间,挑选6—10张照片整理成相册后讲述一个故事。并且在调查期间,这些老年人被要求用日记的形式记录他们使用媒体的情况,包括电视、广播、书报等,还需记录什么时间跟谁通过电话等。通过观察,了解老年人的生活状态,从而激发研究者的思考,找到他们的角色以及什么能给他们带来快乐(王雅方,2009)。照相机是视觉的伸展和记录,能充分地记录现场的视觉现象,帮助研究者更密切地感觉和认识现场。尤其某些现场细节太多或太含糊,较难用语言文字描述,可以用照相机直接留存视觉的意象记录。照相机可用来拍摄人们的活动、事件和场所。所拍得的照片可用做访谈的参照资料,让现场的人们自己解释其中的意义。

影像故事是研究对象自己制作的影像资料。它提供了关于用户的生活方式的一些典型活动的片段,是叙述性的故事。影像故事采取的手段一般是摄像机。摄像机能捕捉不被注意或容易被遗忘的连续性细节,能长期正确且仔细地记录人们的行动,特别适用于微观地分析人们的沟通和互动过程。实地研究者常让当事者看着影片中自己的行为举动,描述他的感受,解释他在影片中的行为举动,研究者通过对这些摄像机所记录的日常生活场景的分析来获取研究所需要的资料。

3. 结果呈现阶段

观察法所收集的资料虽然以定性资料为主,但也可收集定量资料,主要根据研究的目的和内容来确定。分析资料可采用常规定量、定性资料分析方法,同时收集定性及定量资料并进行综合分析是观察法研究的重要特点之一。观察结束后,通常采用一定的定量与定性的方法整理分析资料,然后将资料所显示出来的意义与原来的研究假设相对照,看它们的符合度有多大。观察结果经整理分析后,就要以文字的方式写成报告。报告的内容要阐述清楚项目评估的性质、采用的评估方法、所得到的结果等,并评估此次观察研究的理论贡献、实际贡献,说明在研究中是否有新的发现等。观察评估的结果呈现与我们在前面的章节中所述的综合评估法中的结果呈现的过程基本类似,这里不再赘述。

需要说明的是,访谈法与观察法在实际的社会项目评估中,往往是交叉运用的。也就是说,在访谈中会配合以观察的方法来收集资料,而在观察的过程中亦会有访谈法的运用。这两种方法的结合,能够有效发挥这两种方法的优点,规避两种方法的缺点,充分发挥实地研究评估的作用,最终实现研究目的。

思考题

1. 什么是实地研究评估? 它与问卷与实验性评估有什么不同特点? 请简要叙述其实施过程。

2. 什么是访谈性评估? 它在评估研究的实施过程中有什么作用? 它的基本类型和过程如何?

3. 什么是观察性评估? 请简要比较分析其过程和特点。

推荐阅读

艾尔·巴比(2009):《社会研究方法》,北京:华夏出版社。

纽曼(2007):《社会研究方法:定性与定量的取向》,北京:人民大学出版社。

Denzin, N. K. & Y. S. Lincoln eds. (2011). *The Sage Handbook of Qualitative Research*. Thousand Oaks, CA：Sage.

参考文献

艾尔·巴比(2005)：《社会研究方法》,北京：华夏出版社。

陈向明(2000)：《质的研究方法与社会科学研究》,北京：教育科学出版社。

风笑天(2001)：《社会学研究方法》,北京：中国人民大学出版社。

李莉(2002)：《实用社会调查方法》,广州：暨南大学出版社。

罗伊斯等(2007)：《公共项目评估导论》,北京：中国人民大学出版社。

罗西、弗里曼、李普希(2002)：《项目评估：方法与技术》,北京：华夏出版社。

帅学明(1988)：《谈谈社会调查方法中的观察法》,《贵州大学学报》1988 年第 1 期。

王雅方(2009)：《用户研究中的观察法与访谈法》,武汉理工大学硕士学位论文。

威尔斯曼(1997)：《教育研究方法导论》,北京：教育科学出版社。

袁方(1997)：《社会研究方法教程》,北京：北京大学出版社。

袁振国(2000)：《教育研究方法》,北京：高等教育出版社。

周德民(2006)：《社会调查原理与方法》,长沙：中南大学出版社。

Emil J. Posavac, Raymond G. , Carey (1997). *Program Evaluation：Methods and Case Studies*. New Jersey：Prentice Hall, Inc.

第八章　非介入性评估

在前面的四章中,我们讨论了各种定量和定性评估研究的方法,尽管在研究过程中使用的数据有数字和文字之分,但它们有一个共同特点,即研究者与评估对象之间基本上都存在一定程度的互动。尽管这种互动可以有效提高获得数据的质量,进而改进评估研究水平,但是它们却不可避免地干涉了项目利益相关者的活动或项目的正常运行。在这一章,我们将分析非介入性评估方法,也就是说,这类评估研究可以在不影响或尽可能少影响项目利益相关者的正常活动或项目正常实施的情形下进行。

第一节　文献资料与评估

不论是在社会科学研究中,还是评估研究中,文献都是我们不可或缺的材料。那么,社会项目评估研究中使用的文献与作为项目评估研究的文献有什么区别呢? 社会项目评估研究中主要利用的文献又有哪些类型呢? 我们将在下面逐一分析这些问题。

一、社会项目评估研究中的文献

根据《现代汉语词典》,文献指的是"有历史价值或参考价值的图书资料"(中国社会科学院语言研究所词典编辑室,2010:1428)。但是,社会科学研究中的文献,其概念范围要比日常中文语境的含义更丰富,泛指一切与社会科学研究有关的存储信息。只要它们记载了与我们研究的社会现象相关的内容,便是我们在研究中可供参考的文献。从这个意义上来说,文献甚至可以视为所有社会现象的文本表现(David & Sutton, 2008)。

显然,不论是进行一般的社会科学研究还是社会项目的评估研究,我们都离不开前人已经积累并储存的各类文献或信息资料。就文献的类型而言,它们可以是对相关现象的思想性论断、理论性阐述、经验性研究记录以及相关的原始记录。这类资料大量地以印刷的书籍、报刊形式存在,其他还包括诸如音频、影视、照片等通常意义上的各种多种媒体形式。文献可以是公开出版的资料或公开的档案,也可以是有限制的或不公开的;它可以源自国家政府机构,也可以属于个人或某些团体和组织(Scott, 1990)。在一定意义上,甚至某些实物因为记载了有关社会现象的信息,一旦经过收集整理,也可以成为文献。从这个意义上来说,社会科学和项目评估研究中的文献,主要指的是经过前人收集、整理、创造而以多种媒体形式保存下来的、一切与社会现象相关的信息。

由于个体生命的短暂性和精力的有限性,任何具有创新属性的成果必然建立在前人已有的研究基础之上。要想了解前人已有的研究成果,社会科学研究和社会项目评估研究在规划之初,甚至在研究问题的提出及其具体化过程中,都离不开对已有文献的回顾和参考。

首先,我们需要对拟评估的社会项目及其背景有基本的了解。为此,我们必须对项目的设计和实施情况进行了解,分析项目设计的不同利益相关者,掌握项目实施所带来的直接和间接影响。这些都是我们圆满完成具体社会项目评估研究不可缺少的重要环节。要想达到上述目的,我们应该掌握的参考资料,最重要的无疑是项目从策划、设计、实施到结题过程中产生的一切文件资料,以及媒体和项目利益相关者对于项目的报道和评论。这里,既涉及传统媒体的资料,也包括诸如网络等新媒体的资料以及大量项目利益相关者,特别是项目发起者、投资者、实施者和管理者保存的非公开出版的内部资料。此外,我们也需要了解具体项目提出与实施的直接背景以及更为宏大的间接背景。为此,除了上述可供参考的资料以外,项目实施区域内的政府相关部门对于项目服务对象及其面临问题的统计和调研资料,以及中央和地方各级政府的相关政策及其相关的一切资料,都是可供参考的重要文献。

其次,我们也需要了解国内外相关社会项目的实施及评估情况。通常,一项社会项目总会在一定程度上具有其继承性,完全创新的项目在实际生活中不多。尽管针对本地区实际和特定服务对象的特点,我们将要评估的社会项目会有自己的某些创新之处,但是并不能否认在其他地方也会有满足类似需要的社会项目,并已经实施了某种程度的评估研究。事实上,在处于同一发展时期的一个国家的不同区域范围内,人们面临的社会问题往往具有相似性,这就往往使得政府和非政府部门、营利性部门推出大量类似的社会项目。例如,老龄化问题便是我国目前许多地区普遍面临的一个问题,各地针对我国老年人的养老意愿特点和社会福利基础,纷纷发起了大量的社区居家养老服务。于是,对某一地方实施的类似项目的评估,即使是比较早开展这类服务、具有较大影响的地区的项目评估,我们也应该注意到其他地区可能已有的类似社会项目及其评估研究。例如,章晓懿和杨培源等人早在 2007 年就从服务对象、服务机构和服务人员等三个方面,对上海市静安区的社区居家养老服务进行了评估研究,涉及项目一线服务人员对服务对象以及项目各个利益相关者对项目服务管理的评估两大领域(章晓懿、杨培源,2007),其思路和经验无疑对其他地区的研究具有重要的参考价值。尽管考虑到该研究主要是以前些年上海市静安区居家养老服务实践为基础的,在理论和方法上有待进一步的探索和发展,但是这一研究文献无疑为后继的创新性研究取得更高的研究水平提供了重要基础。

再次,我们必须掌握并参考社会项目评估研究的方法论文献。要想有效地实现社会项目的评估目标,科学的评估研究方法是基础。在一般的情况下,从事评估研究任务者应该具备评估研究的基本理论和技能,也就是国外评估研究规范中所谓的"胜任性"(参见美国评估协会的《评估工作者指导原则》)。一个具备胜任能力的评估研究者,离不开借助教材、研究报告等文献学习评估研究基本理论和方法的过程。然而,随着评估研究理论和方法的发展,各种新的评估研究方法不断涌现并得到越来越多的运用,任何一个评估研究者都需要不断地更新自己原有的理论和技能体系,更好地适应新形势下社会项目评估研究的需要。要想适应这种新要求,有关社会项目评估研究的理论和方法的文献,无疑是评估研究者必须学习参考的材料。此外,即使在符合上述要求的情形下,一个有经验的优秀社会项目评估研究者也必须借助其他人的评估研究成果及其经验教训,不断提高自我的研究能力。

由此可见,文献是社会项目评估研究中不可缺乏的重要因素,但是,它与作为文献研究法的文献又有什么关系呢?

二、作为项目评估研究数据的文献

作为评估研究数据的文献与一般的研究参考文献相比,首先在目的取向上更为明确。作为一般的研究参考文献,虽然我们的选择也是有目的的,至少要与我们的研究兴趣相关,但在具体内容上可以涉及研究背景、研究方法以及相关内容方面的已有研究成果。但是作为评估研究数据的文献,它必然是与我们评估所要回答的问题直接相关的。例如,我们要通过文献法实施对某机构有关青少年社区服务的评估,那么,作为评估资料的文献应该包含该机构开展社区青少年服务的数据记录,通常该资料可能是该机构服务项目的有关记录档案。这一相关性甚至进一步反映在评估研究的次级或者再次级问题上。例如,我们要对某一地区的社区居家养老服务进行需要评估,那么,我们需要的文献就是作为需要对象的该地区的老年人的资料。从评估研究的目的出发,我们可能不仅需要该地区老年人的总体数据,而且可能进一步需要搜集掌握不同收入水平、不同自理能力、不同居住状况等情形下的老人数据。

其次,作为评估研究数据的文献,与一般的参考文献相比,还需要对评估研究的结论起到支持作用。初学社会研究方法的学生在运用文献法进行社会研究时一个常犯的错误,便是将某一参考文献的内容整段或大篇幅地摘录、整合到自己的研究文章之中。但是,这种做法其实并不是一种原创性研究,甚至是违反学术伦理规范的做法。在一项评估研究中运用文献资料,首先其评估结论或观点应该是研究者独立作出的创新性结论,文献在这一评估研究中的功能则是该结论的源泉,对有关结论起到论证支撑功能。例如,同样是在上述关于某地区社会居家养老服务需要的评估研究中,为了论证实施社区居家养老服务的必要性,我们可能要通过该地区 70 岁以上老年人的总数、独居的老人数量以及白天家里缺乏其他人陪伴而生活需要不同程度照料的老年人数量等数据来进行论证。为此,我们可以自己深入社区进行第一手调查,也可以借助政府部门的有关统计或报告数据,达到评估报告相关结论的论证目的。在这一过程中,我们需要的是能够支撑我们结论的数据,而不是二手资料中的有关观点。正是对二手资料的这种利用特点,导致我们引用的文献数据与原文献的目的取向甚至可能不完全相同。例如,上述地区老年人的有关数据可能出自一份政府部门关于机构养老发展的报告。

最后,作为评估研究的文献数据,在引用之前还必须经过严格的检验。在当前的信息时代,每个人都面临浩瀚的信息。这意味着,我们获得文献的渠道更为多样化,而且能够掌握的文献数量也更多。于是,即使是具有同样功效的文献资料,我们也不得不加以甄别和选择。这里需要注意三方面的问题:一是资料来源渠道的权威性问题,特别是网络资料的鉴别问题。互联网的发展无疑为信息的公开化及其传播提供了便利性,但是网络的匿名性也使得有关文献数据的权威性经历着严峻的考验。就评估研究来说,我们不是不能引用网络文献,而是要使用诸如政府职能部门、学术研究单位等权威机构的网络文献。二是关于文献数据产生方法的分析。例如,相对于政府统计部门数据、学术研究报告,新闻媒体报道中的数据的权威性便要低得多。这并非贬低新闻报道的作用,而是因为新闻报道与学术研究的目的不同,它们在数据的产生途径上必然不同于社会科学研究的某些规范,否则其报道便失去了新闻的时效性,进而失去了存在的意义。其实,这一鉴别不仅适用于新闻报道,对于学术性研究成果也同样适用。只有选用权威、经得起学术研究规范考验的数据,才能令评估研究的结论经得起检验。第三个需要注意的问题是,如果有关权威文献对同样的数据存在矛盾和冲突时,我们在引用文献数据时,除了进行上述甄别以外,还必须对造成上述差别的原因进行必要的讨论,并在此基础上提出自己之所以使用某一渠道文献数据的理由。

所有上述内容都是我们在使用文献这种二手资料进行评估研究的过程中,必须引起高度重视的问题。

三、社会项目评估研究文献分析

通过上面的分析,我们了解了什么是可供社会项目评估研究参考的文献以及作为项目评估研究数据的文献,下面进一步考察作为评估研究数据文献的具体形式。

从社会项目评估的目的出发,可以作为评估研究数据的二手文献主要有三种类型,即有关评估研究的统计数据、与评估研究内容相关的研究成果以及与项目相关的档案资料等三种文献类型。

1. 统计数据

统计数据通常是最为权威、最为系统和成本最低的二手文献资料。它往往由政府职能部门独家提供,反映了某一领域最为全面的数据资料。由于它往往是政府专门的统计部门或专门的调查组织收集、编撰并发布的,因而一般来说,数据的可靠性具有权威部门的信誉保证。同时,由于相当部分统计是逐个年度或在一定时期内有规律地收集和统计的,因而我们不仅可以了解评估研究问题的当前状况,而且可以与其不同历史时期的数据进行比较,甚至与不同地区、不同时期的数据进行比较,所以它也是最为全面和系统的数据资料。此外,由于全面而定期收集这些资料往往耗费很高的成本,个人或一般的研究组织在人力和物力上都很难做到,因而统计资料往往也是我们以最小的成本、最为有效地达到评估研究部分目标的重要手段。如人口普查数据,政府职能部门在收集资料的过程中投入了大量人力、物力和时间,组织和培训了大批的调查员,逐一上门调查核对,这是其他个人和组织难以做到的,因而应该予以高度重视。只要有可供利用的、与相关社会项目有关的统计数据,我们就应该加以充分利用,这也是保证实现项目评估目标的重要保证措施。

由于统计数据往往不是专门为拟进行的社会项目评估研究而准备的,它的使用范围比较广泛,因而在评估研究中,这类数据主要用于有关项目对象或服务内容背景性问题的说明。例如,在我们后面将要讨论的需要评估中,不论是从社会问题的角度揭示社会需要,还是从特定服务对象的角度说明相关服务的必要性,相关统计数据都是不可或缺的重要资料。例如,我们如果要组织一项外来务工人员子女的社会服务,我们就需要引用目前有关进城外来务工人员及其子女的规模数据,甚至是目前城市犯罪人员中外来务工青年所占比重,用以说明拟评估的某项社会服务的必要性。要想凭借自己的力量同时获得上述项目论证所需要的大量数据无疑是相当困难的,不仅需要耗费大量人力物力,而且往往事倍功半。

当然,统计数据并非只能运用于完全都是二手资料的评估研究之中,它更大程度上还是综合运用于一般社会项目的评估研究之中;也就是说,评估研究者根据其评估需要,在一项评估研究中综合运用一手资料和二手资料实施评估研究。例如,在关于社会项目的需要评估研究中,我们可能使用统计数据说明项目的社会背景,而运用服务对象的一手资料说明其具体需要满足状况。此外,我们也可以将评估项目的有关数据与历史上其他国家相应服务的数据,或者同一时期、不同地区的相关统计数据进行比较,用以论证说明正在评估的社会项目的成就、必要性等问题。所有这些领域,都是二手统计数据可以对评估研究作出贡献的例子。

2. 研究成果

由于统计数据往往涉及面比较广泛,因而对于我们具体想要进行评估研究的问题,往往可能显得针对性不强,无法获得评估结论论证需要的数据。为此,已有的就该问题的研究成果往往可能提供更为有效的二手数据。

现有研究成果提供的二手资料可以减轻我们评估研究的工作量,将有关人力物力集中到其他需要解决的问题上,从而使得评估研究更为深入、更具有创新性。人类的进步总是建立在前人的成果基础上的,只有不断地借鉴、继承前人的成果,我们才能够在自己有限的生命和人力物力条件下不断地创新、实现文化和社会进步。评估研究也一样,如果对于我们拟评估的项目或项目的目标对象已有前人的研究,只要该研究的成果方法是严谨的、数据是可靠的,那么我们完全可以直接引用其数据作为新的评估研究结论的依据。从这一角度来说,前人研究取得的成果性数据,往往具有与上述统计数据相同的功能和地位,根据研究目的和需要为我所用,成为自己原创性研究的重要组成部分,对评估的研究作出自己的独立评估结论。

类似于上述统计数据为项目提供的横向和纵向比较,前人的研究成果同样可以为我们的评估研究提供比较的依据,帮助我们对项目的成效评价提供判断基准。例如,作为一项新的社会项目,它的效果究竟是好还是坏? 显然,即使是97%的满意度,孤立的一个数据并不能说明项目取得的效果;我们新的项目尝试与原来被替代的做法相比,究竟在满意度上是提高还是下降了呢? 当然,我们可以在项目实施之前先对服务对象进行满意度前测(详见实验评估部分)。但是,也许我们接受该项目评估课题已经是在项目结束之际,那么,如果我们掌握以前类似项目的满意度等成效方面的评估结论,我们就完全可以将正在评估的项目的满意度与前一项目的评估结论进行比较,从而对上述97%的满意度作出更为准确的真实含义解读。当然,现有研究成果的数据还有更为广泛的价值,需要我们在具体研究中加以拓展和发现。

3. 项目档案

当你来到档案馆,看到的以各种形式保存的资料都可以称为"文献"。与此类似,项目档案指的是在项目的策划、设计、申报、实施和总结等整个历程中所产生的各种形式的档案记录。就媒体的形式来说,项目档案文献可以是书面文字形式表现,也可以是照片、录音、视频以及其他各类实物形式呈现。上述文献既可以传统的实物形式存在,也可以现代数字媒体的形式保存。从其内容进行区分,又可以区分为项目正式实施之前的各种筹划档案、项目实施过程中的各类记录档案以及项目完成后的各类总结档案等。其中,筹划阶段的档案文献主要有各种策划思路、设计方案、申请报批报告等;实施档案内容最为丰富,大致可以分为实施计划、项目执行记录、项目财务收支等内容;至于项目总结档案,则主要由各类总结报告、服务对象反馈、各类评估材料等。总之,在整个项目的生命历程中产生的一切形式的、与项目有关的各种类型的结果及其衍生物,都可以视为拟评估的社会项目的档案文献。

与前面提到的统计数据、研究成果相比,社会项目的档案文献在评估研究中的作用更为重要,因为它是评估项目各个环节、各项内容的最为直接的数据材料。任何一项项目评估,尽管在评估研究过程中不可避免地涉及其背景信息,也牵涉到项目对象及其用以对照比较的某些数据,但是最为重要的评估依据仍然是拟评估项目的实施及其带来的各种影响;而这部分资料只能够在项目的整个生命历程中产生,并以项目档案文献的形式通过各种媒体形式予以留存。它不仅是项目生命历程在这个世界自然留存的痕迹,也是项目发起者、资助者、执行者等各种利益相关方管理项目的一种手段和要求,进而也为我们评估社会项目的各项内容提供了翔实的原始数据。尽管在评估研究中,我们也需要直接收集第一手资料,但是档案文献作为项目多方面信息和数据的一种存在,理应成为我们不容忽略的、可供评估研究利用的一种宝贵资料。可以这么说,任何一种内容的评估研究,几乎都要利用到项目的档案资料。从这一角度来说,借助项目档案文献二手资料进行评估研究,是所有评估研究最为常用的一种获取信息的手段。例如,如果我们在事后进行项目的过程、效率、项目理论等内容的评估,几乎都不可避免地需要收集和利用项目的档案文献资料;如果我们的评估研究与项目的整个历程同步,那么,我们在项目筹划、实施和总结过程中收集的一手资料,很大部分其实便是项目的档案记录。

然而,档案资料的记录、归类和保存与项目的管理水平有着密切联系。在我国当前的各类社会项目的管理过程中,实务部门往往还缺乏严格的项目档案文献的留存和归档意识。事实上,有关社会项目服务执行机构不仅疏于项目整个生命历程中产生的各类形式的资料的收集、整理和归档保存,而且对项目的设计也缺乏一种书面形式的记载,这就给我们后面将要介绍的项目理论评估等社会项目深层机制的评估带来较为严重的负面影响,难以借助评估研究把握项目运行及其成功的内在机理的认识。之所以造成这种情况,既与上面提到的管理水平低有关,同时也与管理决策缺乏科学机制、项目论证环节不健全等原因有关。从这一现状出发,我们认为,社会项目评估研究科学性的提升有赖于项目管理水平的提高,有赖于政府和非政府组织管理决策过程的科学化。此外,社会项目评估研究的发展也对项目管理水平的提高具有重要作用。

第二节　内容分析与评估

在上一节中,我们分析了文献资料在社会项目评估中的作用。在这一节,我们将讨论内容分析方法在评估研究中的运用。从某种程度上来看,我们可以认为,内容分析法是对文献分析方法的拓展,这种拓展既包括形式上的拓展,即从文献拓展到文本,也包括方法上的拓展,即运用内容分析方法对包括文献在内的文本进行评估研究。

一、社会科学研究中的内容分析法

简单地说,内容分析便是对包括上述文献在内的文本的一种分析研究方法(Neuman,2010)。要想进一步说明内容分析,我们便需要解释什么是文本以及如何对文本进行研究。

关于文本,或者直接说内容分析的研究对象,研究者通常将其界定为人们交流的记载(Babbie,2007；Neuman,2010)。从这一角度理解,以书面形式记载的人类交流文本无疑是最早、最普遍的内容分析材料。显然,各种文字记载材料无疑是内容分析过程中最为重要和不可或缺的文本。从人类早期在龟甲等媒介上的记载,到当今浩如烟海的纸质文本,再进一步发展到更为便捷的记录和传播的数字媒介文字记载,文字性的文本无疑成为内容分析研究最为重要的分析源泉。这也是我们上面提到内容分析是文献研究方法的继承和扩展的重要原因。然而,诚如上面在关于文献的讨论时指出的,文字性的文本在形式上有着丰富的表现形式。它可以是公开出版或非公开出版的,可以是私人生活过程中产生的资料,也可以是公共活动的记载。我们进行内容分析,就必须重视收集所有这些与相关研究主题相关的文字性文献,服务于内容分析方法的要求。

但是,众所周知,文字不仅不是人类唯一的交流手段,甚至不是人类最早发明的交流记载。人类学家曾经发现,石器时代的人类便已通过岩画记载其采集生活的情景(Stavrianos,2010)。随着语言的产生和科学技术的发展,人类的交流手段日益丰富,表述和记载的媒介也更为多样,出现了日记、信件、公文、书籍、报刊、绘画、摄影、电影、电视、音乐、网页等各种纸质、胶片、磁带、光盘、数字等媒介的记录形式。在当今世界,可供我们进行内容分析的文本类型及其数量都空前丰富。当然,上面这些文本有的是文字形式的,有的是非文字形式的。对于基于语言的内容分析,我们一般都需要将原始文本转化为文字文本。例如,对于访谈的录音文本,我们通常需要将其转化为文字形式再进行分析。至于某些多媒体形式的内容分析,该媒体形式的内容单元便直接成为我们研究的对象。例如,如果我们要对某一个时期的绘画作品的主题进行内容分析,那么,相关的作品便直接成为我们分析的对象。

作为一种研究方法,内容分析便是对上述各种类型文本的内容进行分析和研究的形式。与文献研究法对于文本中单一的数据的引用不同,内容分析重在通过对整个研究文本中相关研究主题的频率或者文字内容的概括来获得研究结果。其实,我们不少人在文献分析过程中都自觉或不自觉地运用这种内容分析方法,通过对某一时期某一主题论文发表数量的统计比较,说明相关问题研究的发展现状。例如,在关于社会排斥概念的本土化研究方面,为了揭示该概念在我国学术界研究中的发展历程及其研究领域,方巍(2008)分别从弱势群体、经济权利、政治和社会权利、社会保险和社会救助等五个方面统计了2001年至2007年中国期刊网收录的题目中含有社会排斥概念的论文数量,进而比较国内外社会排斥问题的研究,总结了国内概念界定的本土化特点,并对现有研究中存在的问题提出了自己的看法。当然,内容分析还可以揭示文本更深层的规律。例如,浙江大学的陈丽君等人(2008)通过对浙江省改革开放以来人才政策涉及的人才层次、政策类型、政策工具类型、政策直接对象等13个方面的定量统计,分析了浙江省人才政策的现状和存在的问题,从而为政策完善提供了翔实的基础。

二、社会项目评估研究中的常用文本

通过上面的分析,我们已经得出结论,在社会项目评估研究中实施内容分析,主要涉及两方面的工作:首先是有关文本的收集和整理,然后是对文本的分析和研究。在这一部分和下一部分,我们将分别讨论这两方面的步骤。那么,在社会项目的评估研究中,常用的文本究竟包括哪些类型呢?我们将着重区分文字、图片视频、谈话录音等三种类型的文本,从而进行分析。

在适用于内容分析的文本中,我们在第一节讨论过的文献资料,尤其是其中的项目档案,无疑是现存数量最大,同时也是最重要的文本。只要是一个管理规范的社会项目,在其实施过程中,都会保留有大量的文字性档案资料。由于这些文本都是项目实施过程中各种资料的实时记录,因而通常也较为准确,并且获取的成本较低,对项目及其有关人员的影响较小,真正体现了非介入性评估的特点,同时获得的评估结论往往也有较为充分的事实依据。例如,通过对项目周期内组织者有关项目的简报的内容分析,我们可以了解各类活动在整个项目实施过程中的比例,从而较为准确地了解项目组织者关注的问题是什么,这在一定程度上可以作为检验项目实施过程是否真正体现了设计目标的依据。又比如,通过对某个案对象的服务记录档案的内容分析,我们可以借助对服务对象某些方面特征的定量统计,准确地说明项目服务的成效。

除了文字性文本,图片和视频无疑也是真实反映项目情况的重要文本。随着数码、摄影、摄像设备和技术的发展和普及,我们在评估研究过程中能够获得的图片和视频资料越来越丰富。相比文字性文本,图片和视频性文本包含的信息更为丰富,可供评估研究利用的数据也就更为全面。特别是视频文本,因其既包含语言、行为及场景,因而能够提供评估研究需要的单一性文本无法满足的功能。除了特定环节过程中特地拍摄的照片和视频以外,现在无所不在的监控设备也能够为我们的评估研究提供有效的内容分析文本。由于相对于特定场合的视频具有记录时间更长、当事人表现更为自如的特点,监控设备录制的视频往往能够提供更为真实的文本。当然,由于监控性录像摄制的目的性不明确,因而其针对性不强,效率较低。

在传统的社会研究方法教材中,内容分析常常被归类为定量研究(Neuman,2010),但是,目前也有越来越多的研究将内容分析运用于定性研究的做法(Babbie,2007)。从这一意义上来说,在上面提到的文字和图片视频文本研究中,除了对有关意义单元进行统计分析以外,同样也可以对其进行定性分析归纳。除了上述在项目实施过程中留存的严格意义上的非介入性评估资料以外,评估性研究过程中采集的谈话录音文本作为一种叙述性数据,同样也是适用于内容分析的一种重要文本样式(Anastas,1999)。因而从内容分析的角度来说,我们这里也要简要地谈一谈访谈资料的内容分析问题。相对于传统的访谈资料分析方法,内容分析注重从一个研究框架出发对文本进行分类(Babbie,2007),从而将每一个问题的相关资料从文本的大量文字中筛选出来,对其集中进行归纳抽象。这一做法不仅有助于研究者的分析研究,而且能够保证归纳获得的结论更加准确,在论证形式上更加规范。具体做法我们将在下一部分再做进一步讨论。

三、社会项目评估研究的内容分析

从本质上来说,内容分析法是我们前面几章中讨论的资料收集方法和分析方法在一种特殊的研究对象上的运用。巴比(Babbie)(2007)曾经就文本的定量和定性内容分析做了较为简洁的全面介绍。下面,我们将针对文本的情形,特别是针对书面的文字性文本的情形,说明其资料收集方法和分析方法。

在确定研究主体及其内容分析法之后,我们首先要做的工作便是选择研究所要分析的文本样本。一般而言,如果我们只是如上一部分提到的,借助内容分析方法研究访谈录音转录形成的叙述性数据,那么该研究过程准备分析的样本其实在访谈对象的选择过程中已经确定;但是,如果我们要对某种业已存在的文本进行内容分析,尽管目前的社会项目管理状况通常会造成文本数量不足,但在许多情形下,我们仍然没有精力对众多文献进行内容分析。在这种情形下,抽样便是实行下一步研究不可或缺的步骤。例如,我们想要评估某工会组织 2006 年党的十六届六中全会以来的工作是否贯彻了构建社会主义和谐社会的政策要求,我们可以通过对该工会组织定期出版的简报的内容分析,作出自己的研究结论。考虑到历年来出版的简报数量很多,我们可以选择 2006 年前后五年的简报作为研究样本,借以比较这两个时期该工会组织的活动类型及其目的功能是否表现出明显的变化。如果仍然觉得简报数量过多,我们还可以对每年的简报进行随机抽样;各选出六份进行内容分析。

在确定研究样本之后,对相关简报进行内容分析的第一步便是提出分析的概念框架,并将其操作化。例如,我们可以确立文化娱乐、福利待遇、纠纷维权等概念框架,进一步明确这些概念的内涵。然后,以这些概念为依据,对作为研究样本的文本,即有关活动简报内容进行筛选和分类。这一将文本中的原始数据转化为标准化格式的过程便是内容分析研究中的编码(Babbie,2007),它是整个研究过程中十分关键的一个步骤。对于上述关于工会活动的评估研究中,接下来只要根据编码,也就是根据概念分类,对文本中文化娱乐、福利待遇、纠纷维权等各类活动的数量进行统计汇总,便可以获得研究所需要的结论。

对于定性的内容分析研究,上述编码同样是不可缺少的重要核心步骤。与定量的内容分析的差别仅仅在于,这里的编码所反映的分析单位更为复杂,研究的结果也不是进行数量的统计,而是通过对具有深度、内容丰富的同一类别的文本内容进行抽象,归纳获得概念框架范围内的研究结论。例如,为了评估农民工劳动社会保险的落实情况,我们需要首先了解目前我国相关的法律规定。由于我国农民工的劳动社会保险基本上是参照城镇职工的相关规定执行的(劳动和社会保障部办公厅,2003),因此,我们可以通过对城镇职工劳动社会保险法律法规的内容分析,获得对农民工劳动社会保险有关规定的认识。在对改革开放以来农民工养老社会保险制度发展过程的研究中,方巍(2009)选取这一时期颁布的国发〔1991〕33 号、国发〔1995〕6 号、国发〔1997〕26 号和国发〔2005〕38 号为研究样本,以养老保险的适用范围、目标任务、企业缴纳比例、个人缴纳比例、个人账户构成以及基本养老金构成等内容为框架,对上述四个法规文本进行编码,然后对各分类文本进行归纳分析,总结获得对农民工社会养老保险覆盖面的扩大以及城镇统一的社会养老保险制度确立的研究结论。显然,对文本的编码分类有助于我们对研究问题进行系统、全面和翔实的研究,最终提高研究结论的可信程度。因此,定性数据的内容分析是提高研究质量的一种重要辅助手段。

第三节　实物痕迹与评估

除了文献与内容分析,在社会科学研究中还有一种使用相对较少、不为人们注意的非介入性方法,那就是实物痕迹(physical traces)研究方法。在这一节,我们将在分析社会科学研究中的实物痕迹研究方法的基础上,探讨其在社会项目评估研究中的应用。

一、社会科学中的实物痕迹研究方法

所谓的实物痕迹或物理痕迹,指的是"并非专门作为比较和推理而收集的、但却有可能为警觉的观察者发现并用于研究的资料"(Webb et al., 2000:36)。例如,相传当年马克思在大英博物馆撰写《资本论》时,因为长年在某一固定的位置前看书思考,日长月久,竟使他座位下的地面因磨损而留下了脚印。如果我们真的能够找到这一证据,将其作为论证当年马克思在研究过程中长期辛勤工作的依据,那么地面上留下的这一脚印便成为我们研究所收集的佐证材料。这里的脚印便是实物痕迹,以此为依据进行研究的方法便是实物痕迹研究方法。

也许对于大多数人来说,实物痕迹作为一种推理或研究证据,其印象更多地来自刑事侦查。说起侦探根据物证破案,许多人多会想到英国作家阿瑟·柯南·道尔笔下大名鼎鼎的神探福尔摩斯。尽管生活在伦敦一所简陋的公寓中,但他观察敏锐、思维严密,重视调查收集各种证据,运用各种知识分析破案。又例如,具有当代福尔摩斯美誉的美籍华人李昌钰博士以其精湛的科学鉴定技术屡破疑案,获得美国刑事鉴定学会颁发的认证书,其成立的研究所成为全美唯一具备该学会认证的具有国际水准的州级刑事鉴定机构,可以承办世界各国重案。作为自己引以为荣的案例,他曾在没有尸首的情形下,通过仔细观察和科学推理,找到被害人的"56 片碎的人骨,2 660 根头发,3 盎司的肉块,1 颗牙齿"。凭借千分之一的人体物证,经过 5 000 多项科学检验,终于将罪犯绳之以法[1]。与他的其他众多破案经历一致,李昌钰对各种证据的高度警觉与充分收集,并在此基础上做的科学分析,无疑对他获得事实的真相起到了不可磨灭的作用。

---

[1] 参见 http://book.zongheng.com/chapter/4369/152645.html, 2011 年 11 月 23 日。

　　然而,事实上,实物证据或痕迹对于社会科学研究也有重要的作用,并且有着不少成功的研究案例。例如,被一些国人称为"厕所文化"的涂鸦,便是一种典型的实物痕迹,据此我们可以深入认识许多社会现象。例如,金西等人(Kinsey, Pomeroy, Martin & Gebhard, 1953)便收集了数以百计的公共厕所墙上刻写的字画,发现男女性别之间存在的显著差异(参见 Webb et al., 2000)。在国内,一些学者对高校学生"厕所文化"的研究发现,不论是图画还是文字,大学生的这些涂鸦具有明显的性意识取向。他们进而认为,高校厕所中的涂鸦现象反映的并不是简单的"公德意识淡化和自律意识薄弱",更深层地揭示了学生缺乏表达其性成熟的正常渠道的苦恼,一定程度上反映了大学生面临的性压抑现实(邢倩、赵琳,2007)。

　　除此之外,高校中广为人知的"课桌文化"也是一种实物痕迹,同样可以作为研究的资料之一,这也是目前国内社会科学研究中应用最为广泛的实物痕迹研究领域。例如,段鑫星等在 20 世纪 90 年代末通过对某大学 8 个公用教室、28 个专用教室的 1 879 张课桌的调查显示,大学生"课桌文化"的内容主要涉及爱情(45%)、考试(30%)、文化生活(10%)和人生(5%)等主题(段鑫星、孟令东,1997)。五年之后,段鑫星等再次对某大学 17 283 张课桌的研究显示,在研究收集的 4 335 条课桌刻写内容中,学生自创与原创作品占 45.6%,抄写与引用的占 54.4%。其中列在前 20 位的高频词分别为我(1 748)、爱(1 580)、你(1 544)、人生(1 288)、女生(576)、学习(448)、男生(372)、心(348)、好(308)、花(264)、美丽(212)、难(172)、大学(152)、苦(140)、中国(132)、路(116)、分数(100)、书(104)、志(94)、世界(88)(段鑫星、付豪、宋冰,2003)。针对大学生"课桌文化"性爱与情感主题,霍晶晶与刘兵(2007)做了专题研究,发现其内容主要表现为对异性的关注、对爱情的渴望和失恋的哀怨等。由于这些内容都是学生在自发状态下刻写的,因而一方面内容较为真实,可以如实地反映青年学子的心态;另一方面因为是作为痕迹存在的,信息的调查获取相对成本也是较低的。

从上面的这些讨论中,我们不难看到实物痕迹方法在社会科学研究中的广泛运用空间。然而,根据其表现形式的不同,痕迹又可以分为侵蚀性(erosion)和堆积性(accretion)两种测量方法。其中,侵蚀性测量研究主要借助研究对象物理表面的特定损耗程度进行推断论证,而堆积性测量方法主要通过研究对象物理表面的新增材料进行研究(Webb et al.,2000)。在我们上面列举的案例中,学生在课桌、墙面的笔迹书写是一种堆积性痕迹,而刻画书写则属于侵蚀性痕迹。

二、社会项目评估中的痕迹研究方法

纵观社会项目的评估研究,痕迹研究方法的运用不常见。但是,作为一种研究资料的收集办法,痕迹研究方法无疑具有应用于项目评估研究的前景。特别是作为一种对评估对象没有干预的研究形式,痕迹研究方法所关注的历史记录,在具备资料收集便捷的同时,其真实性也往往是其他方法无法替代的。下面,我们将简要地探讨痕迹研究方法在社会评估研究中的可能运用。

首先,借助痕迹可以帮助我们认识有关社会问题,从而有助于社会项目需要等方面内容的评估。

作为人类行为的记载,痕迹无疑不同程度地反映了特定群体或个人生存活动的某种状况,因而也是我们可以借以认识其当前情况的重要依据之一。一场聚会过后,当事人留下的遗弃物无疑是我们了解其活动内容与形式的重要依据。通过分析不同类型青少年聚会活动的遗留物,我们可以推测他们的不同偏好,从而为我们评估不同类型青少年的需要并有效提供社会服务奠定基础。同样,通过考察社区老人服务中心不同图书杂志的翻阅磨损情况,我们可以了解该社区老人的阅读兴趣:一方面有助于我们评价现有图书类型的结构合理性,另一方面也有助于我们根据其兴趣拓展各种新的服务项目,更为深入地满足老年人的心理需要。

显然,在一个开放型的空间内,要想凭借人们的活动痕迹确定特定对象的需要,进而为社会项目的设计提供依据是有一定的难度的。比如,在某街头公共汽车站候车亭上张贴的各类小广告，虽然可以为我们评估特定人群的需要提供参考，但由于其活动者的流动性极强，这就使得服务对象的瞄准十分困难。但是，在某些活动主体具有一定封闭性或者某些特定人群较为集中的空间，如大学校园，我们往往比较容易锁定相关痕迹的主体。因而在这样的情形下，我们在评估研究中应该特别注重这些特定群体的活动痕迹揭示的信息。像我们前面已经提到的校园范围内课桌上和公共厕所里留下的各种涂鸦和刻画，就可以比较准确地反映相关群体青少年的需要状况。参照上面关于"课桌文化"和"厕所文化"反映的内容及其重点，我们可以推测，大学生渴望了解异性，发展异性之间的友谊，进而进入恋爱状态的一种心态。据此，我们在设计社会项目过程中，便应该牢牢把握这个年龄阶段青少年性心理的发展及相关要求，在提供异性学生之间丰富多彩的交往活动的同时，组织不同形式的两性生理和心理卫生方面的知识讲座，进而帮助和引导青年学生思考人生哲学问题，因势利导地对目标群体的有关需要进行引导，促进其健康成长。

其次，痕迹也可以帮助我们评价社会项目的接受情况，从而更好地改进服务内容和方式。

通常，越是受到服务对象欢迎的社会项目，其使用对象的数量越多，由此便会留下不同的使用痕迹。据此，我们便可以对有关服务是否受到欢迎作出评估。例如，我们在开展青少年生理卫生教育的展览过程中，便可以根据青少年到场参观留下的痕迹，对相关展示内容是否受到关注作出评估，从而通过展览内容及其展示形式的改变，提高宣传教育效果。又如，我们可以根据实物展品玻璃橱窗上每天留下的鼻痕数量多少比较，对相关内容的欢迎程度作出评价。在社区健身服务设施的使用评估过程中，我们可以根据器械的不同使用频率造成的磨损情况，对哪些器材更为人们喜爱作出准确的判断。

在某些情形下，如果自然造成的痕迹不足以满足研究效率的需要，我们不妨采取一些特殊措施，强化有关痕迹，从而帮助我们掌握目标对象对项目的使用情况。例如，在上述青少年生理卫生展览过程中，要想靠地面的磨损程度来判断青少年对相关内容的参观人数多少是不现实的。但是,我们可以有意识地在展品之前的地面上使用特殊的记录性材料,来记录观看人数的多少,从而充分发挥痕迹研究法的作用。

最后,服务对象有关的历史痕迹还可以帮助我们辨别项目的影响效果,进而对服务的取舍作出科学的决策。

社会项目的服务对象是人,其服务效果最终都会在目标对象的行为和生活方式等方面得到反映。如果我们能够注意目标对象的这些变化,对其有关痕迹加以收集,无疑可以对社会项目实施的影响效果作出评估。例如,某社会项目旨在改善某城市贫困和低收入地区的营养摄取。我们可以通过项目实施前后对该地区居民每天产生的垃圾数量及其种类的分析和比较,了解目标对象是否因为实施项目而在食物摄取结构上发生变化,从而增加了营养水平。在目前某些实施垃圾分类的城市小区,特别是那些为了加强垃圾分类管理而在免费发放的垃圾袋上加上编号的小区,我们无疑可以更为准确地瞄准目标群体,根据其每天产生的生活用品的痕迹来评估项目实施的影响效果。借助生活垃圾的分析,我们可以非常准确地了解目标群体的营养摄取变化,进而根据评估结果与预期结果的比较,对营养改善项目的实施方式作出改进,从而提高项目成效。例如,如果原来是直接发放现金来推进项目的,一旦发现目标对象的食物结构没有发生如期的改善,我们可以将现金资助部分或全部改为发放实物或购物券的形式,从而促进项目投入的资源更好地服务于项目目标。

当然,我们只是列举了痕迹研究方法在评估研究中一些可以运用的领域,相信其实际的潜力远远不止于此。只要我们增强意识,积极探索,就一定可以更好地发挥痕迹研究方法在评估研究中的作用,从而对社会项目的评估研究作出更大的贡献。

思考题

1. 什么是文献研究方法?在评估研究中使用文献法与通常所说的文献回顾有什么区别?

2. 什么是内容分析法,其基本步骤如何? 如何进行定量和定性方式的内容分析?

3. 什么是非介入性研究方法? 它有什么优点和不足? 如何看待并充分发挥痕迹在社会研究与评估研究中的作用?

推荐阅读

Babbie, Earl(2007). *The Practice of Social Research*. 北京:清华大学出版社。

Neuman, L. Lawrence(2010). *Social Research Methods*: *Qualitative and Quantitative Approaches*. 北京:人民邮电出版社。

Webb, W. J., et al. (2000). *Unobtrusive Measures*. Thousand Okas: SAGE Publications, Inc.

参考文献

陈丽君等(2008):《改革开放三十年浙江省人才政策演变及现状分析》,浙江省公共管理学会 2008 年年会,宁波:宁波大学。

段鑫星、孟令东(1997):《大学生课桌文化的调查与分析》,《社会》1997 年第 4 期,第 31—33 页。

段鑫星、付豪、宋冰(2003):《大学生"课桌文化"的词语分类分析》,《青年研究》2003 年第 8 期,第 23—30 页。

方巍(2008):《关于社会排斥概念的本土化思索》,《浙江工业大学学报(社会科学版)》2008 年第 3 期,第 267—272 页。

方巍(2009):《社会排斥及其发展性对策——杭州市农民工劳动社会保障个案研究》,上海:格致出版社。

霍晶晶与刘兵(2007):《课桌文化中"性别与情感"的调查与分析》,《湖北教育学院学报》第 24 卷第 1 期,第 105—106 页。

劳动和社会保障部办公厅(2003):《关于农民工适用劳动法律有关问题的复函》,2003 年 3 月 20 日。

邢倩、赵琳(2007)：《透过高校"厕所文化"分析大学生性压抑的原因》，《社科纵横》第 22 卷第 6 期，第 259—260 页。

章晓懿、杨培源(2007)：《城市居家养老评估指标体系的探索》，上海：上海文艺出版总社、百家出版社。

中国社会科学院语言研究所词典编辑室(2010)：《现代汉语词典》，北京：商务印书馆。

Anastas，J. W. (1999). *Research Design for Social Work and the Human Services.* New York：Columbia University Press.

Babbie，Earl(2007). *The Practice of Social Research.* 北京：清华大学出版社。

David，M. & Sutton，C. D. (2008). *Social Research：The Basics.* 北京：高等教育出版社。

Neuman，L. Lawrence (2010). *Social Research Methods：Qualitative and Quantitative Approaches.* 北京：人民邮电出版社。

Scott，John(1990). *A Matter of Record：Documentary Sources in Social Research.* Cambridge：Polity.

Stavrianos，L. S. (2010)：*A Global History：From Prehistory to the 21ˢᵗ Century.* 北京：北京大学出版社。

Webb，W. J.，et al. (2000). *Unobtrusive Measures.* Thousand Okas：SAGE Publications，Inc.

第九章　社会项目需要评估

通过上面的讨论,我们了解了项目评估的概念及其理论和研究方法,接下来便可进入具体的评估研究阶段。在这一章,我们将从社会项目的需要及其评估的基本问题入手,探讨需要评估的类型和方法步骤。它既是社会项目设计的第一环节,同时也是对项目依据的论证和反思。

第一节　项目需要评估概论

"需要"在社会项目服务过程中处于重要地位,同时也是众多社会科学分支学科普遍关注的基础问题。为此,在界定社会项目需要评估的概念之前,我们将首先讨论"需要"的概念及其在社会项目中的地位,最后分析需要评估在社会项目评估研究中的功能。

一、"需要"的概念

根据《社会工作词典》的界定,"需要"是人类"维持生存、健康和自我实现在身体、生理、经济、文化和社会等方面应该予以满足的要求"(Baker, 2003:291)。尽管人们普遍了解,需要是人类维持个体生理生存和社会基本功能的保证(Johnson, Schwartz & Tate, 1997),但是对于何种物品构成人类的基本需要却始终充满了争议。诚如一些学者举例指出的,对于生活在寒冷环境中的贫困老人,生火取暖是其维持生存必须满足的条件。但是,老人为了孙子的快乐和家庭团聚的天伦之乐却情愿忍冻挨饿,将取暖生火的钱用来给小孙子买玩具(Blakemore,2003)。在这里,老人精神上归属感的要求远远超出了其生理与御寒的需要,精神支柱成为维系老人生存的基本需要。

正是为了区分哪些方面的需要是人类必须予以满足的基本条件,一些研究区分了需要的主观性和客观性:那种一旦被剥夺可能产生严重后果的需要,便是具有客观性的需求;而那种不会产生严重后果的则是主观性的需求(Blakemore,2003)。另有研究更是做了进一步的区分,除了需要和需求以外,还提出了欲求、欲望等(参见彭华民,2008)。与此类似,马斯洛则提出了需要的层次理论,将人的需要从低到高区分为生存的需要、安全的需要、归属和爱的需要、自尊的需要和自我实现的需要,认为只有在低层次的需要得到满足之后,才可能追求高层次的需要(Maslow,1970)。然而,传统关于人的基本需要的界定往往将其局限于维持生存的衣、食、住;对此,莱恩·多亚尔(Len Doyal)和伊恩·高夫(Ian Gough)通过意外事件严重受伤者等事例说明,仅仅维持生存并不足以保证一个人"完成日常生活中的各种实际任务,而要达到这一目的就必须具备体力、精神和情感方面的多种能力"。基于上述认识,他们认为,人的基本需要应该是身体健康和自主性,否则便不能具备上述能力并完成实际生活中的各种任务(Doyal & Gough,2008:56—59)。多亚尔和高夫关于基本需要的上述研究在社会政策领域具有重要影响,因而对于我们合理评估人类需要具有重要的指导作用。

此外,乔纳森·布拉德肖(Jonathan Bradshaw)关于规范需要、感觉需要、表达需要和比较需要等四种需要形式的划分,也是社会政策领域具有重要影响的需要研究成果,特别是对我们从不同角度全面评估社会项目服务对象的需要状况具有直接的指导作用。在上述四个方面的需要中,所谓的规范需要是专家和专业人士界定的需要,感觉需要是指个体主观感觉到的需要,表达需要是成为外在要求的需要,而比较需要则是相对其他群体界定的需要(参见 Jones, Brown & Bradshaw, 1983)。如关于贫困,最低生活保障便是一种规范需要。一旦某一家庭或个人的收入低于这一标准,便是处于贫困状态而需要补助。如果某一家庭及其成员感觉其收入不足以满足其需求,这种主观需要便是感觉需要。进而,如果具有贫困感的个人采取撰文、集会、游行等行为反映其状况,这种需要便表现为表达需要。最后,如果甲、乙两个家庭都是夫妻两人同时下岗,其孩子又同样尚在求学;假如甲领取了最低生活保障,那么乙也具有同样的需要,即比较需要。这些不同形式需要的提出,为我们认识某一方面的社会问题及其不同的表现形式、及时确定相应的社会服务及社会政策具有重要参考价值。

二、需要在社会项目中的地位

从上面的讨论中可以发现,需要研究在社会服务中具有重要地位,它是人类福利项目的出发点;而社会福利则被认为是对人类需要的回应,是人类社会福利制度存在的基础。下面,我们将从社会项目服务的产生和发展两个角度分析需要的地位。

1. 需要在社会项目产生过程中的作用

作为社会公正的反映,社会项目可以追溯到人类社会早期的赈灾活动。在中国历史上,积储赈灾往往是封建王朝政府施政的重要内容。早在汉代,中国便建立了称为"常平仓"的仓储制度,并成为仓储制度的依据。此后历代,又先后出现了义租仓、乡社仓、惠民仓、广惠仓和平籴仓等仓储制度。这些不同形式的仓储制的作用,便是在灾荒之年救济百姓,从而达到"小歉则随事借贷,大饥则录事分颁。富不至侈,贫不至饥。农不至伤,籴不至贵"的理想(潘皓,1991)。在民间,历史上也形成了以乡约制和义田制为特色的救助形式。所有这些制度安排,都在一定程度上满足了农业歉收之年救济灾民、满足民生的需要。在西方,宗教和教会在社会项目服务方面扮演了重要角色。在宗教慈爱思想的影响下,对穷人的救助活动超越了家庭和亲属以及上述成员以外的互惠,在社会服务的发展历程中起到了重要作用(怀特克、费德里科,2003)。

　　但是,上述这些社会项目,特别是政府的救助,仅仅是一种临时性的制度安排,是建立在家庭临时丧失其功能的特殊情形下的。一旦家庭这一基本的社会细胞恢复功能,政府便不再承担社会项目的服务职能,尤其是在中国这一具有血缘家族制度背景的社会中更是如此。在人类历史上,政府承担起社会项目的日常职能,将社会公众的基本生活保障作为其基本功能的制度安排,是在人类社会进入到工业化、城市化人口数量激增的情形之下。英国是人类历史上第一个进入工业化的国家,在经济取得突飞猛进发展的同时,大批失去土地、流落城市的流民也给英国政府提出了严峻挑战,进而借助《济贫法》成为世界上第一个承担起国民社会救助责任的国家,奠定了政府社会项目服务的基础。诚如威伦斯基等人指出的,考虑到现代社会生活的复杂性,诸如个人无法充分保证自己的生计以及家庭和工作环境无法满足需要等情形,都是正常现象。社会项目成为现代工业社会的正常功能,成为社会的"第一道防线"(Wilensky & Lebeaux, 1965)。

　　社会项目作为社会第一道防线制度的确立,一方面肯定了政府对于人类基本需要满足的职责,另一方面也将需要的满足牢牢地限定在个体生存的基本需要范围之内。这种对于个体基本需要的满足,可以追溯到人类早期群体内部的利他和社会互助以及此后更大社会范围内的慈善行为。有关研究显示,从早期游牧时期开始到此后各种不同的社会历史形态,社会群体之间的互助活动一直都是人类生活形态的组成形式;西方基督教关于对上帝的爱和对人的爱,则进一步促进了现代社会慈善形式的新的互助活动(Dolgoff & Feldstein, 2003)。作为当代制度内的社会项目,就其初创时期来说,很大程度上与社会控制的功能直接相关,这在英国 16—18 世纪《济贫法》的发展过程中得到了充分的体现(尹虹,2003;Elton, 1953),并成为当今社会研究的重要话题(Piven & Cloward, 1993)。不论是以利他主义为基础的互助或慈善活动,还是以社会控制为目的的社会救助活动,其共同基础都是对人的基本生存需要的认同,并成为此后相当长一段时期内人类社会项目服务的出发点与依据。

2. 需要在社会项目发展过程中的作用

如果说满足人类的基本生存需要是现代社会项目发展的基础,并构成社会救助背景下的社会项目依据,那么,人类需要的发展及其满足同样是社会进一步发展背景下社会项目繁荣与发展的原因所在。人的需要不是一成不变的,诚如马斯洛指出的,人们在满足现有需要的基础上,会激发新的、更高层次的需要及其相关的社会活动。马克思主义历史唯物论更是将需要视为人的本质属性,认为需要引导着人的实践活动,进而促进人的发展。马克思通过关于人类社会产品从按劳分配到按需分配的发展历程的论述,论证了人类社会发展结果在自身需要满足程度上的进步表现(参见彭华民,2009)。从人类的发展历程来看,劳动力的商品化一方面为劳动者赢得了自身的独立地位,但同时也因为劳动力作为商品及其价值实现的自身和外在因素影响而约束了其社会资源的获取,进而满足自身需要的程度(参见 Esping-Andersen,1977)。人类社会资源的按需分配无疑从根本上克服了上述劳动力商品化背景下形成包括生存发展的约束,进而为人的全面发展赢得物质和社会保障,体现了人类社会发展对于人的本质实现的保障和人类福祉水平的极大提高。

从西方发达国家的发展历程来看,20 世纪中期社会政策及其社会服务的发展背景,恰恰印证了社会对人类需要满足的认识的发展。尽管西方社会在其工业化过程中逐步确立了社会保障制度,但是西方文化中存在的对于弱者道德品行的谴责以及贫困文化概念的提出,很大程度上造成了社会救助对象在接受社会救助过程中的耻辱化。在美国,某些社会救助机构为了防范福利对象谎称单身母亲而骗取救济,甚至在深夜对其住所进行突然检查(Dolgoff & Feldstein, 2003)。在这样的背景下,社会弱势群体社会需要的满足不但只能局限在基本的生存保障水平上,而且具有深深的罪恶感。马歇尔关于社会权利思想的提出,从根本上改变了社会救助服务的理论和道德依据。社会救助服务不再是一种施舍,而是公民的基本权利的基本组成部分(Marshall,1977)。关于需要满足的这一理论和观念上的变化,是西方20世纪50年代社会福利国家运动的基础,同时也大大促进了社会政策的发展,丰富和扩展了社会项目的内涵。

当然,任何权利都是与义务相对应的,过分强调社会权利,也可能造成政府社会开支的激增,进而影响社会的可持续发展。尽管我们不能认为西方工业化国家20世纪70年代的经济不景气完全是福利国家运动的结果,但是新右派的有关批评以及随之而来的福利多元化改革无疑具有重要的警戒作用(George & Wilding,1994)。在当前我国建设适度普惠型福利制度的过程中,一方面应该坚持科学发展观,注重社会的可持续发展;另一方面也应该扩大社会项目的内涵,满足更广泛社会成员更高水平的社会需要,让各个阶层享有同等的社会发展成果,构建社会主义和谐社会。作为一种新型社会制度的体现,适度普惠取向的社会项目不能仅仅以贫困群体的基本生存需要满足以及自然和社会环境变迁过程中的救助为己任,而且应该注意到其基本生存需要以外诸如住房、就业、医疗和教育等方面的发展性需要。与这种社会项目满足的需要内涵相适应,适度普惠型福利制度不仅意味着社会福利水平的提升,而且也意味着社会福利对象范围的扩展,并在此基础上实现两者的统一。由此可见,需要在社会项目的发展,特别是在当今中国适度普惠型社会福利制度的建设过程中,具有十分重要的作用。

三、项目需要评估的概念与功能

在明确了需要的概念及其在社会项目的产生和发展过程中的作用的基础上,我们将不难理解需要评估在项目的设计及其合理性论证过程中的作用。为此,本部分将在论述需要评估概念的基础上,探讨需要评估的功能。

1. 需要评估的概念

简单地说,需要评估是评估研究人员或项目利益相关者对特定情形

下,社会项目目标群体需要状况的一种分析和判断(方巍、张晖、何铨,
2010)。例如,面对我国老龄人口日益增加的现状,面向老年人的社会服
务项目无疑日益显示出迫切性。如果相关组织打算推行老年人的养老服
务,那么,我们究竟应该推行机构养老模式,还是社区居家养老模式呢?
显然,为了提高社会资源利用的针对性,同时更好地满足老年人的需要,
我们便应该首先分析研究服务范围内老年人的养老意愿,究竟是选择社
区居家养老模式的人多还是选择机构养老模式的人多,究竟是哪些人希
望居家养老,哪些人倾向于机构养老? 针对潜在的机构养老的对象,我
们又需要判断有多大比例是有支付能力的,多大比例是没有支付能力
的,他们各自对机构养老服务有什么特殊的期待? 针对倾向于社区居
家养老的对象,他们对社区服务又有哪些要求,其中不同对象的要求又
有什么不同呢? 这些内容的分析和判断便是社会养老服务项目需要评
估的重要课题。

通过上述论述和举例我们可以看出,所谓的需要评估其实便是对潜
在服务对象及其需要的一种认识,涉及对潜在的不同目标群体对项目服
务内容的认可程度的一种判断,由此也构成了社会项目需要评估的两大
主要任务。在需要的评估过程中,了解服务对象的需要情况无疑是研究
的重要课题之一,但任何需要都是和特定对象相联系的,需要的分析离不
开对需要对象的界定和判断。只有明确特定需要的特定对象,社会项目
才能将服务输送到目标群体,才能真正实现其使命。因此,需要对象的界
定和识别,往往被认为是项目需要评估的先决条件,直接影响到社会项目
的成功与否(罗希、李普希、弗里曼,2007)。

2. 需要评估的功能

通过上面的讨论,我们在一定程度上可以感受到,需要的分析和判定
对社会项目的成功具有十分基础的作用。具体地说,社会项目的需要评
估主要具有两大方面的功能:对于一项尚未实施的社会项目,需要评估对
于项目的设计具有指引作用;而对于一项业已完成的社会项目,需要评估
则是判断项目成功与否的先决条件。

首先,在项目的策划和设计阶段,需要评估既是基础,同时也是指南。任何社会项目都有其特定的目的,这个目的便是满足一定的社会需要,这是由人类社会项目的本质所决定的。在项目的策划和设计过程中,如果我们不了解服务对象的需要,那么就好比在大海航行过程中失去了方向,有可能到处瞎撞,不但到达不了目的地,而且浪费了大量可贵的资源。在每一次行程中,我们必须根据自己特定旅程的目的地,合理分配和使用现有的资源,确保目的实现的各个环节的落实。如果我们不明确目标,不了解特定项目需要解决的具体问题,那么就好像一艘毫无明确方向的游轮,最后一事无成。综上所述,需要评估可以是对项目的可行性分析,也可以是项目设计的依据和指引。

其次,即使在项目已经完成之后的评估研究中,需要评估也是判断项目成功与否的根本标准。一个项目一旦其目标不合理,也就是说,它满足的需要及其群体是错误的,那么不论它如何受服务对象的欢迎,该项目都不是一个成功的社会项目。例如,现在频频引起争议的经济适用房项目,其本身是为了满足没有经济实力购买商品房的中低收入家庭的需要,与廉租房一道构成城市居民的住房保障,但是,如果某一个地区某一项经济适用房项目提供的都是 100 平方米以上的享受型户型,而实际购买者又是具备购买商品房的经济实力者,那么,不论这一社会项目如何受实际服务对象的欢迎和肯定,只要它满足的需要不符合保障性用房的原则,它满足的目标群体并不是二次社会分配应该体现社会公平的对象,这一项目也是不成功的。因此,需要评估是社会项目获得其合理性的第一要素,是一项社会项目成功的先决条件。只有经受了需要评估,我们研究的社会项目才赢得起后续阶段的基础,否则本书讨论的其他各种类型的评估也失去了其存在的价值。

综上所述,不论是在项目正式实施之前的策划和设计阶段,还是在项目业已完成之后的评估研究中,需要评估都是所有其他项目评估研究的基础,是社会项目得以确立或者赢得进一步评估肯定的前提性条件。

第二节　项目需要评估的资料收集

与其他的项目评估相比,需要评估没有一个统一的或标准化的程序,但是资料的收集却在其中有着重要的引导作用(罗伊斯、赛义、帕吉特,2007)。为此,我们将从宏观、中观和微观三种视角探讨需要评估资料的收集步骤。

一、宏观视角的资料收集

宏观视角的需要评估通常针对一个地区,甚至一个国家范围内的特定群体而言,因而往往是制定某一种社会政策或者确立某一较大范围内的社会项目的依据。例如,自从 20 世纪 80 年代末 90 年代初以来,我国各地出现了大规模的民工潮。但是,这些农民工绝大部分在各地的就业状况并不理想。他们从事的是脏、累、险的活儿,但获得的报酬和享受的劳动待遇却极差。一方面是劳动力市场上人满为患,另一方面部分技术工却供不应求(方巍,2009)。针对劳动力市场的这种状况,国务院办公厅 2003 年转发了劳动部等六部门《2003—2010 年全国农民工培训规划》。从 2004 年起,中央财政安排 2.5 亿资金,各地政府也相应安排专款,组织实施"农村劳动力转移培训阳光工程"。上述这些措施,无疑从政策和项目层面大力推动了农村劳动力的培训工作,当年便有 250 万人享受到培训补贴(劳动和社会保障部调研组,2006)。

与我们下面将要讨论的中观和微观视角需要评估不同,宏观视角的项目需要是借助对社会问题的界定,间接地把握特定人口的社会需要的。根据社会学和社会政策领域的研究,社会问题往往表现为由于社会结构性的原因,致使特定社会群体无法满足其需要而影响到正常生活,进而需要社会组织力量加以解决的社会现象。对此,美国著名社会学家 C. 怀特米尔斯(C. Wright Mills)曾经从个体性困扰和社会性论题的角度做了比较说明。在米尔斯看来，一个人的需要得不到满足而表现出的症状，可以区分为困扰和论题两种。其中，困扰产生于个体的性格以及他与别人的直接联系，源自个体及与其直接相联系的个体环境；而论题则超越了个人的局部环境和内心世界，反映了社会结构方面的制度安排的危机。例如，当一座 10 万人的城市只有个别人失业时，其原因可能是个体性的困扰造成的；但是当一个仅仅拥有 5 000 万劳动力的国家有 1 500 万人失业时，这就显示出了失业问题的社会结构性论题特征（米尔斯，2001）。正因为社会问题反映的是一种结构性的特定群体需要得不到满足的状况，我们便可以借助社会宏观结构层面的数据，通过对社会问题的分析来间接地揭示特定社会群体没有得到满足的需要。

要想揭示宏观层面的社会问题，最有效同时也是最方便的资料当然首推各类大型社会统计资料。特别是随着公共领域资料信息的公开化和政府部门的各种网络建设，我们能够很容易地获取与评估研究议题相关的各类统计资料。例如，根据我国 2010 年举行的第六次全国人口普查数据，我们可以准确地获知全国或某一地区 70 岁以上老年人口的数量及其占总人口的比例，从而科学地规划养老社会服务项目。进而，我们还可以了解 70 岁以上老年人的收入状况、家庭居住结构和健康状况，这就给我们进一步具体规划养老服务的形式提供了依据。又比如，通过相关的社会统计资料，我们可以了解某一地区范围内低收入人口的数量及其家庭结构，这对于我们评估扶贫项目需要，进而设计项目具体内容具有重要指导作用。如果我们根据统计资料发现，相当部分贫困低保者缺乏收入来源的原因在于家有老、弱、病、残需要照顾，那么他们的项目需要便不仅仅是收入补偿，更重要的是提供社会照料服务，从而帮助他们摆脱羁绊，重返劳动力市场，进而减少或摆脱对收入的救济依赖。

除了上述大型、综合性的社会统计资料以外，人们还往往将某一领域的社会发展或问题状况通过一系列的次级量化参数加以测评，最后加以综合度量。其中具有较大影响的，有北美的生活质量（风笑天，2007）和欧洲的社会质量（林卡，2010）。虽然都力图超越传统从经济指标角度评价社会的发展水平,但两者的重点不同。相对而言,生活质量更侧重于从个人的角度衡量社会的发展水平,而社会质量更注重于社会融合在社会发展中的地位,体现了欧美不同价值取向在评价社会进步方面的差异。在社会政策领域,联合国的人类发展指数(Human Development Index)和美国学者埃斯蒂斯的社会发展指数(Social Development Index)都有着较大影响。人类发展指数主要由预期寿命、成人识字率、综合入学率和人均国内生产总值等四个方面的次级指标构成,提供了历年来世界不同国家的社会发展水平,为我们评价不同国家和地区的社会需要提供了依据(UNDP, 2004)。埃斯蒂斯的社会发展指数最早见于其《国家社会进步》(*The Social Progress of Nations*)一书,此后用于对世界主要国家和地区的社会发展水平评估。2000 年,埃斯蒂斯与香港社会服务联会(Hong Kong Council of Social Service)合作,制定了香港社会发展指数(Social Development Index for HK SAR)。该指数综合社会、政治和经济等方面14 个类别的 47 项指标,具体包括国际化、政治参与、公民社会力量、家庭团结、经济、人身安全、卫生健康、环境质量、治安、教育、科技、房屋、文娱和运动休闲等(Estes, 2002)。这对于我们评估不同社会群体的社会需要,进而设计社会服务项目提供了重要参照。但是,目前的社会指标范围还较为狭窄,主要集中在贫困、就业和家庭构成等方面,对于我们借此评估社会需要还有一定的局限性(罗希、李普希、弗里曼,2007)。

当然,除了利用现成的资料进行宏观层面的项目需要评估以外,我们还可以自行组织专题社会问题调查。这样做的好处是针对性较强,避免上述利用二手资料的局限性,可以从拟评估的需要出发收集专门的资料。当然,这种方法不论是采取抽样调查还是普查,工作量和成本都较大,可以酌情选用。

二、中观视角的资料收集

与宏观视角的研究不同,中观层面需要评估的项目服务对象分布范围较小,区域更为集中,目标十分明确,因而评估研究的资料收集方法更多采用问卷调查、焦点访谈和社区论坛等手段(方巍、张晖、何铨,2010)。这种方法,在目前我国各级政府大力加强城乡社区基层建设并发展社区服务的背景下,显得格外重要。

问卷调查是现实中使用最为广泛,同时也是大多数读者最为熟悉的一种资料收集方法,对此我们在本书第二部分关于评估方法的讨论部分已经有所涉及。在社区范围内使用问卷调查收集资料,除了问卷本身的内容设计,最为关键且需要解决的问题还是样本的代表性。要想准确获得目标群体的有关评估研究资料,我们在社区样本的代表性方面面临极大的挑战。尽管我国的单位制度规模缩小,社区在人们生活中的意义增加,但是社区组织缺乏传统单位组织的行政结构及其约束性,加上现代城市居民生活节奏加快,家庭生活私隐性强化,这就使得社区范围内的问卷调查组织较为困难,调查的经济和时间成本大大增加,特别是难以按照理想的样本分布实施,实际调查对象往往是老人、青少年或其他无业或就业较为灵活的人士。所有这些情形,都可能严重影响调查资料的代表性和真实性。为此,评估研究者应该充分利用基层组织和项目服务人员的影响,加强宣传和思想工作,在增加调查对象对调查研究重要性认识的同时,辅之以适当的物质报酬,从而有效联系目标对象,尽最大努力确保收集的资料的代表性。

除了着重于代表性的问卷调查,类似于座谈会的焦点访谈也是收集一定区域范围内需要评估资料的重要手段。相对于问卷调查而言,这种方法选取的对象类型较为统一,往往用于某一类内容或目标较为明确项目的潜在对象或者具体项目事后的需要评估。由于目标较为明确、访谈的对象类型较为一致,这些调查收集资料的效率往往较高。加上参加访谈的对象相互之间存在着交流和相互补充,焦点访谈方法可以令我们对某一方面的需要问题获得较为全面和深入的认识。例如,如果某机构打算推出针对城市外来务工人员子女的社会服务项目,我们自然可以通过召集一定数量的外来务工人员进行焦点访谈,了解他们最为迫切需要解决的问题。除了外来务工人员,我们当然也可以分别针对外来务工人员子女、他们所在学校的教师进行集体访谈，更为全面地了解相关服务项目应该解决的问题及其服务内容。如果我们是在项目执行之后评估其设计的针对性和合理性，我们也同样可以对上述三种类型的群体进行集中访谈，了解他们对项目的期待以及项目对他们的满足程度。由于上述访谈的问题比较集中、对象较为一致，这就有利于相关方面资料全面而深入的收集。当然，如果某一项目的目标对象较为复杂、内容难以确定，我们也可以区分各个不同群体分别就相对较为集中的问题开展访谈。至于某些比较个性化的需要，特别是具有敏感性的问题，迫于可能存在的群体压力影响，焦点访谈并不一定保证我们获得充分和真实的信息，这是我们在使用这类方法时应该予以充分考虑的问题。

相对于上述这种目标相对较为明确、组织化程度较高的资料收集方法，在社区范围内，我们还可以借助或通过组织社区论坛的方式来收集需要评估的研究资料。相对于焦点访谈，社区论坛参加的人数往往较多，但是发表意见者可能只是其中少数几个人。通常，这些人具有类似于民间领袖的特点，对于相关问题的思考较深，在发言过程中往往也会就问题做较为深入和全面的阐述。由于这些人的发言通常具有自发性和内在的冲动性，可能确实是就相关问题有感而发，因而具有一定的参考性。在社区论坛上，一些不同的观点也可能展开针锋相对的辩论，有利于我们全面了解不同对象的不同需要。但是，由于社区论坛的发言者往往可能具有一定的情绪冲动性，因而对这种方式获得的资料的代表性需要做进一步的分析。同时，在中国的文化与现实社会氛围下，自发的社区论坛往往产生于对某些共同利益受到明显影响的事件上，如社区的物业管理等，在其他一些事宜上，公众的参与积极性不一定大，研究者想要有意识地借助这种形式收集资料也会有一定风险性。因此，对于社区论坛的方法我们既不应该排斥，尤其是当社区论坛自发形成的情形下更是应该充分利用，但也不要刻意追求，有时甚至找项目相关利益者分别进行访谈，收集到的资料也许对于项目需要评估反而更为有利。

当然，这并不是说中观视角的需要评估研究不能使用统计资料等二手数据。由于许多宏观视角的统计数据都是建立在基层对象基础上的，因此理论上，项目目标对象的上述资料只要能够得到，都是可以利用的；只是有关部门通常并不一定针对研究的目标群体进行分类统计，并公布相关的统计资料。至于社区范围内的二手资料，同样也是可以评估研究利用的数据。

三、微观视角的资料收集

由于社会项目的设计与推出往往要考虑一定的服务对象，因此需要评估通常注重收集的研究资料的普遍性和代表性。但是，社会项目不同于公共项目的一个重要特点，便在于其服务不具有共享性，存在不同程度的个性化特征（Brown & Payne，1990）。例如，即使是居家养老服务，尽管项目的服务对象是某一社区范围内的所有老年人，但是针对具体的老人，我们仍然应该区分其特点提供不同服务。例如，针对不同经济收入状况的老人，我们提供服务可以是全免费的、部分免费的、成本价的或者市场价的；针对不同年龄与自理能力者，我们的服务重点也可以分别是医疗服务、家政服务或者仅仅涉及家政中的午餐供应；对于行动和生活自理有困难者，我们也应该区分其程度，提供各种针对性的不同服务内容。尤其是在社会工作的个案服务过程中，社会项目的起点便是对服务对象的需要评估，在此基础上再作出项目干预方案，然后提供相关的服务内容。因此，针对个体或者以个体为中心的家庭社会服务项目，诸如单系统设计（single system design）研究方法（Royse，2004）等微观层面的资料的收集，也是需要评估研究不可忽略的问题。

对于微观层面或者个案的需要评估，我们既可以单独使用定量的或定性的研究方法，也可以综合两种方法对需要作出更为全面的评估。不同于宏观和中观层面的定量研究，个体层面的问卷调查是没有意义的，但是我们可以利用某些类似于问卷的结构式资料表，对于个案对象的基本情况进行较为规范的记录。例如，深圳市社会工作《个案基本资料表》，便对接案对象的进站方式、进站原因、初次接触方式、案主亲生父母婚姻状况、案主亲人状况、健康状况、就学/教育问题等41项内容进行结构式登记(吴水丽,2010)。这种方式,对于规范社会工作个案管理、指导社会工作者个案工作都有积极的意义。此外,我们还可以借助各种量表,对项目服务对象面临的问题作出准确的定量判断,在此基础上确定其服务需要,进而为提供具有针对性的服务奠定基础。例如,美国某些县在进行心理健康服务项目需要评估过程中,便曾经运用标准化手段测量潜在服务对象的焦虑和抑郁情况(罗伊斯、赛义、帕吉特,2007)。像这样的一些内容,我们可以借助心理学的一些标准化量表进行较为准确的测量。其不仅适用于一定规模的群体,同样也可以用于对临床社会工作个案的测量。

相对于定量方法,微观层面的个案需要评估过程中定性方法的运用更为普遍。众所周知,与定量方法相比,定性研究方法研究对象数量较少,但可以对研究对象做深入和详尽的分析。社会工作服务对象的接案评估恰恰具有这方面的要求。由于不同个案对象的特殊性,我们需要对其面临的问题及其产生的背景作深入的了解。在这一过程中,我们收集资料的手段,除了借助某些二手资料以外,主要是通过与服务对象的谈话,特别是让潜在的服务对象尽可能多地叙述自己的症状或问题,为我们了解分析其需要、制定服务方案、采取有效的干预服务奠定基础。定性研究的资料丰富性和深入性,恰恰为我们把握服务对象的问题提供了最为有效的手段。事实上,几乎社会工作个案工作中的所有案例,都离不开通过定性方法分析判断对象问题症状的步骤。例如,在一位抑郁症个案对象的服务过程中,社会工作者在第一次与服务对象见面时,一方面借助权威机构的诊断结论对服务对象存在的问题具备基本的了解,同时更大程度上,则是在与服务对象的谈话过程中了解其症状,重点探究出现抑郁症的前因后果。通过收集服务对象本人的人格特质、成长过程、家庭和社会情况等资料,确定服务对象面临的问题及其成因,从而掌握个案服务的需要,为提供个性化的干预方案奠定基础(参见马伊里、吴铎,2007)。显而易见,在上述过程中,定性研究手段起到了举足轻重的作用。当然,上述需要评估过程,包括权威机构对服务对象抑郁症的诊断、社会工作者对服务对象人格特征的把握,其中也可能涉及定量方法的运用。无疑,这对于我们全面掌握服务对象的需要情况是十分有帮助的。这就要求我们根据研究的需要灵活运用各种手段,最终达到需要评估的目的。

第三节　项目需要评估的任务

在第二节中,我们指出项目需要评估没有统一或标准化的程序,但是,需要评估之所以能够成立,它还是有着自己独特的内涵,需要回答其他类型项目评估所不能回答的问题。因此,在了解项目评估资料收集方法的基础上,我们将继续分析项目需要评估需要完成的主要任务。

一、项目需要确定

毋庸置疑,社会项目的需要评估研究首先应该完成的任务便是需要的确定。通过上面的讨论我们已经知道,不同层面需要的确定方法不同;同时,由于人的社会需要的多样性,需要的确定除了明确一定社会群体或个体的需要以外,还需要判别不同需要的优先满足顺序,而不同需要的优先顺序的决定往往又涉及政治的抉择过程。

针对不同层面的评估研究,我们可以直接确定需要或者间接地以问题的表现为中介确定需要。显然,通过定量或定性研究直接确定需要的方式最为简洁明了,同时也有助于我们全面了解特定社会群体或个人的各种需要或者某一类需要的表现状况。例如,我国著名心理学家黄希庭教授与张进辅、张蜀林等人(1988)于1987年调查我国大学生的需要状况,认为主要包括求知的需要、友情的需要、建树的需要和自立的需要等18种类型。18年后,青岛大学时建朴和王瑾(2005)再次调查大学生的需要状况,通过与黄希庭的研究结果比较发现,从1987年到2003年期间,大学生的需要结构的发展基本是稳定的,但是增添了环境、心理素质和求职等三项需要,并且前四项需要表现为友情的需要、求知的需要、自立的需要和心理素质的需要。又比如,胡银环、陈昊和王迪飞(2008)通过分别对我国东部、中部、西部三个区域三个省会城市和一个地级城市,共六个城市的抽样调查发现,我国城镇居民对感冒咳嗽、胃肠不适、心血管等慢性疾病以及皮肤不适、牙疼、头疼、关节痛与扭伤、鼻炎与结膜炎等疾病,存在着自我药疗的需要。这些研究无疑有助于我们确定某一群体一定时期内的需要状况以及某一群体某种特定需要的表现状况。

　　然而,由于社会项目领域的需要评估,特别是社会福利项目的需要评估往往是以特定个体或社会群体由于无法自己满足其需要而呈现出影响其发展和福利的问题为特征的,因而并非所有研究对象的需要都是项目评估应该明确的内容。从这方面来说,问题视角的需要评估往往更有针对性和指导性。不同于直接的需要评估,问题视角的需要评估是以问题的鉴别为形式确定社会项目需要的方式,其基本依据便是人的需要得不到应有的满足,可能对其生存和发展产生消极影响。与上述直接确定项目需要调查的对象不同,问题视角的需要评估往往对象较明确,如社会工作服务中的接案对象、已经明确存在问题的某一类社会群体等。例如,温谋富(2009)通过对福州市自闭症儿童家庭的研究,发现他们存在经济援助、教育、社会保障和照顾者的心理辅导等方面的需要。此外,我们也可以借助上一节讨论的宏观视野统计数据分析,确定社会问题的内容、危害程度以及表现群体,进而确定解决这些问题应该满足的问题对象的社会需要。例如,我们可以通过社会统计数据,了解当前一定范围内的失业现状及其严重性,通过交互分析比较确定失业表现最为突出的某些社会群体,进而借助其特点,分析找到解决其失业问题应该予以满足的需要。

　　然而,社会问题与需要的对应关系往往比较复杂。一种社会问题可以对应着一种需要,如失业问题对应的最直接的需要是就业。但是,绝大部分社会问题具有复合性,往往是多种社会基本需要得不到满足而形成的。如我国的贫困问题,除了其收入不能满足基本生活需要以外,还可能与家庭成员丧失劳动能力需要社会救助有关,也可能与家庭成员生病需要接受医疗有关,甚至可能与其生活地区的自然环境无法满足人的基本需要有关。又比如,目前我国部分社会弱势群体的犯罪及造成的社会不稳定问题,很大程度上也与他们政治、经济和社会等方面的基本权利被剥夺、无法获得满足有关(方巍,2010)。在这些情形下,一方面,社会问题视角有利于我们更好地把握社会需要得不到满足的社会结构性原因,另一方面也令我们确定社会基本需要的工作变得更为复杂。

在需要的评估过程中,我们不仅要了解我们研究的社会群体具有哪些方面的需要,而且应该判断所有的需要中,社会项目应该予以满足的内容。由于社会资源的有限性以及特定社会项目不可能解决所有的问题,因此,我们必须找到所有社会需要中应该首先予以满足的需要。对此,我们认为应该解决两个方面的问题。首先是需要应该满足的轻重缓急。对此,本章第一节已经提到的马斯洛的研究、多亚尔和高夫的研究都具有理论上的指导意义,其基本原则便是社会项目满足的需要以基本需要为指导;但是,我们不能僵化地理解人的基本需要,将其仅仅局限于生存的需要,而应该看到人之所以为人的、自主地完成其日常生活所必需满足的需要。其次是具有同样需要的对象中哪些是我们社会项目应该关注的对象。同样是人的基本需要,也不是都应该成为社会项目应该满足的需要。在市场成为当代人们生活中满足其需要的基本途径的情形下,那些能够借助市场予以满足的基本需要通常不应该成为社会项目应该满足或者应该优先满足的需要。例如,住房是一个人生存的基本需要,当年杜甫《茅屋为秋风所破歌》中"安得广厦千万间,大庇天下寒士俱欢颜"的诗句,正是展现了人类对这种基本需要的一种渴望和追求。然而,对于那些具备足够购买能力的人,住房需要的满足不是社会福利项目应该关注的内容,政府也没有必要为其提供奖励用房;政府需要做的只是一方面保证社会第一次分配的合理性,另一方面通过二次分配确保无法借助市场获得其需要满足的人得到基本住房,包括经济适用房和廉租房。

当然,实际的需要确定及其满足是一个各种利益角逐的复杂过程,并非按照理想的、绝对公正的程序实现。即使是通常被认为有社会良知的知识分子确立的规范性需要，即使不考虑现实中个人不同背景造成的非价值中立现象，其认识过程同样也会形成需要界定的片面性和局限性。至于社会弱势群体感觉到的需要能否被社会良知所感知，表达出来的需要获得怎样的一种响应，这些问题在现实中始终都是由各种复杂的因素综合影响所决定的。诚如一些研究所指出的，在现实的项目设计和评估研究中，需要的评估总是和一定的政治背景相联系（Roth，1990）。例如，在全球最富有的美国，一方面政府和个人全部支出的 1/6 用于医疗保健，另一方面却有近 1/6 的国民没有任何医疗保险。2009 年 1 月，民主党人奥巴马入主白宫后，其执政过程中最重要的改革之一莫过于对美国医疗保健体系的改革。从共和党人西奥多·罗斯福首次提出医疗改革议题的近百年时间以来，美国的医疗改革曾经迎来了无数希望，也历经了几多曲折。这一段历史，本身便是一部各种政治力量较量与妥协的生动记录（徐彤武，2010）。美国的情形如此，其他国家在社会项目政策制定与项目执行过程中，包括在关于需要的确定过程，也莫不如此。

二、需要特征分析

明确社会弱势群体存在哪些需要还只是社会项目需要评估的第一步。为了更好地、有针对性地设计社会项目或者准确评估已有项目的针对性，我们往往还要就目标对象需要的内容与表现形式、问题的程度以及未来发展趋势等进行深入的分析。

一个十分容易理解的事实是，我们推出的社会项目要想有效，必须对服务对象的需要状况有较为全面的了解。例如，农民工进城说明在我国城市化和工业化的发展背景下，农村农业劳动力供过于求，转向城市非农部门就业。但是，改革开放以后成长起来的新一代农村青年在城市就业需要的表现形式上，与第一代打工者相比，便有着自己的特点，这在去年富士康出现青年民工"连环跳"事件之后更为引人关注。有关研究表明，不同于第一代农民进城打工主要是因为生活所迫、为了就业，新生代农民进城打工很大程度上是为了追求城市的现代生活方式,出现了从生存者向生活者的转型。尽管与第一代打工者相比,他们对现实的不满意程度更高,但是他们反而比第一代打工者更不想回到农村(王春光,2002)。另有更新研究显示,与第一代农民工相比,新生代农民工倾向于自主创业或到更有发展空间的民营企业工作,他们吃苦耐劳程度较低,平等和维权意识更强,城镇的拉力成为他们外出打工的第一动因,他们更倾向于认为自己是城里人,适应城市生活和融入城市的程度更高,期待成为城市人而不打算回农村的人更多(刘传江,2010)。显然,这些特点是我们全面了解这一农民工群体就业需要不可或缺的内容。类似地,对社会问题进行分析的时候,我们也需要着力揭示其表现特点,从而为准确把握其需要状况奠定基础。

除了需要的表现内容,需要评估应该解决的另一项内容是问题的严重性或需要的紧迫性程度。对于一项已有的社会项目,如果要想予以中止,我们应该说明该项目不能满足社会弱势群体需要的事实,或者项目的实施不但没有满足人的福利需要,反而影响了人们正常需要的实现。2003年3月,大学毕业生孙志刚被误以为是无业流动人员而遭到收容关押,期间因为遭到毒打而死亡(陈峰,2003)。事件经过媒体报道后引起社会极大反响,暴露了原来对流浪人员的收容遣送项目存在的严重弊端。它不但妨碍了公众的迁移权利,而且造成了恶劣的社会影响。此后,从2003年8月1日起,国务院取消了《城市流浪乞讨人员收容遣送办法》,实施新的《城市生活无着的流浪乞讨人员救助管理办法》。

同样,如果我们要确立一项新的社会项目,我们也要说明在没有实施该项目之前,当前人们的需要如何没有到满足,或者因此造成了怎样严重的后果。例如,胡鞍钢(1998)在关于城镇职工失业问题的研究中,首先从20世纪90年代以来我国城镇失业人数逐年增加的数据、历年失业总人数、累计数量及其在建国以来创新高的实际等方面说明我国城镇失业的一般状况,进而通过城镇下岗职工逐年增长的情况及其未就业人数占城镇失业人数之比例,比较说明了我国世纪之交面临的城市下岗职工就业问题的严重性。在此基础上,作者进一步通过城镇企业职工下岗比例、不同地区与行业下岗分布、不同年龄分布、文化程度、平均下岗时间等数据,详尽展现了城镇下岗职工失业的现状,为我们更有针对性地推出相应政策和服务项目提供了很好的指引。因此,拟定的目标群体的社会需要的详尽描述与分析,是需要评估不可忽略的重要内容。

最后,对于需要的评估还往往包括对相应问题或需要的未来走向分析预测。在需要评估研究中,除了说明当前的社会项目需要以外,也要预见未来的发展趋势提出的挑战。例如,近年来我国各地普遍呈现出人口老龄化的趋势。浙江省1953年60岁以上人口的比例仅占6.9%,改革开放初期的1982年为8.69%,而2008年则急剧上升到15.56%(参见张敏杰,2010)。与此相对应,我国学龄人口的发展也呈现出新的特点。根据有关研究,从目前到2020年,我国小学和初中适龄人口将持续增加,大学适龄人口持续下降,高中适龄人口2015年前将急剧下降然后又呈反弹之势(袁桂林、宗晓华、陈静漪,2006)。上述这种对于未来趋势的分析,对于我们有效地规划相关的社会项目,既确保资源利用的充分性,又提前防范需要无法满足而给部分社会群体带来消极影响,都有十分重要的意义,因而是需要评估的重要内容之一。

三、需要对象分析

需要总是与特定的需要对象相联系。我们在了解需要的内容及其特征的同时,必须了解这些特定需要应该满足的对象,脱离需要的对象谈需要是没有意义的。

要想确定需要的对象,或者说相应的社会项目的服务对象,首先必须明确哪些群体的这些需要没有得到满足。人的需要是十分丰富的,而在当今的社会经济环境下,市场也为我们实现这些需要提供了众多的选择。在20世纪80年代之前的计划经济时代,我国的商品生产和服务极不发达,甚至连粮食、油料、豆腐、棉布等基本生活用品都需要凭证限量供应,绝大多数社会公众的基本需要无法得到满足。改革开放以后,随着市场经济体制的逐步确立,各类商品生产者和服务者的积极性得到充分调动,广大消费者的各类需要更是成为生产和服务的基本导向和动力,人们不仅可以通过市场获得各类商品和服务,而且在需要的满足上也有了更多的选择性。因此,这类能够通过市场的途径满足自己需要的群体,并不是我们社会项目需要考虑的对象,社会项目需要考虑的是那些市场经济条件下的弱者,那些无法借助市场满足其基本需要的对象。例如,尽管当今一些发达地区的城市每个月的机动车上牌量上万,城市交通拥堵日益突出(徐建国、刘煜,2010),但是仍有不少低收入阶层不但无力打出租车,甚至连乘公交也要思考再三。从不同阶层的交通出行基本需要满足的角度出发,政府在市民的需要满足方面便可以采取不同的对策。私车和出租车使用群体的需要可由市场予以满足,作为政府的社会开支应该着重投入到公共交通设施建设方面;至于部分连公共交通的日常开支仍然感到紧张的贫困阶层,则可以通过补助的形式予以满足。

当然,在国家经济高速增长、政府财政收入充沛的情形下,我们也可以将一些关系到个人与社会长远发展的基本需要的满足列入社会项目开支范围。例如,义务教育问题,它不仅关系到个体的基本素养和长远发展问题,而且对于整个国家预防可能产生的社会问题、促进社会的文明和发展也有重要意义。因此,从这一意义上来说,我们不仅应该保证贫困地区青少年义务教育的投入,而且应该在整个社会普及免费的义务教育。从公共医疗卫生角度来说也是这样。虽然部分社会阶层能够承担日常的医疗开支,甚至还有能力承担某些高额的医疗费用,但是考虑到疾患对于个人生存的严重威胁,因此,提供全民医疗保障对于实现社会公平正义的目标仍然有着十分重要的意义。这也是目前西方某些发达国家和地区提供全民或国民医疗保障的目的所在,也是我们国家医疗卫生改革的方向。

除了明确需要对象,我们还应该分析该人口群体的规模及其分布状况。项目服务对象的规模及其分布状况直接决定了社会项目的各类资源投入数量及项目的覆盖区域。对于同样的服务内容,通常需要对象数量越大,我们应该投入的人力物力就越多,甚至时间也更长。这是项目设计或者评估已有的项目能否有效满足目标群体需要的重要依据。例如,在2008年发生的震惊全国的"三鹿"奶粉事件中,大批婴幼儿因为食用含有超标三聚氰胺的"三鹿"问题奶粉而出现泌尿系统结石,在全国各地,尤其是食用"三鹿"奶粉的婴幼儿家长中引起极大的恐慌。由于该事件影响时间长,波及范围遍及全国各个省份,因此,各地卫生部门都在一定时期内在指定医院为相关婴幼儿提供检查和治疗服务项目。根据卫生部的通报,截至2008年11月27日,全国因"三鹿"婴幼儿奶粉事件累计筛查婴幼儿2 238.4万人次,累计报告因食用"三鹿"奶粉和其他个别问题奶粉导致泌尿系统出现异常的患儿29.4万人,累计住院患儿51 900人,累计出院51 039人(参见赵新培,2008)。显然,如果不了解该事件的影响对象数量及其分布状况,我们就无法评价应该提供的相关医疗服务项目的规模、分布和时间延续,也无法准确判断各地服务政府应该投入的人力和物力。由此可见,需要对象的分析不仅是设计性需要评估的重要内容,也是评估项目设计合理性的重要依据。

思考题

1. 什么是需要?什么是社会项目的需要评估?它对社会项目的管理和发展具有哪些作用?

2. 在社会项目的需要评估研究过程中有哪些收集资料的方法?它们各有什么特点,有什么需要注意的问题?

3. 社会项目需要评估主要应该解决的任务有哪些?你能否为此找到具体的事例并予以说明?

推荐阅读

莱恩·多亚尔、伊恩·高夫(2008):《人的需要理论》,北京:商务印书馆。

彭华民(2008):《社会福利与需要满足》,北京:社会科学文献出版社。

Roth, J. (1990). Needs and the Needs Assessment Process. *Evaluation Practice*. Vol. 11. No. 2, pp. 39—44.

参考文献

陈峰(2003):《被收容者孙志刚之死》,《南方都市报》2003 年 4 月 25 日。

莱恩·多亚尔、伊恩·高夫(2008):《人的需要理论》,北京:商务印书馆。

方巍(2009):《社会排斥及其发展性对策——杭州市农民工劳动社会保障个案研究》,上海:格致出版社。

方巍(2010):《社会排斥和社会融合视野下的弱势群体与社会稳定》,《浙江工业大学报(社会科学版)》第 9 卷第 2 期,第 148—153 页。

风笑天(2007):《生活质量研究:近三十年回顾及相关问题探讨》,《社会科学研究》2007 年第 6 期,第 1—8 页。

胡鞍钢(1998):《中国城镇失业状况分析》,《管理世界》1998 年第 4 期,第 47—63 页。

胡银环、陈昊、王迪飞(2008):《我国城镇居民自我药疗需要调查分析》,《医学与社会》第 21 卷第 11 期,第 7—8 页。

黄希庭、张进辅、张蜀林(1988):《我国大学生需要结构的调查》,《心理科学通讯》1988 年第 2 期。

怀特克、费德里科(2003):《当今世界的社会福利》,北京:法律出版社。

劳动和社会保障部调研组(2006):《农民工就业服务和培训问题研究报告》,载国务院研究室课题组:《中国农民工调研报告》,北京:中国言实出版社,第 145—156 页。

林卡(2010):《社会质量理论:研究和谐社会建设的新视角》,《中国人民大学学报》2010 年第 2 期,第 105—111 页。

罗希、李普希、弗里曼(2007):《评估:方法与技术》,重庆:重庆大学出版社。

罗伊斯、赛义、帕吉特(2007):《公共项目评估导论》,北京:中国人民大学出版社。

刘传江(2010):《新生代农民工的特点、挑战与市民化》,《人口研究》2010 年第 2 期,第 34—39 页。

马伊里、吴铎(2007):《社会工作案例精选》,上海:华东理工大学出版社。

米尔斯(2001):《社会学的想象力》,北京:生活·读书·新知三联书店。

潘皓(1991):《中国社会福利思想与制度》,台北:台湾中华书局股份有限公司。

彭华民(2008):《社会福利与需要满足》,北京:社会科学文献出版社。

彭华民(2009):《论中国社会福利转型:需要为本和适度普惠》,载《中国社会福利60年论坛论文集》,2009 年中国社会学年会,西安,2009 年 7 月。

时建朴、王瑾(2005):《关于当代大学生需要发展的调查研究》,《青岛大学师范学院学报》第 22 卷第 1 期,第 103—108 页。

王春光(2002):《新生代农村流动人口的外出动因与行为选择》,《中国党政干部论坛》2002 年第 7 期,第 30—32 页。

温谋富(2009):《自闭症儿童家庭的社会福利需要——以福州市为个案的研究》,《社会工作》2009 年第 6 期下,第 42—45 页。

吴水丽(2010):《社工先行者印记——深圳市社会工作专业督导案例汇编》,北京:中国社会出版社。

徐彤武(2010):《奥巴马政府的医疗改革及其前景》,《美国研究》2010 年第 1 期,第 7—32 页。

徐建国、刘焜(2010):《拥堵费,杭州"最后一道防线"》,《钱江晚报》2010 年 12 月 14 日,第 3 版。

尹虹(2003):《论十七、十八世纪英国政府的济贫问题》,《历史研究》2003 年第 3 期,第 128—143 页。

袁桂林、宗晓华、陈静漪(2006):《中国分城乡学龄人口变动趋势分析》,《教育科学》第 22 卷第 1 期,第 16—18 页。

张敏杰(2010):《浙江省人口老龄化进程与养老实践》,《浙江社会科学》2010 年第 1 期,第 68—74 页。

赵新培(2008):《问题奶粉致病患儿,全国发现 29.4 万名》,《北京青年报》2008 年 12 月 2 日,第 1 版。

Barker, R. L. (2003). *The Social Work Dictionary*. 5th edition. Washington DC: NASW.

Blakemore, K. (2003). *Social Policy: An Introduction*. Buckingham: Open University Press.

Brown, M. & Payne, S. (1990). *Introduction to Social Administration in Britain*. London: Unwin Hyman.

Dolgoff, Ralph & Donald Feldstein(2003). *Understanding Social Welfare*. Boston: Pearson Education, Inc.

Doyal, L. & Gough, I. (1991). *A Theory of Human Need*. Basingstoke: Macmillan Press Ltd.

Elton, G. R. (1953). An Early Tudor Poor Law. *The Economic History Review*. Vol. 6. No. 1, pp. 55—67.

Esping-Andersen,Gøsta. (1990). *The Three Worlds of Welfare Capitalism*. Cambridge: Polity Press.

Estes, R. (2002). Toward a Social Development Index for Hong Kong: The Progress of Community Engagement. *Social Indicators Research*. Vol. 58. No. 1—3, pp. 313—347.

George, V. & P. Wilding(1994). *Welfare and Ideology*. New York: Harvester Wheatsheaf.

Johnson, J. C. , C. L. Schwartz & D. S. Tate(1997). *Social Welfare:*

A Response to Human Need. Boston：Allyn and Bacon.

Jones，K.，J. Brown & J. Bradshaw.（1983）. *Issues in Social Policy*. London：Routledge & Kegan Paul.

Marshall，T. H.（1977）. *Class，Citizenship and Social Development*. Chicago：The University of Chicago Press.

Maslow，A. H.（1970）. *Motivation and Personality*. New York：Harper & Row Publisher，Inc.

Piven，F. F. & R. A. Cloward（1993）. *Regulating the Poor*. New York：Vintage.

Roth，J.（1990）. Needs and the Needs Assessment Process. *Evaluation Practice*. Vol. 11. No. 2，pp. 39—44.

Royse，D.（2004）. *Research Methods in Social Work*. USA：Thomson Brooks/Cole.

UNDP（2004）. *Human Development Report：Cultural Liberty in Today's Diverse World*. New York：United Nations Development Programme.

Wilensky，H. L. & Lebeaux，C. N.（1965）. *Industrial Society and Social Welfare*. Newn York：The Free Press.

第十章　社会项目过程评估

从项目的生命历程角度来看,上一章讨论的需要评估涉及的是社会项目开始,接下来两章,我们将分析社会项目结束之前中间历程的评估。本章首先探讨的是项目的过程评估问题。

第一节　项目过程评估概论

与其他项目评估内容相比,过程评估较为复杂。一方面,学术界对于究竟什么是过程评估并没有一个令人满意的共识(Weinbach,2005);另一方面,诸如改进性评估、项目监控、质量管理等与过程评估相关的概念很多,极易混淆。为此,在第一节,我们首先对过程评估进行界定,区别与过程评估相关的一些概念,最后试图揭示社会项目过程评估的意义。

一、项目过程评估的概念

纵观国外的概念界定,学术界对于项目过程评估基本内涵的认识并没有太大的差异,即过程评估是对"项目是什么和是否按照预期被送达既定的接受者"的说明(Scheirer,1994)。美国评估研究的奠基者、已故学者彼得·H. 罗希(Peter H. Rossi)也持相同的看法,认为项目过程评估便是"描述一个项目是如何实际运作的,并评估其预期功能执行得如何"(罗希、李普希、弗里曼,2007)。但是,上述定义都比较笼统,并没有对过程评估究竟应该描述项目运作的哪些方面作出具体的说明,尤其是没有对这种研究的任务目标加以详细的解释,因此在实际的评估研究中还是面临许多不确定的因素。

笔者以为,要想对项目过程评估作出更为详尽和明确的界定,还是首先要从评估研究类型划分标准的角度进行分析。我们前面已经指出,过程评估是从项目的生命周期出发,从设计、实施和结果三个时间点出发,对整个项目评估研究的内容或类型划分结果。因此,从广义上来说,只要是项目设计完毕进入到实施阶段,直至项目结束期间发生的所有内容,都应该是项目过程评估研究的问题。延续这一思路,我们认为,过程评估不仅需要考察项目的实际执行历程,还需要探究项目运行的内在机制。只有如此,才能给项目执行历程的分析提供科学有效的依据。这也是近年来西方评估研究领域关于项目运行的"黑箱"破解,以及对项目逻辑分析所力图解决的问题。但是,为了更充分地展现上述两个方面的内容,同时也是遵循传统的过程评估研究的内涵界定,本章从狭义角度出发,仍然将过程评估界定为对项目实施情况的研究,而将过程机制部分放到独立的一章中进行讨论,进而共同构成广义的过程评估内容。

其次,我们认为,项目过程评估的界定也要充分考虑到研究的目的和意义。对此,我们将在本章的第三节加以专题讨论,这里仅仅从当前国外社会项目评估研究的发展现状指出一个事实,那便是项目的过程监控、绩效和质量管理越来越引起实际部门的重视,项目的过程评估也体现了这种需要。国外一些著名的社会项目评估研究专著和教材,都将项目监控和质量管理作为过程评估的重要内容进行讨论(罗伊斯、赛义、帕吉特,2007;罗希、李普希、弗里曼,2007;Smith,2010),甚至将监控评估作为独立的章目,突出过程评估对于改善和提升项目成效的功能,将过程评估作为服务于项目过程监控的手段(Posavac,1996;Ginsberg,2001;Weinbach,2005;Owen,2006)。为此,我们将在下面关于过程评估的类型分析时充分讨论这些内容。

要想清晰地理解过程评估的概念,除了充分考虑其目的和意义以外,还必须对同样是旨在改进项目成效的两个概念,即改进性评估与过程性评估加以比较。在第一章关于项目类型的讨论中我们已经指出,改进性评估是为了改进项目而进行的研究。正因为如此,某些研究者便认为,过程性评估与改进性评估只不过是同一种研究的两种不同称呼(参见Weinbach,2005;刘梦,2009)。但是,尽管另一些研究不同意上述观点,他们的结论却截然相反。例如,昂劳等人(Unrau,Gabor & Grinnell,2001)将改进性评估视为过程性评估的一种形式,体现了过程性评估对"正在进行之中的项目"进行评估的研究宗旨;罗伊斯等人(罗伊斯、赛义、帕吉特,2007)则尽管认为,现实中常常将过程性评估视为改进性评估的一种形式,都具有改善和提升项目效果的宗旨,但同时又指出了两者的差异:一方面,过程性评估关注的是干预行为的完善,而改进性评估关注的焦点则是项目的结果;另一方面,改进性评估的实施通常在项目的开始之初、项目实现其结果之前,而过程性评估则可以在项目进行过程之中,也可以在项目完成之后。

诚如在第一章关于评估研究类别的讨论时指出的,我们认为,过程性评估与改进性评估是两种从不同角度出发对评估研究进行类型划分的结果。虽然它们指代的评估研究在某些情形下具有一致性,但是从不同的划分标准出发,它们可以是过程性评估,也可以是改进性评估。与此同时,也正因为它们所从属的区分标准不同,过程性评估可以不是改进性评估,而改进性评估也可能不是过程性评估。基于这样一种认识,我们不难理解一些研究比较指出的两种评估类型的细微差别。

(1)任何项目都需要进行改进性评估,但是对于那些实现了预期目的的项目则可以不作过程性评估;

(2)改进性评估的研究内容较为狭窄,主要涉及服务的状况和已有的支持系统,而过程评估则关注项目的整个过程以及如何造成当今的状况等问题;

（3）改进性评估通常在项目生命周期的较早阶段进行，而过程性评估则可以在项目的任何时刻，特别是在项目接近结束时实施（Weinbach，2005）。

综上所述，我们认为，所谓的过程评估便是对项目整个生命周期中从开始运作直至项目结束这一历程所做的、旨在提高项目实施效果的研究方法。

二、项目过程评估的类型

从过程评估承担的使命出发，罗伊斯等人将过程评估区分为项目描述、项目监控和质量保证等三个部分（罗伊斯、赛义、帕吉特，2007）。根据上述对概念的分析，我们这里从狭义的角度出发，将社会项目的过程评估划分为可评估性评估、执行性评估和监控性评估等三种类型，以此作为对过程评估描述的项目运行内容的进一步说明。

1. 可评估性评估

社会服务项目概念的提出要求我们在实践活动过程中增加目的意识，更有效地在一定时间内高效地完成特定目标。然而，在现实的社会服务过程中，总是可能存在着与理想不符的情形，以至于某个机构已经对某一社会问题采取对策和干预，但是其目标和对策模型仍然模糊不清。这种情形在中国社会服务起步不久、管理水平较低的背景下表现得更为突出。特别是一些政府及其常设部门、某些事业单位及其下属机构，一方面可能出于现实问题的紧迫性，另一方面可能项目管理意识仍然不强，在没有梳理明确目标任务及其行动模型的基础上，便已经推出服务或实施干预。这种状况不但可能使相关的服务行为达不到应有的目标，而且也会给评估研究造成困难，将评估研究引向与项目政策与管理无关的问题（罗希、李普希、弗里曼，2007）。

所谓的可评估性评估便是确定实施评估研究的基本条件是否完备，项目是否可以接受评估研究。为此，我们主要应该解决项目的目标任务及其项目模型等两个问题。关于项目的目标任务，一些研究区分了使命、目的或目标和任务等三个层面(Weinbach,2005)。其中,使命较为抽象,一定程度上反映了人类社会服务的普遍追求,如消除社会排斥,实现社会公平和正义等;目的或目标可以视为社会服务的宗旨在具体项目上的体现,如我们实施保障性住房项目便是要满足中低收入家庭的需要,实现人人有其居的目标;而任务则是具体项目应该达到的效果,如某城市推出的保障性住房项目许诺三年内提供多少套住房,满足多大比例中低收入家庭的住房需求等。至于项目模型,主要指的是为项目行动或干预对策确定逻辑依据,也就是确保项目的有关对策建立在相应的理论基础之上。对此,可以参考下一章关于项目逻辑模式的讨论,这里恕不赘言。

综上所述,关于项目可评估性评估不仅是对于项目过程的进一步梳理,使目标更为明确、行动更有逻辑依据,从而改善和提高项目成效,而且也是过程性评估及其他后继评估的基础,应该引起我们的足够重视。

2. 执行性评估

所谓的执行性评估,指的是对项目实施情况的评估,或者说是关于项目的运行状况与其方案预期的内容是否一致的分析和判断。具体地说,是对项目执行方在实施过程中做了什么,项目服务或干预的覆盖对象是什么人,以及项目管理方为了实现服务和干预所采取的组织和保证措施的描述和说明,并且将这些内容与项目方案预期的要求进行比较分析的过程。从这一角度来说,执行性评估与本章第一节提到的一些学者关于过程评估便是对项目实施内容及其覆盖对象分析的界定基本一致,执行性评估因而构成最为狭义,同时也是最为传统的过程性评估的同义词。但是在本书的讨论范畴下,执行性评估仅仅是我们关于项目整个运行过程周期中发生的现象进行分析和研究的内容的一个组成部分,并不代表项目过程的所有内容。

从评估的执行者来看,执行性评估通常又可分为内部评估与外部评估两种类型。通常内部评估往往由项目执行者或管理方等利益相关者进行,其内容可以涉及上面谈到的执行性评估的各个方面,但其功能更侧重于项目管理。至于外部评估,其评估者往往是项目利益相关者以外的第三方。这种评估形式除了确保评估结论的中立以外,也往往借助于第三方的专业性,以便更好地总结项目执行过程中存在的问题,进而对更大范围内的项目管理起到理论上和实际上的指导作用。例如,同样是关于某一地区的"希望工程"过程评估,机构内部的评估旨在总结其项目计划的落实情况,进而改进项目实施效果;而对于机构外部的评估,虽然也具有检查其计划实施状况,进而加强问责,确保项目实施效果的作用,但某种程度上还起到对其他类似项目的借鉴作用。

3. 监控性评估

研究显示,"监控"一词源自拉丁语,意为"警告";有效的监控意味着考察组织的功能,并在它们表现不佳时提出警告(参见 Ginsberg,2001)。监控性评估不同于执行性评估之处,在于其研究过程的持续性和反复性(罗希、李普希、弗里曼,2007;Weinbach,2005)。项目的执行评估可以在项目开始实施之后的任何一个时间点进行,也可以在项目完成之后实施,但它通常是一次性的;而项目监控则有连续性,因而其研究测量的内容往往较少,并且存在着事先确定的某些标准或指标,其形式上比执行性评估更倾向于定量方式。例如,在关于下岗职工的再就业培训项目的监控过程中,研究者往往会关注参加再就业培训者的人数以及重新就业者的人数等指标,并将其与项目预期目标进行比较,进而作为规范下一阶段项目实施任务和重点的依据。

正因为如此,监控性评估往往被认为是项目执行或管理方的内部事务,甚至在机构内配备专职人员负责项目监控(Ginsberg,2001;Weinbach,2005)。一些研究还比较认为,不同于执行性评估的社会科学研究背景,监控性评估更大程度上源自管理领域,是 20 世纪 80 年代后期兴起的绩效管理运动的产物(Blalock,1999)。与此相关,一方面项目监控是现实中运用最多的评估形式,另一方面其评估研究地位却又存在着巨大争议(Posavac,1996)。综合上述讨论,我们认为,项目的监控性评估概念界定应该同时考虑到其方法论的两种背景渊源。据此,本文给出监控性评估的定义,即监控性评估是在项目实施过程中,借助持续的、反复的测量分析和判断,确保项目方案得到落实,进而有效地提升项目执行效果的管理和研究方法。

三、项目过程评估的意义

前面我们已经讨论了项目过程评估的概念和类别,特别是区分了某些相关概念的区别。为了加深理解,下面我们再梳理总结项目过程评估研究的意义。

首先,过程评估是整个社会项目评估极为重要的组成部分。诚如我们前文已经指出的,与项目的整个生命历程相对应,评估研究也可以分为设计性评估、过程性评估和总结性评估等三个方面。从评估研究对于项目实施的指导意义上来说,执行过程无疑对于项目的结果有着直接的影响作用。任何项目,无论设计得如何合理、出色,如果不能将方案转化为实施过程,不能在实施过程中不断解决出现的问题、确保项目方案的如期实现,都无法达到预期的目标。从这一意义上来说,开展对项目实施过程的评估,确保社会服务或干预行为严格遵循计划方案,是提升项目实施效果、实现项目目标的重要保证。从项目的整个生命历程来看,实施过程耗费的人力和物力方面的资源是最大的,在整个项目历程中占据的时间也最长,面临的问题更是千变万化、纷繁复杂,因此也是值得我们在评估研究中花大力气予以充分关注的内容。

其次,过程评估在管理主义背景下获得了新的重要地位,成为社会项目问责和绩效管理的重要手段。众所周知,20 世纪 80 年代以来西方社会的管理主义运动强化了对包括社会项目服务部门以绩效为基础的管理,彻底改变了传统的社会项目将道义与经济目标相分离的原则。在这样一种新的背景下,西方政府除了大幅度削减社会项目开支、实行公共部门私营化以外,也日益强调社会部门在承担和实施社会项目服务或干预过程中的责任,并对失职行为进行惩处,促成了问责理念的发展及其在社会项目管理过程中的普及。于是,项目过程评估,特别是其中的监控性评估,更是成为社会项目绩效管理的重要手段(Owen, 2006)。近年来,我国政府公共和社会服务领域普遍兴起的绩效评估,便是上述管理主义思潮影响的结果。尽管从目前我国实行的绩效评估的内容来看,不仅仅包含过程监控,还涉及以效绩为标志的服务结果的满意度评估(范柏乃,2005,2007;刘武,2009),但是从项目管理的角度来看,对于社会项目绩效的关注无疑大大促进了对项目实施过程中相关绩效指标的测量和评估,这也是目前监控性评估和质量管理在评估研究专著和教材中牢牢地占据一席之地的重要原因。

最后,除了上述作为评估研究的重要组成部分及其在项目管理中的重要作用,过程评估对其他评估研究也有着重要的辅助作用。例如,对于我们下一章将要讨论的项目理论评估,要想证明项目运行的内在机制或假设的成立,除了项目理论模式应该具有扎实的逻辑基础以外,项目过程是否符合上述逻辑的干预要求也有着重要意义。诚如我们下面将要讨论的,如果项目的实施步骤与项目理论的逻辑关系不一致,那么,即使项目运行机制的理论假设得到验证,也不能说明项目理论成立,因为项目理论的条件和结果关系并不成立。因此,只有通过项目过程评估,证明项目理论赖以作为基础的条件和成果之间存在着依存关系,才能达到项目理论评估的目的。于是,项目过程评估成为项目理论评估不可忽略的重要环节。此外,随着第二章曾经提及的参与式评估、自决自强式评估的发展,项目的干预行为日益与项目评估研究相融合,这也使得项目过程及其评估成为其他评估研究不可缺少的组成部分,成为这些类型评估研究目标实现的重要保证。

第二节　项目过程评估任务

在对项目过程评估及其相关概念分析的基础上,接下来,我们将进入本章的核心内容,即关于过程评估应该回答的问题及其方法的讨论。在这一节,我们首先从计划执行、目标覆盖和质量保证等三个方面探讨项目过程评估面临的任务,下一节再讨论项目过程评估的途径。

一、计划执行

所谓的项目计划执行任务,便是对项目方案中预计实施的服务或干预情况的评估。具体地说,项目计划的执行可以从下面几个方面进行考察,即社会项目在其实施过程中做了哪些方面的工作,项目计划或方案要求的服务或干预目标是否达到,项目在实际执行过程中面临哪些问题。

项目实施是方案或计划从书面转化为现实的必要环节,因而项目计划执行评估的第一步工作便是考察项目实施方究竟提供了哪些方面的服务或干预。例如,通过各种途径的调查我们发现,杭州市某街道在其组织的居家养老服务中,针对辖区范围内老人的自理活动能力,提供了三个层面的居家养老服务。第一个层面是针对具有较强生活自理能力的老人,社区在完善三分钟生活圈服务网点的同时,开办了以"女儿家"为名的老年食堂、以老年人精神抚慰为重点的"鲍大妈聊天室"。第二个层面是为行动有所不便或独居老人配备助老员,为老人提供力所能及的服务,通过发放服务券或直接提供每月四小时的家政服务,以便解决其日常生活方面的不便。第三个层面是针对老年人在独居环境下的紧急求助需要,2005 年由街道投入 4 万多元为 750 余位老年人免费安装呼叫系统(方巍,2009)。

然而,服务的提供并不意味着项目的实施,为此我们还要考察项目实际提供的服务内容与项目方案或计划是不是一致,项目实施方在服务过程中为了保证项目目标的实现,采取了哪些方面的保证措施。在上面讨论的居家养老服务中,我们不仅要看项目组织者提供了哪些服务,还要看这些服务是否符合最初的项目方案,实际效果如何,保证措施怎样。为此,我们首先要将现有的项目服务内容与原来的项目方案或计划进行比较。在本案例的研究过程中,我们研究的社区并没有制定书面的项目方案或计划,但是全国老龄委办公室等单位发布的《关于全面推进居家养老服务工作的意见》以及所在区委办和政府办的《关于在全区开展居家养老"365 金晖行动"的实施意见》,无疑为我们考察评估街道的相关服务提供了指南。在此基础上,我们还要考察相关服务的落实情况。针对上面提到的项目服务内容,我们应该进一步考察"女儿家"老年食堂的使用率如何,去老年人聊天室的人多吗、解决了哪些问题,援通呼叫系统安装率怎样、使用率如何等。例如,对于援通呼叫系统,对于那些因为家庭经济困难而不愿安装和使用的老人,街道采取了哪些措施确保服务落到实处(方巍,2009)?

即使实施过程较好地保证了项目目标的落实,也不意味着万事大吉,因为在项目的执行过程中总会产生这样那样的问题,对项目计划的落实产生各种影响,干扰项目目标的实现。为此,我们也要分析计划实施的不完善之处,以便在评估基础上加以改进,改进服务的效果。同样以上述居家养老服务为例,通过对项目的过程评估,我们便可以发现其中一些可以进一步改进和完善之处。如上面提到的"鲍大妈聊天室",一方面,我们认为其在满足居家养老服务的精神抚慰方面功不可没,甚至应该成为社区居家养老的核心内容之一;但是另一方面,现实中这部分功能仍然较弱,仍然局限在一个社区,并且缺乏具有社会工作资格认证的专业人员(方巍,2009)。这一现状其实并不仅仅是我们评估社区存在的问题,而是目前社区居家服务方面普遍存在的问题,反映了整体规划以及深层次发展方面面临的问题。通过评估,可以发现问题并引起我们对类似问题的重视。

为了达到上述评估目标,研究者必须获得项目实施情况的必要资料。显而易见,项目规划与实施过程中产生的一切档案资料是我们掌握项目过程情况不可或缺的、首先应该收集的资料。然而,我们在上述评估研究中发现,受目前我国社会服务专业化水平局限的影响,相当部分项目服务的档案资料很不齐全,不仅缺乏必要的项目规划及其资料,而且项目的执行记录也很不完备。为此,我们一方面要尽一切可能,尽量收集现有的资料;另一方面也要呼吁,为了提高社会项目的管理水平,必须规范项目服务的档案文献管理工作。

除了充分利用项目的档案资料,我们也可以通过实地走访,通过研究者实际观察等手段获得对项目过程的一手资料。例如,在上面提到的居家养老服务评估研究中,我们可以实地考察"女儿家"和"鲍大妈聊天室",借助观察法对服务情况进行考察;同时,我们也可以通过与项目利益相关者的访谈,对项目的执行与落实情况进行验证。例如,那些助老服务人员是否每天准时上门、服务情况如何?那些楼道单元骨干与居家养老对象的日常联系频繁吗?所有这一切,显然可以通过与居家养老服务对象的访谈得到相关的经验性评估资料。

二、目标覆盖

在过程评估中,计划执行关注的是项目服务或干预内容,但社会项目是以一定的目标人口作为对象的,因此在考察项目的实施过程中,就必须分析服务对象与项目计划或方案的关系。所谓的项目目标覆盖评估,便是要研究该项目服务或干预的对象是什么人,目标群体是否都已为项目覆盖,项目的实际服务或干预对象是否都是项目方案计划中的对象。如果说上一部分关注的是提供的服务是否便是计划内的服务,那么这一部分则要考察服务的对象是否便是项目预期的人口,它们都是项目过程评估不可忽略的重要方面。

任何一项社会项目都有其特定的服务对象。受人力和物力的局限,一项社会项目要想实现其社会正义的目标,必须以上一章讨论的需要评估为基础,设定其特定的人口群体,否则不但不能解决原有的社会不公正,而且会形成新的社会不平等,这就在根本上违背了社会项目的基本原则。例如,一个城市街道打算发起社区居家养老项目,其服务对象应该首先是无力解决其养老基本需要的老人。对于那些具有较高的经济实力,同时也居住在服务范围内的老年人,在不影响社会项目服务目标,不影响没有能力自己实现基本养老需要的人口的前提下,我们当然也可以提供相应的社会服务,但是,如果对这部分老人的服务挤占了稀缺的社会资源,影响了以社会公平为原则的社会资源的二次分配,从目标对象的覆盖方面来看,其项目的执行或实施便存在着问题。如果一项政府部门提供的社区居家养老服务向所有的老年人都提供同等的服务,那么便有可能因为资源的有限性出现不能覆盖所有基本养老需要没有得到满足的老人，部分享受政府社会项目服务的对象也可能不应该成为项目的受益者。

关于社会项目所依托的社会资源的稀缺性所带来的对项目服务对象的限定，在最近媒体关于深圳市社会保障性住房分配过程中出现的问题上表现得十分突出。据新华社报道，截至2006年底，全国城市低收入家庭中仍有1 000万户家庭人均住房面积不足10平方米，为此，国务院在2007年出台了《关于解决城市低收入家庭住房困难的若干意见》，强调将解决城市低收入家庭的保障性住房作为政府的社会服务职责（杜宇，2011）。但是，据新华网记者从深圳市住房和建设局了解到，该市在对第二次保障性住房的终审过程中发现，至少有20名申请人涉嫌隐瞒拥有商品房、私房宅基地等违法行为。为此，深圳市政府向20名涉嫌提供虚假情况者到有关机构领取《行政处罚预告知书》，拟作出驳回其申请资格、罚款5 000元等决定（詹奕嘉，2011）。显然，只有将稀缺的社会项目资源真正落实到项目应该提供的对象身上，才能解决社会不平等问题，促进和谐社会的发展。

除了考察项目的实际服务或干预对象与方案预期的人口对象是否一致以外，项目过程评估也要分析目标对象在接受服务的过程中面临的困难或问题。在项目的设计和实施过程中，能否发现服务的传输面临的问题，确保方案计划的服务或干预顺利地送达目标对象，既是项目过程评估的重要内容，同时也是我们希望借助项目过程评估所达到的提升服务成效的目标所在。例如，为了强化社会项目的投资取向，促进救助对象的自立自强，台湾地区于2000年5月颁布了《特殊境遇妇女家庭辅助条例》，试图通过创业贷款协助特殊境遇妇女获得经济自立。为了检查项目执行过程中遇到的问题，林姹君和李淑容（2007）通过对台北、高雄、云林、台南和屏东等地16位特殊境遇妇女的访谈，考察了项目目标对象接受服务过程中遇到的困难和问题。通过评估研究她们发现，一方面，特殊境遇妇女创业贷款项目因为比银行的商业贷款利率更为优惠，因而受到项目目标群体的欢迎；但是另一方面，目标对象申办创业贷款补助的经历并不顺利。自从 2000 年 9 月开办这项服务至 2005 年 3 月,整个台湾地区的申请者仅 69 人,成功者更是只有 3 人。究其原因,在于项目涉及的社政、劳政和金融部门的承办方对项目流程、业务不熟,项目对申办者在身份证明、创业计划制定方面的要求超出了服务对象能力。此外,银行方面对创业计划不热情,对申办者态度不友好,由此也在一定程度上造成大批特殊境遇妇女放弃项目申请。尽管她们在抽样上没有顾及未申请的特殊境遇妇女的情况,但是现有研究对项目服务对象在申请创业贷款过程中遇到的困难的研究,仍然对项目的完善及成效的提升起到了十分重要的作用。

三、质量保证

质量保证又称为"质量控制",根据美国《社会工作词典》的界定,指的是"一个组织采取的措施及过程,以便确保提供的产品或服务达到预先设置的标准"(参见 Ginsberg, 2001:101)。从其源泉上来看,质量保证属于项目管理的范畴,但它又是当前项目过程评估研究的重要内容。从广义的角度来说,项目质量保证包括诸如注册认证、同行评定、确立伦理规范、继续教育培训等众多措施(Barker, 2003),但是从项目过程评估的角度来界定,我们认为它主要指的是借助项目监控,确保项目的实施及其结果遵从项目方案事先制定的规范和标准。从这一角度出发,我们认为,项目过程评估中的质量保证需要解决的任务主要是检查并比较项目的执行状况与方案计划的异同。

前面在分析项目过程评估的类别时已经指出,监控与执行性评估的不同之处在于其程序上的反复性和重复性,也就是说,为了实现监控的目的,评估研究者必须在项目的实施过程中不断地检测项目的实施情况,并将其与项目方案计划的目标要求进行比较,确保项目严格遵照预定的方向发展,从而确保项目的质量符合特定的规范或标准。许多项目实施过程中的中期检查,某种程度上便可以认为是一种过程监控,据此我们可以了解项目的任务进程如何、现已完成的工作是否符合方案的要求,从而确保项目按时结题并达到预期的成果。根据上面的讨论我们不难理解,项目监控性评估所要保证的质量,主要是指项目的方案目标而不一定是指项目的最终成效。由于设计过程中存在的问题,项目最终的效果完全可能与我们试图追寻的目标对象的福利背道而驰,它却可能是完全符合项目方案的目标。但是,这种可能性的存在并不能否定项目监控的必要性。一方面,规范性标准永远是高质量项目管理的要求之一;另一方面,人们的认识水平的提高具有过程性,我们不能因为暂时还没有认识到问题的本质,便完全排斥项目规范和标准的确立。只要我们不断努力,尽最大可能将项目的规范和标准建立在已有的共识基础上,那么项目过程的监控性评估对于保证社会项目质量的作用仍然不可低估。

与过程评估相比,监控性评估研究的内容范围较为单一。由于监控性评估往往是项目管理的组成部分,是由项目执行机构成员执行的,因而不能因为实施监控评估而影响到项目的正常实施,其用于监控评估的资料在满足要求的前提下,收集得越少越好(Weinbach,2005)。通常,监控性评估在形式上也很少采取定性研究方法,而是通过设置少量反映项目质量规范或标准的标志性指标,以定量测量的方式对项目运行的实际状况是否符合要求作出评价结论(方巍、张晖、何铨,2010)。当然,不同项目反映其质量标准的指标是不一样的,监控性评估的一项重要任务,便是要确立能够反映项目质量标准的这些关键指标,并且借助指标,对项目的运行状况作出及时的反应,从而确保项目运行不偏离方案的预期目标。一些研究认为,一项成功的监控性评估应该达到五个方面的要求。首先,应该清晰地了解项目应该实现的目标;其次,能够为项目经理提供清晰的指引,帮助他们便捷地获取评估信息;第三,对项目监控人员进行良好的培训和督导;第四,满足项目监控的工具与记录数据的表格;第五,有助于充分而有效地利用监控结果的数据分析设备和软件等(Ginsberg,2001)。

当然,在实际评估研究中,我们不妨参考或借鉴某些类似项目成熟的监控指标,一方面避免重复劳动,提高工作效率,另一方面也可以因此提高监控评估的水平。例如,表10.1便是某机构对于一个月内中止服务的服务对象的有关数据记录表(Posavac,1996)。类似这样的监控表不论是对同样的项目,还是不同的项目的监控性评估,都有十分重要的意义。在我国目前社会服务项目管理和评估水平普遍较低的现实下,类似这样的过程监控表格和文档记录工作不是太多,而是太少了,急需大大强化。

表 10.1 服务中止对象报告(1995 年 5 月)

中止个案数:84
功能状况评分

功能水平		治疗开始时		项目中止时	
		各种不同水平服务对象			
功能障碍	1	0	(0%)	0	(0%)
功能障碍	2	0	(0%)	1	(1%)
功能障碍	3	2	(2%)	0	(0%)
功能障碍	4	25	(30%)	3	(4%)
功能正常	5	41	(49%)	2	(2%)
功能正常	6	8	(10%)	7	(8%)
功能正常	7	6	(7%)	4	(5%)
功能正常	8	2	(2%)	21	(25%)
功能正常	9	0	(0%)	46	(55%)
平均功能状态		5.00		8.05	

中止类型与服务对象年龄

	29 岁以下		30 岁以上		合计	
双方同意	25	(76%)	32	(63%)	57	(68%)
服务对象决定	6	(18%)	18	(35%)	24	(29%)
治疗师决定	2	(6%)	1	(2%)	3	(4%)
合计	33	(100%)	51	(100%)	84	(100%)

服务单位时间与服务对象年龄

	29 岁以下		30 岁以上		合计	
2 及以下	5	(15%)	15	(29%)	20	(24%)
3 至 6	7	(21%)	7	(14%)	14	(17%)
7 至 15	14	(42%)	22	(43%)	36	(43%)
16 至 30	6	(18%)	7	(14%)	13	(15%)
30 以上	1	(3%)	0	(0%)	1	(1%)
合计	33	(100%)	51	(100%)	84	(100%)

第三节　项目过程评估途径

　　通过上面的分析,我们已经了解了过程评估的概念及其需要解决的主要任务。在这一节,我们将进一步从专家或专门委员会、规范标准鉴定和管理信息系统等三个方面讨论社会项目过程评估的途径。

一、专家或专门委员会

　　邀请专家或者组织由专家和项目利益相关者等组成的专门委员会,既是项目过程评估最传统的方法,也是现实中最常用的方法。这一方法邀请的评估人员可以是项目涉及领域的专家、学者、职能部门的管理人员,也可以是评估研究领域的行家。由他们来进行项目过程评估研究,一方面可以借助他们的专业知识,对项目的执行和进展情况作出较为权威的判断结论,另一方面也贯彻了第三方的中立原则,从而对项目的实施过程作出较为客观和令人信服的评价。

　　从最为基本的评估环节上来说,过程评估便是考察项目的执行过程情况是否符合方案预先设计的内容。尽管我们每个人都可以对照方案,对项目的执行情况作出自己的判断,但是专家结论的权威性仍然是项目过程评估成功与否的重要基础,并且在日常的评估研究中得到了广泛的运用和认同。例如,在当前电视上经常见到,各类受到热烈欢迎的选秀节目,尽管为了吸引观众、增加参与性而经常设置大众评委,但专家评委的结论仍是相当重要。特别是在一些专业性较强的选手表演评定中,专家评委的结论更是具有决定性。另外,在目前教育领域常见的教学项目评估中,政府主管部门往往会邀请教学主管部门领导、学校教学管理专家、教学研究专家等人员组成专家组,对相关教学项目的执行情况作出评价,这也是保证评估结论获得广泛认同的有效办法。

　　社会项目的内容十分丰富,即使是同一目的、同一形式的项目服务,由于其对象和情境的变化在具体的执行过程中也存在诸多的变化,实际步骤往往比上述程序化的评估过程要复杂得多。要想对这种具有高度变异性的社会项目过程作出有效的评价,相关方面专家对于项目的洞察能力往往会表现为严格的评估程序的制定。例如,台北市曾经发起一项无垃圾日实验项目,希望借助垃圾在家过夜产生的异味让市民增强环境保护意识,减少日常生活中废弃物的产生数量。为了检验项目实验成效,评估研究者根据研究目的,在过程评估中设计了两个方面的研究内容。首先,实验社区的市民是否了解实验项目。为此,评估研究者制定了考察项目各种宣传措施的研究程序。其次,在无垃圾日,实验社区的市民是否仍然投放垃圾。为此,评估研究者一方面考察当时市民在本社区投放垃圾的行为是否被劝阻、落实效果如何;另一方面,他们还将研究范围扩大到相邻社区,通过检查这些社区当日垃圾数量与往常相比有无变化来判断是否有实验社区市民将垃圾投放到周边地区(Chen,Wang & Lin,1997)。通过上述严格的项目过程评估,研究者为无垃圾日项目的实验效果评价奠定了扎实的基础。显然,在类似这样一些较为复杂的项目研究过程中,专家对于项目及其评估研究步骤的洞察力是项目评估研究成功的不可或缺的保证。

虽然过程评估关于项目执行情况的考察重在检查项目方案的落实情况,但评估研究的目的并不局限于此,专家或专家组也可以根据自己的理解,对目前项目执行效果不理想的原因作出判断,进而对项目实施步骤提出自己的改进建议,从而达到提升项目成效的目的。例如,诚如我们在下一章关于项目理论的讨论中将提到的,任何一个项目目标的实现都有其内在机理,只有满足该内在机理要求的条件,才能实现预期的变化目标。因此,过程评估不仅要考察项目的执行过程是否符合设计方案,而且从更高的要求上来说,还要符合项目影响实现机理,项目的执行步骤必须严格按照这一内在机理的逻辑,这是项目目标得以实现的根本保证。例如,在关于外来务工子女的城市融合项目评估研究中,有关专家根据自己或其他研究结论认为,青少年的越轨行为与其日常生活和学习环境中面临的社会排斥相关;那么,为了消除外来务工子女的越轨行为,强化城市融合效果,有关专家在项目实施过程中便会将外来务工子女生活学习环境中的各类吸纳融合措施作为实现项目效果的重要对策,并借此确立项目服务或干预行为与项目预期目的之间的逻辑关系(参见方巍,2010)。由此可见,专家或专家组在项目过程评估研究中的作用不容忽视。

二、规范标准鉴定

在现实生活中,我们都曾经经历接受邀请,根据一定的标准对我们接受的某种服务进行评价的事例。例如,在目前十分流行的淘宝网上购物过程中,当你完成了确认付款程序之后,网站通常会要求你对相关的店家的服务作出评价。除了对店家的好评、中评和差评这一总体评分以外,淘宝还事先设计好了更为具体的评价标准,要求你从几个方面对此次购物经历作出进一步的评分(见表 10.2)。在上述评价过程中,其实你便是按照淘宝对入驻店家的评价规范标准,对你接受的服务作出了评估结论。

表 10.2 淘宝店铺动态评分

评 价 内 容	评 分 状 况
宝贝与描述相符	☆ ☆ ☆ ☆ ☆
卖家的服务态度	☆ ☆ ☆ ☆ ☆
卖家的发货速度	☆ ☆ ☆ ☆ ☆
物流公司的服务	☆ ☆ ☆ ☆ ☆

又如在高等学校,目前普遍实行学生对教师的授课情况进行评价,并作为学校每年对教师进行教学业绩考核的主要依据。在一些学校,教师教学业绩评价的标准主要围绕着教学工作量、教学效果、教学研究与改革等三个方面进行(浙江省教育厅高教处,2007)。同样,这里不论是学生的评教,还是各个二级教学管理部门对教师的业绩评价,都是按照相应教学主管部门设置的规范标准作出的。虽然上面的例子评价的一些内容主

要是教学的最终效果,但这与我们根据一定规范标准评价服务过程的原理是一样的;进而,这些最终评价结果同样可以用来对服务过程进行评价,以此检验项目服务当前存在的差距,从而加以有针对性的改进。

同样,在社会项目领域,相应的项目资助、发起机构和服务管理机构也都制定了大量服务规范标准,用于确保相应的社会项目的管理水平和服务质量。上述社会服务组织借助评估活动,实现对其资质及其服务符合某种特定标准的认证过程被称之为"鉴定"(Barker, 2003)。事实上,鉴定在社会项目的管理中具有悠久的历史,它既是一种较为传统的社会项目评估形式,也是在现实社会项目管理中运用最为普遍的方法(Ginsberg, 2001)。例如,在服务标准方面,美国家庭和儿童服务委员会(The Council on Accreditation of Services for Families and Children)便制定了社会项目服务鉴定的规范和步骤,除了一些针对具体项目的规定之外,任何有关项目服务组织及其提供服务的评估都涉及组织目标及其与社区的关系、持续的质量改进过程、组织稳定性、人力资源管理、服务环境质量、财政与风险管理和专业化实践等七个方面的内容(参见 Ginsberg, 2001)。

在中国,随着近年来民生工程方面力度的加强,政府及一些非政府组织也强化了对其资助的社会项目,诸如中期检查等形式的过程评估力度,同时确立了一系列社会项目的服务规范和标准。这些标准和规范既有针对服务机构的,也有针对具体服务及从业人员的。例如,民政部对国家及福利院的评定有一系列的详尽规定,具体可以分为总体要求、规模标准、功能标准、管理标准、质量标准和效益标准等五个方面。对于老人社会福利机构的服务,民政部也制定了行业性强制性标准,涉及膳食、护理、康复和心理等四个方面。至于社会福利服务从业人员的专业资质,国家又区分保育员、育婴员、心理咨询师、健康管理师、公共营养师等类别,从职业道德、专业基础知识和工作规范等方面提出了具体职业标准。这些规范和标准,无疑是检查项目执行情况进而改进和提高服务质量的重要依据,对于项目的过程评估具有不可忽略的指导意义(参见徐道稳,2010)。

当然,诚如一些研究指出的,根据有关规范和标准,对社会项目实施鉴定并不等同于评估。由于规范和标准往往是一定条件下人们对社会服务质量水平的一种标志性认识,因而项目通过鉴定并不意味着一定具有成效(Ginsberg,2001)。尽管如此,我们认为不应该否认根据现有的规范标准对项目进行鉴定这种过程性评估途径。达到相关的规范标准通过权威鉴定,如社会项目的从业人员获得注册社会工作者资格认证,无疑是相关服务职业水平的一种保证。在项目的过程评估过程中,及时发现有关服务与行业规范标准的差距,并迅速采取有效的改进措施,将是提高项目最终的服务成效的重要保证措施之一。

三、管理信息系统

管理信息系统(management information system)的概念始于 20 世纪 50 年代末(张海波,1994),随着美国明尼苏达大学教授戈登·B. 戴维斯(Gordon B. Davis)1967 年在该校创立了世界上第一个管理信息系统学科的博士课程而获得快速发展(Huang,Wei & Watson,2003)。早在 30 余年前,管理信息系统已在教育项目管理中得到运用。为了满足日常项目管理过程中的决策需要,同时应对日益强烈的外部问责的压力,并且减少频繁采集数据提高工作效率,从 20 世纪 70 年代末 80 年代初开始,美国有关的社会项目管理机构纷纷采用管理信息系统以提高决策效率(Freel & Epstein,1993)。

简言之,管理信息系统便是用以帮助管理人员规划、执行和控制组织活动的综合反馈系统(参见 Fulweiler,2001)。在社会项目的管理过程中,管理信息系统往往被一些实务工作者视为诸如"数据收集"、"做统计"、"文档管理"或官僚化的"文书工作"等令人烦恼之事(Lewis,Packard & Lewis,2007)。但是,事实上不仅管理者需要掌握项目的信息,在一线从事具体服务的工作人员同样需要了解项目服务对象的有关信息,而传统管理信息系统恰恰忽略了这方面的内容,由此也促进了当代西方管理信息系统的发展方向之一。为了反映这些新的发展趋势、避免望文生义可能导致的误解,一些学者特地将管理信息系统改称为"信息系统"

(Lewis, Packard & Lewis, 2007)。另有研究者明确指出,这种新的信息系统不同于传统的管理信息系统,突出了与临床或具体服务过程中的决策相关的、以实践为导向的数据在信息系统中的地位,因而将其称为"综合信息系统"(Savaya, 1998)。所有这一切都说明,目前的信息系统的内涵更为丰富,不仅仅包括诸如年龄等量化的资料,而且涵盖了运用与项目有关的信息获得的有关变量之间的相关关系等方面的知识(Lewis, Packard & Lewis, 2007)。

正因如此,当代西方信息系统往往可以区分为三种类型,即日常管理系统、决策支持系统和绩效引导系统。日常管理系统主要处理项目基本信息,其内容涉及财务、人事、服务机构和服务对象档案等方面,肩负着向服务对象、机构人员以及其他机构提供高效而准确的信息的职能。决策支持系统通常包含一系列决策过程所需要的信息类别的子系统,其内容包括相关数据库的网络搜索、各种实践案例库、项目评估结果、需要评估资料和人口统计数据等。至于绩效引导系统,则以组织目的、目标为依据,为项目工作人员提供有助于调节其行为、改进项目以及规划新的服务活动的资料(Papp & Poertner, 1992)。

管理信息系统或信息系统是随着计算机技术的发展而产生的一种社会项目辅助管理或评估手段。随着近年来计算机在包括社会项目服务过程中的广泛运用,它不仅替代了许多传统的资料收集、存储和处理方法,而且大大扩大了其使用范围,提高了社会项目的管理效率。特别是在项目过程评估方面,信息系统的普遍运用使得项目的监控性评估变得更高效和便捷,对于提高项目绩效,保证服务质量起到了重要作用。在我国,尽管通过期刊库的检索显示信息系统在社会项目管理过程中并没有受到应有的重视,但是我们应该看到,管理信息系统伴随着公共管理教育的高速发展,已经成为本科教育阶段的一门重要基础课程,这对于促进社会项目领域普及信息系统、提高服务的专业化水平无疑有着重要的促进作用。事实上,随着近来计算机在我国各类办公管理中的普遍运用,大量数据的数字化管理已经成为现实。在诸如城市社区管理等方面,各种数据的联网整合不仅停留在文字上,而且已经成为现实。这在各地目前正在大力推行的社区居家养老服务过程中,特别是一些地区推行的网络呼叫系统领域有着集中表现。我们以为,目前我们需要做的,是加强对计算机辅助信息系统的全面理解,在有关社会项目管理的各种数据库的建设中加强整合观念,避免不同系统的分裂和碎片化现象,提高其全局化设计水平,并真正发挥其在项目过程评估和项目绩效管理中应有的作用,提高社会项目管理的科学化水平,促进项目服务质量的提高。

✑ 思考题

1. 什么是社会项目过程评估? 项目过程评估的类型有哪些? 项目过程评估有什么作用?

2. 社会项目过程评估的任务包括哪些方面,它们各自的内容是什么?

3. 社会项目过程评估的途径有哪些,各种评估途径的内容是什么?

✑ 推荐阅读

林妮君、李淑容:《缘木求鱼:特殊境遇妇女创业贷款之过程评估》,《社会政策与社会工作学刊》第 11 卷第 1 期,2007 年,第 101—151 页。

Chen, Huey-Tsyh, Juju, C. S. Wang & Lung-Ho Lin(1997). Evaluating the Process and Outcome of a Garbage Reduction Program in Taiwan. *Evaluation Review*, Vol. 21. No. 1, pp. 27—42.

Posavac, E. J. (1996). Monitoring the Openration of Programs. In Posavac, E. J. *Program Evaluation*:*Methods and Cases Studies*. New Jersey:Prentice Hall, pp. 121—141.

✑ 参考文献

Huang, W. , K. K. Wei & R. Watson(2003):《管理信息系统(MIS):

背景、核心课程、学术流派及主要国际学术会议与刊物评介》,《管理科学学报》第 6 卷第 9 期,第 85—91 页。

杜宇(2011):《"十一五"期间我国大力推进保障性住房建设综述》,http://news. xinhuanet. com/house/2011-01/06/c_12954402. htm,2011 年 1 月 6 日。

范柏乃(2005):《政府绩效评估理论与实务》,北京:人民出版社。

范柏乃(2007):《政府绩效评估与管理》,上海:复旦大学出版社。

方巍(2009):《居家养老服务项目理论评估——以杭州市下城区天水街道为例》,载浙江省民政厅:《2009 浙江民政论坛优秀论文汇编》,杭州。

方巍(2010):《外来务工青年的社会偏离与社会排斥——研究论纲》,载魏雁滨等主编:《信息时代新青年议题:理论、政策与实务》,北京:社会科学文献出版社,第 263—279 页。

林姹君、李淑容:《缘木求鱼:特殊境遇妇女创业贷款之过程评估》,《社会政策与社会工作学刊》第 11 卷第 1 期,2007 年,第 101—151 页。

刘梦(2009):《过程评估》,载顾东辉主编:《社会工作评估》,北京:高等教育出版社,第 209—226 页。

刘武(2009):《公共服务接受者满意度指标模型研究》,沈阳:东北大学出版社。

罗希、李普希、弗里曼(2007):《评估:方法与技术》,重庆:重庆大学出版社。

罗伊斯、赛义、帕吉特(2007):《公共项目评估导论》,北京:中国人民大学出版社。

徐道稳(2010):《社会福利行业和职业标准》,北京:中国社会出版社。

詹奕嘉(2011):《深圳市住建局向 20 名保障房涉嫌造假申请者发出处罚告知》,http://news. xinhuanet. com/politics/2011-01/12/c_12972483. htm,2011 年 1 月 12 日。

张海波(1994):《管理信息系统 MIS——定义、构成、类型及其作用的再探讨》,《图书馆学研究》1994 年第 4 期,第 84—88 页。

浙江省教育厅高教处(2007):《浙江省高等学校教师教学工作业绩考核指导性意见(试行)》,杭州,浙教高教〔2007〕33 号。

Barker, R. L. (2003). *The Social Work Dictionary.* 5th edition. Washington DC: NASW.

Blalock, A. B. (1999). Evaluation Research and the Performance Management Movement: From Estrangement to Useful Internation? *Evaluation.* Vol. 5. No. 2, pp. 117—149.

Chen, Huey-Tsyh, Juju, C. S. Wang & Lung-Ho Lin(1997). Evaluating the Process and Outcome of a Garbage Reduction Program in Taiwan. *Evaluation Review.* Vol. 21. No. 1, pp. 27—42.

Freel, B. C. & I. Epstein(1993). Principles for Using Management Information Data for Programmatic Decision Making. *Child and Youth Services.* Vol. 16. No. 1, pp. 77—93.

Fulweiler, R. D. (2001). The Role of Management Information System. *The Journal of Academic Librarianship.* Vol. 27. No. 5, pp. 386—390.

Ginsberg, L. H. (2001). *Social Work Evaluation: Principles and Methods.* Boston: Allyn and Bacon.

Kapp, S. A. & A. J. Grasso(1993). BOMIS: A Management Information System for Children and Youth Service Providers. *Child and Youth Services.* Vol. 16. No. 1, pp. 33—48.

Lewis, J. A. , T. R. Packard & M. D. Lewis, (2007). *Management of Human Service Programs.* Belmont, CA: Thomson Brrooks/Cole.

Owen, J. M. (2006). *Program Evaluation: Forms and Approaches.* New York: The Guilford Press.

Posavac, E. J. (1996). *Program Evaluation: Methods and Cases Studies.* New Jersey: Prentice Hall.

Savaya, R. (1998). The Potential and Utilization of an Integrated Information System at a Family and Marriage Counselling Agency in Israel. *Evaluation and Program Planning.* Vol. 21, pp. 11—20.

Scheirer, M. A. (1994). Designing and Using Process Evaluation. In J. S. Wholey, H. P. Hatry & K. E. Newcomer(eds.). *Handbook of Practical Program Evaluation.* San Francisco: Jossey-Bass, pp. 40—68.

Smith, Michael J. (2010). *Handbook of Program Evaluation for Social Work and Health Professionals.* New York: Oxford University Press.

Unrau, Y. A., Peter A. Gabor & Richard M. Grinnell, Jr. (2001). *Evaluation in the Human Services.* Belmont, CA: Thomson Brooks/Cole.

Weinbach, R. W. (2005). *Evaluating Social Work Services and Programs.* Boston: Pearson Education, Inc.

第十一章　社会项目理论评估

在本书的第二章,我们讨论了社会项目评估理论,国外一些研究将项目理论也归入其中。虽然从具体项目的评估实践来看,项目理论对于评估过程有着重要的指导意义,但是它并非关于社会项目评估的一般理论,而是对特定项目过程机制的说明。在这一章,我们将具体分析项目理论评估的概念,进而说明作为这一类型评估核心的项目理论的建构方式以及实施项目理论评估方法的基本步骤。

第一节　项目理论评估概论

在这一部分,我们将首先界定项目理论和项目理论评估的概念并辨别其区别,然后重点探讨项目理论评估的特点、功能和主要类别。

一、项目理论与项目理论评估

在项目理论的评估研究中,项目理论具有十分突出的地位。为此,我们将首先分析项目理论的内涵,然后讨论项目理论评估及其特点。

1. 项目理论

所谓的项目理论,便是建立在一定基础之上、有关项目如何运作的一种模型建构(Bickman, 1987)。也就是说,项目理论便是社会项目的内在假设;它告诉我们,在项目执行过程中应该采取哪些措施,这些措施相应的结果是什么,什么是项目的下一步骤,可以预期的反应是什么,接着又会发生什么,等等(参见 Brickmayer & Weiss, 2000)。简单地说,项目理论便是关于项目如何产生预期效果的说明(Fitz-Gibbon & Morris, 1996)。例如,政府劳动管理部门为了解决城市下岗职工的再就业问题,发起了一系列职业培训项目,并取得了一定成就。这些项目之所以能够取得成效,原因在于下岗职工经过培训,获得了劳动力市场所需要的职业技能,同时改变了就业观念。在上述事例中,教育所产生的培训对象技能增长和观念变化,便是项目实现其目标的内在机制,也就是这里所谓的这些项目的项目理论。

纵观大部分研究,项目理论主要还是说明项目干预过程、揭示项目干预及其结果的因果联系的理论(Fitz-Gibbon & Morris, 1996)。根据说明的重点不同,我们又可以进一步区分出逻辑理论、机制理论和条件理论等三种不同类型的项目理论(方巍、张晖和何铨,2010)。逻辑理论是当前国外项目管理中十分重要的理论,近年在我国的港台地区也得到了重视和应用(陈锦棠,2008)。简单地说,逻辑理论便是说明项目相关环节和步骤之间的逻辑关系的一般认识,主要用来指导项目的设计。机制理论主要揭示项目如何实现预期目标,因而是对既有项目成功本质经验的总结,进而对这类项目在更大范围内的推广和实施具有重要的指导作用;此外,它对我们下面将要重点讨论的项目理论评估更是有着直接的引导作用。至于条件理论,则旨在说明项目影响机制的实现环境和结果,因而对于我们更好地确定项目的适宜性、提高项目执行效果具有重要的参考价值。

2. 项目理论评估

项目理论评估是一种以项目理论为基础的、理论驱动的、理论导向的或理论支撑的评估研究(Rogers, 2007)。根据上面关于项目理论的界定,我们可以说,项目理论评估便是揭示项目内在假设并证明其成立的一种评估方法。它的目的不仅在于告诉人们项目结果是什么,更重要的是说明为什么有这样的结果、上述结果是如何实现的;它是关于项目设计的活动及其各个环节结果之间关系的一种评估研究方法(Weiss, 2000)。

例如,根据发展型社会政策,我们认为,将社会开支用于具有投资效应的项目不仅有利于社会福利对象摆脱困境,而且能够促使其自立自强和经济发展,实现社会开支的可持续性(方巍,2009)。据此,中国政府20世纪80年代以来实行的诸如以工代赈等一系列扶贫项目便具有这样的投资效果。有关项目实施部门通过雇用救助对象从事公益性工程项目,不仅为救助对象提供了劳动机会和劳动收入,而且这些公益项目将为项目实施地区今后的社会和经济发展带来巨大的推动作用。在这样一项社会项目当中,发展型社会政策便为上述诸如以工代赈等一系列项目的成功原因或机制,而且也为项目的设计提供了一种理论依据,由此构成这些项目的项目理论。它还为我们提供了以工代赈这样一些项目环节之间的联系说明。我们之所以在项目中用社会开支雇用贫困人员,是因为他们劳动力的投入能够促进众多公共项目的实施;而这些公共项目的实施及其成就,将使得我们对贫困人员的社会救助并不因为单纯的消费而损耗,而是因为其完成的公益项目而促进项目实施地区的社会和经济发展。于是,发展型社会不但为我们提供了以工代赈这一扶贫项目成功的内在机制,而且也为我们借助该项目实施社会救助或项目管理提供了指导。

无疑,项目理论评估帮助我们加深了对项目目标实现机制的认识,因而受到学术界与评估实务部门的高度重视。自20世纪80年代以来,美国学者卡罗尔·H.韦斯(Carol Hirschon Weiss)、陈惠次和莱纳德·比克曼(Leonard Bickman)等人纷纷关注项目理论评估,独立或与他人合作出版了一系列论著,主编评估研究专刊,扩大了项目理论评估方法在学界和评估实务中的影响(方巍,2010)。近年来,各类项目理论评估研究的数量不断增多,其应用领域也从最早的保健和风险防范扩展到节能、反腐和社会服务领域(Rogers, 2007),甚至军事领域(Williams & Morris, 2009)。西方项目评估方面的这些发展,无疑对于我国目前刚刚起步的社会福利服务专业化和项目评估研究具有极大的启示作用。

3. 项目理论评估的特点

与其他类型的社会项目评估相比,项目理论评估是一种非常综合性的研究类型。这种综合性既表现在它的评估对象和内容上,也反映在研究方法上。

从评估对象上来看,项目评估理论既是关于项目实施方计划落实情况的检验,也是对项目本身内在理论机制的认识。从项目理论的本质来看,评估研究与项目实施情况无关,并不涉及对项目管理和实施方的工作评价。项目理论是项目内在本质的反映,是对一定条件之下项目目标实现的一种规律性论断。从这个意义上来说,项目理论无法得到论证,并不一定是项目管理与实施方的缘故,而可能所要论证的项目理论本来便不成立;但是,项目理论评估要想达到其目的,也就是要借助项目数据证明其成立,却离不开该项目执行过程中项目实施和管理人员严格按照事先制订的计划行事,确保具备项目目标实现的基本条件。也正因为如此,项目理论在评估内容上既包括对项目理论研究假设的论证,同时也要考察项目的实施过程以及项目实际取得的效果,由此体现了这一评估研究在评估对象和内容上的综合性。

从评估研究方法上来说,项目理论评估同样显示了它的多样性和综合性。众所周知,评估研究要想证明项目理论的成立,必须通过将项目理论的因果关系变量操作化,通过可以观察的现象将上述变量量化,然后通过统计分析检验其假设关系成立。这一论证过程是定量研究方法的典型表现。但是,光靠上述定量研究方法和过程,并不能达到项目理论评估的目的。诚如上面关于项目评估理论研究内容分析指出的,项目理论评估离不开对项目实施过程的评估。如果项目没有按照预期的计划进行,项目实现其目的的条件不具备,即使项目理论成立,在项目过程中也不一定能够得到论证;如果人们在项目实施过程中的干预不同于计划目标,即使项目达到了预期目标,也不能证明我们想要论证的项目理论成立。诚如我们在项目过程讨论时指出的,项目实施过程的评估不同于项目理论假设的论证,更大程度上借助的是定性描述,这也是过程评估不同于绩效管理的重要特征。由此,项目理论评估在方法上也呈现出定量方法和定性方法的综合,反映了当代评估研究在研究范式方面的多样性和综合性。

二、项目理论评估的功能

通过上面的分析我们可以看到,项目理论评估是一类十分独特的研究方法。尽管研究过程力图证明的只是具体项目的理论,但是它在评估内容和方法上的综合性,使得它对整个评估研究专业化水平的提升有着十分重要的作用。除此之外,它对具体的项目评估研究和项目管理水平的提高也有着不容忽视的促进作用。下面,我们将从项目理论评估对项目黑箱的破解、对评估研究的指导作用以及对项目推广的指导作用等三个方面探讨项目理论评估研究的功能。

首先,项目理论评估研究有助于对项目运行过程黑箱的破解,从而掌握项目目标实现的内在机理。传统的评估研究主要关注的是资源投入和产出的关系,或者是对服务对象采取的干预行为及其结果之间的关系,至于在项目过程之中发生了什么变化,项目投入和产出之间或者项目干预是如何实现最终影响结果的,都不是评估研究关注的问题。即使是对项目执行过程的评估,研究者关注的也仍然只是计划及其实施之间的关系,对于项目目标的实现机制并没有做深入的探究。在这种情形下,项目评估研究犹如一个黑箱,我们只了解项目干预前后的情形,而对项目实施过程中发生的事情一无所知。这种研究状况严重制约了我们对项目的认识,妨碍了评估研究的深入,并最终将具有稀缺性的社会资源的投入建立于一种尝试性的甚至是盲目的基础上。项目理论评估改变了这种凭感觉决定项目立项和实施的状况,将研究内容直接深入到"黑箱"中发生的现象、环节及其机理,这一认识成果无疑对于我们深入认识项目的实施机理,进而改进和完善项目实施环节、强化项目实施效果有着重要的指导意义。同时,项目理论评估研究的提出也意味着评估研究的发展和完善,填补了评估研究曾经留下的空白,使得社会项目各个环节的内容都进入到评估研究的范围之内,强化了评估研究在项目管理过程中的地位。

其次,项目理论评估研究对于项目理论的论证,将有助于项目在不同地区和不同群体的对象的范围内推广。社会项目的对象及其实施范围和时间都有一定的局限性:一方面,它不可能原封不动地移植于其他时空和对象;另一方面,社会问题的普遍性以及人类福祉作为社会发展的重要追求目标,又要求我们在类似的时空范围内对特定的对象不断推出具有某些相似性的服务项目。于是,如何借鉴已有项目的成功经验,提高新项目的设计和管理水平,强化项目效果,便成为社会各界普遍关注的问题。项目理论评估注重对项目目标实现内在机理的提炼和论证,注重对项目实现条件的分析,这些研究成果不仅是对正在评估项目的一种认识深化,而且由此获得的一般性认识对于指导今后类似项目的推广也有重要的指导作用。从这一意义上来说,项目理论评估的意义远远超出单一的具体项目评估,对于增加特定社会项目的产出效应,提高社会开支的增值功能,具有不容忽略的重要价值。

最后,项目理论评估关于项目理论的提炼及其论证,对于评估研究步骤的设计也有着十分明确的指导功能。由于评估内容的独特性,项目理论评估十分关注项目干预过程中的各个环节及其相互之间的因果联系。要想完成评估任务,项目理论评估不仅需要清晰辨别项目的内在假设,而且需要对项目理论假设进行操作化,进而收集相关的论证所需要的资料。正因为如此,项目理论或项目的内在假设便成为决定项目理论评估的内容和步骤的重要依据(Fitz-Gibbon & Morris, 1996),进而对项目理论评估研究的步骤提供了重要指导。例如,对于下岗职工的就业培训项目,要想对其中包含的项目理论进行论证,我们既要检查培训项目是否落到实处,同时也要收集下岗职工参加职业培训和最终再就业的数据,并进行假设检验。上述论证所包含的逻辑关系对评估研究的操作步骤起到了重要的引导作用,也就是说,项目理论的论证过程也就是评估研究应该经历的步骤。于是,评估研究过程中所提炼和建构的项目理论便成为这一评估研究的重要指导方案。

三、项目理论评估的类别

尽管项目理论评估总体上来说是一种以项目理论为基础或以项目理论为指导的研究,但是其名目繁多,包括变化理论、干预理论、项目理论和项目逻辑等,不同名称的项目理论评估的重点也有所不同。在这一部分,我们将简要分析这些不同名称的项目理论评估研究的差别,最后重点讨论当前在国外有着重要影响的项目逻辑评估研究。

所谓的项目理论取向评估,并不是单一的一种评估方法,而是一类方法的总称,具体包括理论评估、现实主义评估、逻辑模式和理论驱使评估等。这些不同类别的、以理论为基础的评估在研究目标上略有不同,具有自己的重点。例如,比克曼将项目理论视为建立于一定根据基础上、有关项目是如何运作的一种模型建构(Bickman, 1987)。据此,项目理论评估便是对在项目服务和干预过程中是否发生了项目理论预期变化的一种检验,是对项目黑箱的破解。与项目理论评估略有差异,现实主义评估的重点则不是说明项目为什么产生预期的影响作用,而是更关注项目机制运作的条件和结果(Leone, 2008)。相对而言,逻辑模式则更突出项目执行过程中的各个步骤环节的分析,强调通过流程图显示资源投放、活动和服务提供以及成效之间的关系,借此揭示项目过程的逻辑性和合理性关系(陈锦棠,2008)。正是因为这种方法比较关注项目的执行过程,因而也常常被用作项目绩效管理的一种手段(Millar, A. et al, 2001)。

近年来,项目逻辑模式评估在西方和我国港台地区受到极大的重视和发展,不仅是政府和非政府部门,而且民营部门也都纷纷在其项目管理实践中尝试运用项目逻辑模式,对这一评估研究方法的发展和普及产生了极大的促进作用(Taylor-Powell & Henert, 2009)。如今,项目逻辑模式甚至成为一些国际非营利性组织提高其管理效率的日常措施。例如,美国联合劝募会、凯洛格(Kellogg)基金会和城市研究所(The Urban Institute)便十分重视项目逻辑模式在管理过程中的运用,认为这一方法有助于管理人员更好地参与项目管理过程,加深对项目及其规划的思考,提高项目管理能力,促进项目目标的实现。台湾地区的联合劝募会也于21世纪初引入该方法,要求其资助的非营利性项目承担者加以运用,以便提高项目绩效(参见张英阵、许雅惠,2008)。

通常,项目逻辑模式包括资源投放、活动和服务、服务成效、理论假设、问题现状、外在环境和逻辑联系等七个方面的内容,项目的理论假设在其中起到核心作用,构成了项目相关环节之间的逻辑联系。例如,在一个关于减少青少年吸烟的服务项目中,项目实施者试图通过向青少年提供吸烟有害健康的知识教育,引起教育对象认识到吸烟行为对自己身体的危害,进而停止或减少吸烟的数量。在这一项目中,上述青少年对吸烟有害健康知识的了解程度及其与吸烟数量关系的假设便是项目设计所依赖的理论假设,由此在项目资源投入、活动或服务以及服务成效之间建立了项目逻辑关系,从而对项目的设计与实施产生了指导作用。至于青少年吸烟现状和外在影响因素的分析,则是项目设计不可忽略的考察要素。根据项目逻辑模式,我们一方面可以从需要实现的服务成效出发,反向确立应该提供的服务、需要投入项目的资源;另一方面又指引我们沿着资源投放、项目服务和服务成效方向确立项目的实施步骤和检查方向,具体过程见图11.1(参见陈锦堂,2008)。

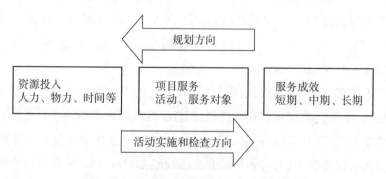

图11.1 项目逻辑规划与实施方向示意图

第二节　项目理论的建构

通过上面的分析我们已经知道,项目理论在项目理论评估研究中占据主导地位,它不仅直接指引着项目理论评估的实施,而且还对项目有效地达到预期目标起到重要的指导作用。因此,科学地构建项目理论便成为这一类评估方法的关键。那么,我们究竟应该如何构建项目理论呢?下面,我们将从现有理论研究成果、项目档案与实地观察以及项目利益相关者访谈等三个方面进行探讨。

一、参照现有理论研究成果

在社会科学研究中,理论是对某一种社会现象的规律概括。它反映了社会现象的"本质联系和必然趋势"(辞海编辑委员会,1999:1743),揭示了不同社会现象发展的关联关系。诚如上面已经分析指出的,社会项目评估研究中的项目理论试图说明的,便是两种社会现象通过社会项目干预存在的一种联系性。显而易见,社会科学理论与项目理论存在着十分密切的联系。如果某一社会项目所要追求的效果恰好已经为社会科学研究证实,或者说是根据某一社会科学研究理论所设计的,那么,相关的社会科学理论无疑便成为项目理论构建的直接依据或来源。

正是因为社会科学研究理论在项目建构过程中有着如此重要的作用,因此在社会项目的设计或规划过程中,或者在项目理论的评估研究过程中,广泛查询和阅读社会科学研究文献便成为项目管理和评估研究的重要环节。例如,张英阵等人在台湾地区实施"隔代、单亲及原住民弱势家庭的儿童青少年外展区域督导服务计划"的实施过程中,便高度重视专业文献的阅读,并将其作为项目逻辑模式运用的第一个环节(张英阵、许雅惠,2008)。又如加拿大蒙特利尔市基督教青年会(YMCA)在关于开放式青年中心项目的评估研究过程中,为了构建开放式中心提供的课外活动场所有助于减少或防范偏离行为发生的内在机制或项目理论,他们所做的一项重要工作便是进行研究文献的回顾。通过回顾,研究者发现,娱乐活动与药物滥用、社区心理学和青年课外活动三个方面的研究成果,对于揭示中心提供项目的内在假设有着密切关系。这些研究成果高度评价了青少年的娱乐活动在药物滥用干预中的作用,肯定了项目为青少年提供的心理归属感及其行为偏差的防范作用,充分肯定了课外活动项目对于青少年正面发展的积极作用。这些已有的研究成果与实地研究成果结合,极大地促进了项目理论的建构及其可靠性(Mercier, Piat, Peladeau & Dagenais, 2000)。但是,海内外的大量研究显示,尽管社会科学研究文献有着重要的指导作用,大多数社会工作者却没有养成定期阅读专业文献的习惯。由于他们工作繁忙,加上许多机构没有为实务工作者提供资料查询的渠道,相当一部分人在毕业后不但再也没有进过图书馆,甚至连对电子资源的使用也极为陌生(参见张英阵、许雅惠,2008)。这种现状不但制约了项目理论评估等新的评估研究方法在实践中的运用,而且也不利于社会项目的设计和管理水平的提高,应该引起国内社会项目管理与评估工作者的重视。

尽管社会科学研究理论对项目理论的建构作用重大,但是相关理论的使用范围则是我们参照过程中必须认真考虑的问题。罗希在论述项目理论的构造时十分重视项目理论的涵盖范围,认为应该加以明确界定(罗希、李普希、弗里曼,2007)。一旦确定了项目理论的涵盖范围,那么我们参照的社会科学理论的使用范围便自然而然地成为我们必须予以考虑的问题。社会科学研究的理论是否与项目理论的涵盖范围一致,已经证明的理论在项目设计的范围内是否同样成立?事实上,社会科学研究证明的理论根据其普适程度的区别,通常可以分为巨型理论、中层理论和经验研究理论等三种类型。巨型理论具有高度抽象化、概括化和整体性等特征,如帕森斯的社会行动系统、功能系统等。相对而言,巨型理论的普适性是最强的,但它往往比较抽象,与社会项目设计所赖以支持的项目理论往往有较大的距离,需要进行多层次的操作化才能转化为项目的具体干预及相联系的现象。中层理论则由有限的几组假定组成,通过逻辑推导可以产生能接受经验验证的具体假设(颜烨,2001)。相比之下,一般经验性研究提出的理论与具体社会现象关系更为密切,抽象化程度更低,因此其结论的普适性也就更低。像我们上面举例提到的加拿大蒙特利尔 YMCA 在评估研究中构建项目理论时参照一些理论,如娱乐活动在干预药物滥用过程中的干预效果等,因其是通过一个特殊案例的经验研究得出的,其结论的普适性或曰是否与拟评估项目具有类似的内外影响因素,这是我们尤其要重视的。虽然最终的项目理论证明需要经验数据的证明(见下一节),但是如果因为参考的社会科学研究理论在干预项目条件下不适用,那么最终必然影响项目的设计依据及其成效,同时也影响了我们正确揭示拟评估项目的内在机制,反过来也会影响到项目经验的推广和普及。

二、查阅档案与访问项目利益相关者

除了上面谈到的社会科学研究理论,社会项目在其规划、设计和实施过程中保存下来的原始文献以及项目各利益相关者对于项目的回忆和评论,无疑也是我们了解项目意图、提炼项目运行机制的重要依据。

1. 项目档案文献

尽管传统评估研究将社会项目的执行过程视为黑箱,仅关注项目的投入以及干预的效果,但这并不意味着项目设计和管理人员对于服务内容的选择毫无思索、完全凭运气。尽管相当部分从事社会服务项目的实务工作者没有时间,也没有意识到需要紧跟学术研究动态,并经常阅读最新的理论研究成果或系统查阅某一服务领域的研究成果,但这并不能说他们对于如何提供特定的服务来解决某一类社会问题没有深思熟虑甚至真知灼见。例如,关于当前我国社会福利领域受到关注的社区居家养老服务项目,全国老龄委办公室等十家单位在有关文件中便明确指出,居家养老服务具有"弘扬中华民族尊老敬老优良传统,尊重老年人情感和心理需求的人性化选择"的作用,同时它也"是促进家庭和谐、社区和谐和代际和谐,推动社会主义和谐社会建设的重要举措"(全国老龄委办公室等,2008)。上述对于居家养老服务意义的阐述,无疑反映了项目发起者对于居家养老服务相对于传统家庭养老和机构养老的积极功能的肯定。尤其是关于项目服务与中华民族传统尊老敬老传统以及尊重老年人情感和心理需求关系的判断,一定程度上体现了全国老龄委办公室等单位对于居家养老服务能够取得成功的内在依据或机制的认识。类似这样的项目档案,无疑对于我们建构项目理论具有直接的指导和帮助作用。

项目理论建构过程中可供参考的项目档案主要包括上级部门发布的各类文件,项目发起人、承办者或组织者起草的申请报告、规划报告,项目的实施计划,项目执行过程中产生的一切文献档案记录,项目总结或汇报等。除了上级部门的文件、项目申请与规划报告、项目总结和汇报中可能包含大量对于项目实施的意义和机理的阐述以外,项目各相关方的各种会议记录也应该引起高度重视。因为这类会议记录往往可能记载了与会者对于项目的意义和机理的认识,尤其是项目服务或内容选择的具体讨论过程,往往反映了他们对之所以作出这样选择的某种认识和看法,这就成为我们构建项目理论的重要依据。

当然,在我国目前的社会项目实施过程中,由于管理水平和专业化程度较低,各类项目档案的保存可能十分不完整,这会为我们的项目理论建构带来一定的不利影响。也正因为如此,我们认为,在社会项目管理和评估实践中普及并推广使用项目理论评估,将对提高我国各类社会服务机构的管理水平起到重要作用(方巍,2010)。尤其是对于那些在实施初期便已经决定进行项目理论评估的项目来说,更是要从最初环节开始,注意各类项目资料和档案的记录和管理工作,这不仅是项目理论评估研究的需要,而且也是提高项目管理水平不可或缺的内容。

2. 项目利益相关者

在项目理论的建构过程中,除了书面的历史档案以外,项目的发起人、资助人、承担人和服务对象等利益相关者,也是我们不可忽略的、获取重要参考资料的源泉。特别是在当前我国各类社会项目服务机构管理水平普遍较低、各种档案资料往往不完备的情形下，项目利益相关者的访谈便显得格外重要。

在所有的项目利益相关者中间，项目的高层人员无疑是我们首先应该访谈的对象。特别是项目的发起人、项目的规划者、项目方案的具体制定者，更是我们不可忽略的重要访问对象。他们之所以发起、愿意资助或者设计该项目，肯定有自己的独特考虑，具有项目拟针对的特定对象及其问题。在具体项目内容的选择过程中，除了考虑经济等方面的因素以外，必定也涉及相关的服务干预与目标群体的问题之间关系的思考。所有这一切，无疑对于我们思考辨别项目的内在假设具有重要的启发作用。即使在项目各类历史档案比较完备的情形下，这些项目相关人员的访谈仍然能够为我们提供许多书面材料所不具备的信息，特别是能够针对我们的具体问题作出回答，甚至对一些问题进行深入的讨论，给出比其他现成的书面资料更为全面和深入的答案。

除了项目高层人员，具体提供服务或执行日常管理的一线人员也是项目理论建构过程中不可忽略的对象。尽管他们不像我们前面提到的高层人员那样，对项目具有总体的了解和把握，但他们是项目服务的直接提供者和管理者，了解项目的具体运作内容和过程，与服务对象有着直接接触，对于相关的服务及其产生的直接效果往往有着更为直接的了解，因而对我们掌握项目服务或干预引发的社会现象的因果关系有着重要的帮助。

此外，我们也不可忽略项目服务对象在项目理论建构过程中应有的作用。项目服务前后有哪些变化，对此有着最直接感受的应该是服务对象。尽管我们可以通过其他项目服务相关人员观察获得这些信息，但是服务对象的感受却不应被忽略，他们往往可以提供这方面最为详尽和全面的信息。事实上，不仅在项目理论的建构过程中如此，在下面谈到的项目理论的实际评估过程中，项目服务对象都是我们作出评估结论所需要的信息的重要来源。

当然,由于服务对象文化水平或他们所处的地位的局限,他们提供的信息可能是片面的,不一定能够有效回答研究者所要解决的问题,甚至产生误导作用,这就要求项目评估人员加以辨别和判断。其实,这一问题不仅可能在对服务对象的访谈中出现,在与其他所有项目利益相关人员的访谈中都存在这种可能性。对此,一方面我们不能因为存在这种可能的偏差倾向,便放弃这一重要的信息来源,另一方面也需要我们综合多种信息,对其真伪作出正确的判断。我们前面提到的综合研究方法的三角检验,其实同样适用于我们对待不同项目利益相关者提供的信息关系的真伪这一问题。

三、实地观察

对于一个具体的社会项目,特别是一个比较新颖的社会服务项目,总是可能存在现有的研究尚未给出已有的答案的情形,而项目的档案文献和利益相关者也可能存在不能有效解答项目运作内在机制的问题。这时,如果能够对实际进行中的项目加以实地观察,无疑是建构项目理论的最好办法。

由于专业评估人员通常具备较为扎实的理论功底,同时对项目理论评估这种较为新颖的评估研究方法也有较为全面的理解,因此,他们往往比一般的项目实务工作者和项目服务对象更容易从项目具体运作过程中把握其内在依据和机理。因此,如果能够有机会直接对项目的运作过程进行实地观察,应该是我们在项目理论的建构过程中绝对不应该放弃的。评估研究者可以直接深入服务现场,或者直接参与到项目的具体服务和管理过程中,或者在一线进行细致的观察,从而获得项目运作的大量一手资料,从中获得对项目运作和项目设计的内在依据的认识。作为一种实地的经验研究方法,研究人员一定要充分利用各种信息收集手段,既包括传统的、天然的认识手段,也要充分利用现代科学技术,全面真实地记录项目实际运作的各种类型的信息。其作用不仅是用于项目理论的建构,而且将大大促进项目理论的评估,特别是我们下面将要谈到的项目执行过程的评估。由于项目过程评估主要是定性研究,如何充分利用经验性材料有效实现项目可重复的评估效果,是我们特别应该关注的环节,尤其在当前经验性定性研究质量普遍不高的情形下,更是应该得到格外重视。

当然,要想利用实地观察方法来建构项目理论,其前提是项目仍然处于进行过程之中,评估人员提前介入到项目的评估研究当中。尽管这种做法对于各种评估研究方法都是一种很好的做法,尤其是有助于及时改进项目运行中出现的问题、提高项目效果,因而在诸如参与式等形式的评估研究中得到越来越普遍的运用,但是,这种方法仍然具有一定的局限。在大量评估研究事实上仍然是事后评估的情形下,评估研究者要想对项目的实际运作过程进行观察并不容易。为此,我们要尽量与项目实施机构取得合作意向,争取项目评估委托方的配合,结合项目实施与管理机构的内部评估方法,本着及时改进、共同提高项目成效,进而推广项目成功经验的共识,及早介入到项目评估研究过程之中,为项目理论这一评估形式的顺利实施提供更为全面的信息来源。通过下面评估研究的具体实施环节的讨论,我们将进一步发现,对于项目理论评估这种高度综合性、资料要求较高的研究来说,提前介入项目运作过程将益处颇多。

第三节　项目理论评估步骤

诚如前面已经提到的,项目理论评估不仅需要验证有关项目干预的内在机制,而且需要考察其项目的实施过程是否与预期一致、项目实施后的影响结果如何,因此,实际上,项目理论评估包含了项目实施情况、影响结果和理论假设评估等三个部分的研究内容。下面将分别予以讨论。

一、项目实施评估

我们前面已经指出,项目实施情况评估其实便是项目过程评估。由于第十章刚刚讨论了项目的过程评估,在这里,我们将首先分析项目实施评估在项目理论评估中的作用、项目执行评估的主要内容,对于具体的过程评估方法则不做详细讨论。

1. 项目实施情况评估的功能

在项目理论的评估研究中,项目实施情况的评估对项目内在假设的成立起着重要的保证作用。任何社会现象的发生、变化和发展都是建立在特定的环境之下的,社会环境比自然环境复杂得多,影响因素也更为多样。由此决定了任何一种社会现象的发生,都需要具备独特的条件。一旦条件发生了变化,那么实际产生的结果便可能与预期的情况大相径庭。同样,对于任何社会项目来说,我们证明的某种现象之间的本质联系,也是建立在独一无二的环境影响因素的基础上的。我们要想依据理论假设,通过项目实施实现预期的效果,就必须保证提供的服务达到项目效果发生的条件;一旦条件不具备,那么就不可能达到项目追求的影响效果。于是,如果服务提供者没有在实施过程中提供项目预期的服务,也就是说,没有达到项目结果发生的条件,那么项目影响结果和预期干预两者之间的表现便不符合项目理论假设的表现,就无法证明项目理论的成立。即使两者之间依然存在着联系性,其结果也不能证明原有的理论假设成立,研究证明的可能是预期之外的、一种新的现象之间的本质联系。

因此,要想保证项目理论实现项目干预实施前后社会现象的预期变化,就必须保证项目按照预期的计划按部就班地得到落实。项目的实施过程评估,便是要保证项目取得的结果确实是在预期的条件下发生的,项目理论所预期的变化真正发生了。诚如华裔学者陈惠次所指出的,如果不了解项目的实施过程,即使我们发现某一项目没有实现其预期的目标,也难以判断其原因究竟是项目所依赖的假设存在问题,还是项目执行过程偏离了预期计划,抑或是干预力度不足,甚至是对干预效果的测量方法不够灵敏(Chen, 1990)。所有这些情况,都使得我们对项目结果的评估成为一种徒劳的服务,也无法对项目理论假设进行有效的验证。

2. 项目执行评估的主要内容

既然我们通过上面的讨论已经了解了项目实施过程评估在项目理论评估研究中的作用,那么也就不难了解项目执行评估所应该完成的任务。简单地说,项目执行过程评估主要包括项目预期服务或干预是否得到实施,相关服务人员在服务或干预过程中是否将服务或者干预传递到服务对象,以及服务或干预的目标是否就是项目目标对象等三个方面。例如,诚如前面提到的,杭州市某街道在开展居家养老服务过程中,为辖区内的老年人提供了集体食堂的餐饮服务、每天定时的上门服务,并为老年人免费安装了求助呼叫系统。那么,在项目理论评估的项目执行环节研究中,我们首先需要考察的是这些服务是否真正得到落实。我们需要通过各种渠道了解,集体食堂是否确实按照规定每天如期开放,家政或其他指定的服务人员是否每天到服务对象家里走访,每一个符合条件的老人家里是否免费安装了救助呼叫系统?

其次,我们要进一步考察,集体食堂的伙食是否满足了老人们的需要,他们是否将集体食堂作为自己就餐的选择? 那些家政或其他服务人员上门解决了老人们的需要吗,是否达到了项目要求的服务内容和时间? 救助呼叫系统是否始终保持畅通或正常沟通,在老年人呼叫的时候能否作出及时和有效的反应?

最后,我们还要了解考察,辖区内的老人是否了解了集体食堂服务,每天有多少老人接受服务,覆盖面有多大? 辖区内有多少老人接受了上门家政或其他服务,分别有哪些老人接受了无偿服务、哪些接受了成本服务、哪些接受了市场化服务,各个群体的覆盖面有多大? 安装救助呼叫系统的老人数量有多大,覆盖面如何? 项目预期针对的目标群体是否都得到相应的服务,目标群体的对象使用服务的情况如何?

当然,针对相应居家养老服务的项目计划,我们需要对项目执行的评估内容作出一定程度的调整,但是上面的分析大致显示了项目执行过程评估需要考察的主要内容。只有通过上述考察,在对项目计划预期的服务的执行落实情况作出满意回答的情况下,下面的影响评估和假设验证才有意义。如果计划大多没有落实，或者执行情况不理想，那么，或者项目影响结果会出现不理想的情形，项目理论假设难以得到有效证明；即使项目效果理想，理论假设得到验证，那么其结果也不能证明原有的项目理论成立，可能需要对它作出重新的修正。

3. 项目执行评估的注意事项

从概念上来说，项目执行评估的依据是项目设计方案，评估研究的主要课题是检查项目方案中设计的服务或干预是否得到有效贯彻和落实。但是，相当部分的社会项目在其设计阶段并没有明确的项目理论或者关于项目目标实现机制的理论假设，或者虽然有这方面的考虑，但是评估研究者并不认同，提出了关于项目运行机制的另外一种表述。那么，由此可能产生的如下两种情形要引起格外关注：

（1）虽然达到或一定程度上达到了预期的影响目标，但是设计的服务或干预针对性不强，相当部分内容与影响结果没有因果关系。在这种情形下，项目执行评估的内容需要针对新的项目理论的表述作出适当修正，也就是说，并不完全按照项目方案来检查项目执行情况，而仅仅根据项目理论假设的原因来考察这部分条件是否充分具备。当然，与此同时必须指出原来项目设计存在的偏差，以便今后进行改进。

（2）评估研究者根据已有的文献、实地考察或其他途径，认为原有项目设计不符合项目理论的内在假设，也就是项目干预或服务与预期达成的目标之间不存在因果关系。如果项目方案已经得到有效执行，但项目结果确实与预期目标不同，那么证明项目设计者最初考虑的逻辑关系不成立，项目理论验证失败，进而证明研究者对原来项目理论的质疑正确。至于对项目研究者提出的新的理论假设是否成立，则将留待新的项目设计和实施时再进一步论证。

二、项目影响评估

如果说项目执行过程的评估考察的是项目理论是否成立的原因或条件，那么，项目影响评估在项目理论评估过程中起到了什么作用呢？在这一部分,我们将在回答这一问题的基础上,分析社会福利项目影响的类别,探讨如何从众多环境中存在的影响因素中甄别项目的影响作用。

1. 项目影响评估的功能

项目影响是社会项目追求的直接目标,因而向来便是评估研究的重点之一。事实上,评价项目影响的角度很多,下一章将要探讨的项目效率评估中涉及的收益和效益分析,以及第十三章将讨论的项目满意度评估,都是项目执行结果造成影响评估的重要组成部分。然而,诚如我们已经指出的,传统评估研究关注的主要是项目的投入与产出关系,我们虽然注意到社会项目的具体实施带来的服务影响,但是却没有分析投入和产出之间的"黑箱"中发生了什么,没有对项目影响的实现机制加以分析。

项目理论评估虽然是以"黑箱"的破解为己任,试图回答项目影响的内在机制问题,但是要想进行项目理论的论证,离不开项目影响的测定和分析。如果说项目执行过程的分析考察的是项目影响产生的原因和条件,那么,项目影响评估则是对服务对象在项目实施之后产生的变化的考察和测定,是对项目因果关系的结果部分的分析。显然,要想判断某一社会项目的实施能否实现因果之间的现象变化,除了对原因的把握以外,其结果的分析和度量也是项目理论评估的重要基础,是不可或缺的一个重要环节。

当然,项目影响结果的评估并不等同于项目理论关于项目服务或干预引发变化的内在机制的评估。项目影响评估考察的仅是项目服务及其结果的关系,我们只要测定或分析项目实施后服务对象及其相关方面发生了哪些变化即可。例如,通过实施职工培训,下岗职工究竟有多少人或者多大比例参加培训者找到了新的就业机会? 但是,项目理论关于项目影响实现机制的评估,则要进一步分析培训与就业的中间环节,如培训对下岗职工技能提升和就业观念改变的影响,进而考虑技能提升和就业观念变化对再就业的贡献作用。这种研究方式类似于社会科学研究中的详析模式的阐明分析,就是要找到原因和结果变量之间的第三个中介变量,用以说明投入产出变量之间的影响途径。所以,不同于影响评估,严格来说,项目理论评估是一种更为复杂的多变量研究。

2. 项目影响的甄别

众所周知,社会项目的影响是十分复杂的,如何从服务对象的变化中区别出项目实施而引起的变化,是我们在评估研究中必须考虑的问题。在项目影响的评估过程中,我们必须辨别,观察到的服务对象及其相关方面的变化,究竟是否或者有多大程度是由项目的实施而产生的。当然,社会现象研究中对于项目以外因素影响的控制要比自然科学研究中复杂得多,通常借助社会研究中的实验或准实验方法的思路,通过干预组与控制组的比较或者干预组与对照组的比较来实现。例如,在居家养老服务项目的评估过程中,我们要想了解社区居家养老的服务影响,我们就必须将居家养老服务对象作为干预组,将机构养老和家庭养老服务对象作为控制组,比较不同养老模式的效果。作为一种理想的实验设计,我们可以将参加养老模式实验的老人通过随机方式分为三组,其中参加居家养老服务的便是干预组,参加机构和家庭养老服务的则是控制组。然而,诚如我们在第七章已经指出的,这种标准的实验方法在社会现实中较难实施,因此,我们也可以采用准实验的方法,在居家养老服务对象中选取样本作为控制组,而在机构养老和家庭养老服务对象中选取样本构成对照组,再来比较考察不同养老模式在某一指标方面的表现,这样就可以比较准确地掌握居家养老模式的影响效果。

当然,如果要想进一步控制其他社会环境对老人养老服务造成的影响,我们还需要对研究样本进行前测与后测。对此,我们在第七章已有专门讨论,恕不赘言。

3. 项目影响的种类

社会项目的影响是复杂的,它的复杂性不仅表现在我们上面讨论的难以从众多的社会环境因素中独立出来,而且在于其影响往往是长期的,甚至在不同的时间跨度里,其影响结果可能不同。

通常,我们可以将社会项目的影响区分为短期、中期和长期影响等三种类型。例如,像浙江省杭州市余杭区政府投入3个亿收购20个民营乡镇卫生所这一项目,从短期的影响来说,可能使乡镇居民的就医更为便捷,医疗服务条件和技术水平也可能有很大的改善和提高;从中期的影响来说,它使得基层的公共卫生事业更加有效发展,成为全民医疗保障的重要保证;从长远来说,这一改革可能成为政府更大范围、更大程度介入公共服务,特别是成为政府建设社会主义新农村、承担更多乡村社会公益事业的先声,并最终促进社会的公平和公正(黄淼君、胡玲、黄韶毅、孙维,2010)。

然而,在社会项目的评估研究中,我们关注的主要是短期和中期影响的研究。一方面,从评估研究对实践的指导作用角度来说,现实的评估要求往往伴随着项目的进行而产生,即使不是在项目进行完毕即对短期的影响进行评估,也需要在项目的中期影响得以呈现的时候便完成评估研究,否则,随着时间的推移和项目的结束,评估的现实指导意义便不复存在。另一方面,即使长期影响的评估具有学术意义,但是评估的时间离项目执行的时间间隔越长,对项目影响对象产生影响的因素也越多、越复杂,要准确地从各种影响因素中梳理出项目服务或干预的影响作用也就越困难。正因为如此,评估研究通常很少会考虑项目的长远影响问题并试图对其加以研究。

三、理论假设评估

在项目理论评估研究中,项目运行内在机制的评估无疑是研究的核心问题,不论是项目执行研究还是影响研究,其目的最终都是为了项目理论假设的验证服务的。下面,我们将从研究假设的操作化、变量测量和统计验证等三个方面探讨项目理论假设的验证步骤。

1. 项目研究假设的操作化

要想验证项目理论假设的成立,通常是对项目服务进行定量的统计分析,从而在一定的范围内证明研究假设的成立。为此,我们首先便需要对项目理论涉及的概念进行操作化,使其与项目相关经验现象之间建立可以观察到的直接联系。至于理论假设的操作化,通常可以分为两种情形:一种办法是分两个或两个以上的命题加以论证。如上面提到的下岗职工再就业培训项目,我们首先需要验证,职工参加再就业培训后掌握了新的就业技术,改变了传统就业观念;然后进一步证明,下岗职工的再就业成功,与其掌握的新就业技术和观念改变有着统计学上的相关性。另一种办法是多元统计分析方法,一次性综合考虑各个层面的影响因素,从而揭示项目理论所要揭示的影响机制。这种方法尤其适合于过程机制较为复杂的项目理论的验证,如涉及的影响变量较多、中介变量层次较多的情形。

2. 项目研究变量数据测定

项目理论验证过程中的变量测量,与我们前面已经探讨过的定量研究的变量测量并没有太大的区别。这里想要指出的是,社会项目的样本对象与一般社会研究有所区别,特别是在社会服务项目中,相当部分的服务是个性化的,甚至某一个项目的对象可能只有有限的人口,属于小样本的研究,因此,在样本的选择过程中要予以特别的关注。

对于服务对象较大的项目理论的验证,我们可以参照一般社会研究样本的选取方法。但是这里需要注意的是,如果我们只是通过项目提供机构来获取样本,由于坚持参加服务的往往是对相关项目持肯定态度的对象,因而可能会缺乏代表性,需要将其覆盖到项目所有潜在的目标群体。例如,要想了解上面提到的居家养老服务的集体食堂服务情况,就不能仅仅以食堂的老顾客为研究样本,而是需要注意到作为项目服务对象的所有老年人群体。在调查方式上,也不能仅仅只在食堂发放问卷,而是要通过电话或上门入户等方式开展调查。对于一些服务对象数量较小的项目,如一期下岗职工再就业培训,其学员人数可能仅仅几十人、不足百人。在这种情形下,也许所有的服务对象都应该是评估研究应该选取的调查对象。在一些社会工作服务项目中,服务对象的人数可能更少,那就更不应该遗漏相关的服务对象。只有这样,才能尽可能保证样本的代表性。

此外,社会项目服务对象的态度对于测量数据的信度影响,也是我们不可忽略的问题。

3. 项目理论假设统计验证

在完成了上述步骤的基础上,我们便可以通过统计学上的计算,对项目理论进行定量的检验。如果统计结果否定了虚无假设，那么便意味着研究假设得到了验证，同时表示评估项目的设计依据可以在更大范围的服务项目中得到推广普及。

从技术上来说，随着计算机技术的大众化和统计分析软件应用的普及，项目理论的统计推断环节并不是难题。从公共部门和社会政策的研究领域来看，目前经验性的研究方法大大普及，定量研究技术也得到了广泛的运用。但是，从实际公共部门的研究来看，如何合理而正确地运用统计分析技术仍然是一个需要继续关注的问题。其中最大的一个问题便是统计推断问题。在相当部分研究成果中，我们可以看到，有关研究的假设验证只是样本的两个变量关系的统计分析，而没有对样本的结论进行统计推断，便将结论扩大到研究总体的范围。当然，对于上面提到的小样本的研究例子，由于样本已经包含了研究总体，样本的结论便是总体的结论；但是，对于大量大样本的研究结果，如果不进行统计推断，我们就不能保证样本结论的代表性，或者确切地说，我们便不能在较小的误差概率前提下获得对研究总体结论的把握。这是应该引起我们特别关注的问题。

✍ 思考题

1. 什么是项目理论，它与评估研究理论有什么不同？建构项目理论的方法有哪些，各应注意哪些问题？

2. 什么是项目理论评估？项目理论评估有哪些类别，其功能何在？

3. 项目理论评估的内容有哪些，其步骤如何，如何认识它们相互之间的关系？

✍ 推荐阅读

方巍(2010)：《项目理论与社会福利服务及评估专业化》，《中国社会工作研究(第七辑)》，北京：社会科学文献出版社，第99—108页。

Chen，H. T. (1990). *Theory-Driven Evaluations*. California：SAGE Publications.

Mercier, C., Piat, M., Peladeau, N. & Dagenais, C. (2000). An Application of Theory-Driven Evaluation to a Drop-In Youth Center. *Evaluation Review*. Vol. 24. No. 1, pp. 73—91.

参考文献

陈锦棠(2008):《项目评估:程序逻辑模式》,载陈锦棠等:《香港社会服务评估与审核》,北京:北京大学出版社,第75—87页。

辞海编辑委员会(1999):《辞海》(1999年版缩印本),上海:上海辞书出版社。

方巍(2009):《社会福利发展策略的创新和偏颇——发展型社会政策评估》,《浙江工业大学学报(社会科学版)》2009年第4期,第361—366页。

方巍(2010):《项目理论与社会福利服务及评估专业化》,《中国社会工作研究(第七辑)》,北京:社会科学文献出版社,第99—108页。

方巍、张晖和何铨(2010):《社会福利项目管理与评估》,北京:中国社会出版社。

黄森君、胡玲、黄韶毅、孙维(2010):《余杭区政府投入3个亿收购20个民营乡镇卫生院》,《今日早报》2010年10月8日。

罗希、李普希、弗里曼(2007):《评估:方法与技术》,重庆:重庆大学出版社。

全国老龄委办公室等(2008):《关于全面推进居家养老服务工作的意见》,全国老龄委办公室、发展改革委、教育部、民政部、劳动保障部、财政部、建设部、卫生部、人口计生委、税务总局,2008年1月29日。

颜烨(2001):《建构与修正:"巨型理论"与"中层理论"的比较分析》,《哈尔滨市委党校学报》2001年第1期,第47—50页。

张英阵、许雅惠(2008):《逻辑模式的省思——以弱势家庭服务为例》,载官有恒、陈锦棠和陆宛苹主编:《第三部门评估与责信》,北京:北京大学出版社,第187—215页。

Bickman, L. The Functions of Program Theory. In Leonard Bickman (ed.). Using Program Theory in Evaluation. *New Directions for Program Evaluation.* Vol. 1987. No. 33, pp. 5—18.

Brickmayer, J. D. & C. H. Weiss (2000). Theory-Based Evaluation in Practice: What Do We Learn? *Evaluation Review.* Vol. 24. No. 4, pp. 407—431.

Chen, H. T. (1990). *Theory-Driven Evaluations.* California: SAGE Publications.

Fitz-Gibbon, C. T. & L. L. Morris (1996). Theory-Based Evaluation. *Evaluation Practice.* Vol. 17. No. 2, pp. 177—184.

Leone, L. (2008). Realistic Evaluation of an Illicit Drug Deterrence Programme: Analysis of a Case Study. *Evaluation.* Vol. 14. No. 1, pp. 9—28.

Mercier, C. , Piat, M. , Peladeau, N. & Dagenais, C. (2000). An Application of Theory-Driven Evaluation to a Drop-In Youth Center. *Evaluation Review.* Vol. 24. No. 1, pp. 73—91.

Millar, A. et al. (2001). Logic Models: A Systems Tool for Performance Management. *Evaluation and Program Planning.* Vol. 24. No. 1, pp. 73—81.

Rogers, P. J. (2007). Theory-Based Evaluation: Reflections Ten Years On. *New Directions for Evaluation.* No. 114, pp. 63—67.

Taylor-Powell, E. & Ellen Henert. Developing a Logic Model: Teaching and Training Guide, http://www. uwex. edu/ces/pdande, 2009 年 1 月 8 日。

Weiss, C. H. (2000). Which Links in Which Theories Shall We Evaluate? *New Directions for Evaluation.* No. 87, pp. 35—45.

Williams, Andrew P. & John C. Morris (2009). The Development of Theory-Driven Evaluation in the Military: Theory on the Front Line. *American Journal of Evaluation.* Vol. 30. No. 1, pp. 62—79.

第十二章　社会项目成本取向评估

在项目成效的评估过程中，从服务对象角度实施满意度评估和从更为中立的角度进行影响评估，都是评估研究的重要内容。但是，项目的成效离不开社会资源的投入；一个再好的社会项目，离开了现有的社会资源条件，不但不可能实现其预期的福利效果，而且可能给社会带来浪费和灾难。正因如此，我们在对项目实施结果的评估中，不可忽略其成本相关问题的评估。事实上，这是在项目的设计规划阶段便应该考虑的重要问题。

第一节　项目成本取向评估概论

成本取向评估（cost-inclusive evaluation）通常指的是涉及项目实施过程中投入与产出关系的分析和比较的评估（Herman，Avery，Schemp & Walsh，2009）。考虑到目前社会项目领域与经济指标相关的评估研究，我们这里对成本取向评估做更为广义的界定，也就是说，涉及项目经济预算、开支、结算和审计等管理问题，以及项目实施投入产出关系分析的评估，都称为"成本取向评估"。

一、项目成本及其评估发展

在这一部分，我们将在分析成本概念及其估算方法的基础上，简要回顾社会项目成本取向评估的发展历程。

1. 成本的概念

根据《现代汉语词典》，"成本"是"产品在生产和流通过程中所需要的全部费用"（中国社会科学院语言研究所词典编辑室，2010:171）。社会项目的成本便是"通常以货币表达的、实施项目所需要的各种形式资源的价值数量"（Yates，2009）。然而，对于上述社会项目成本界定中的项目实施，应该予以广义的理解，社会项目的实际成本，不应该仅仅包含项目方案实施过程中产生的资源消耗，还应该包括项目实施之前的规划、设计阶段以及项目实施结束之后的评估鉴定所产生的所有社会资源的消耗。

在社会项目评估过程中，人们也往往从机会成本概念的角度来界定成本。所谓的机会成本，便是我们选择了当前的项目而放弃了替代方案而导致的价值损失（莱文、麦克尤恩，2006）。例如，如果我们实施所有70岁以上高龄老人的老年津贴项目，那么我们就可能失去相关的资金和人力物力，并将其用于提高低保家庭救助标准的可能性。事实上，由于社会资源的稀缺性，我们实施一个社会项目往往意味着失去开展其他社会项目的机会。对于由此产生的机会成本，也许我们以大学生求学的成本为例更容易理解。大学生上大学需要什么成本？显然，学费是我们最容易想到的成本，但事实上，学费并不是一个青年人上大学的唯一成本。我们都了解贫困地区青少年辍学打工的情况，他们的家长之所以作出这样的选择，是基于打工可以挣钱这样的经济考虑。因此，青年上学不但要付出学费，而且意味着他们失去了打工挣钱的机会，这就是所谓的机会成本，也是青年上大学需要付出的成本（Posavac & Carey，1997）。基于同样的道理，我们可以说，所有70岁以上老年人普惠性的津贴项目的成本，从机会成本的角度来说，便是提高低保家庭救助标准项目的损失。

2. 成本取向评估的发展

作为项目实施的重要保证，成本相关问题一直是社会项目管理与评估的重要内容。在本书重点讨论的现代评估研究方法实行和普及之前，会计、审计和预算等传统的评估形式已经在社会项目的管理中使用了很长时间,并且当今仍然在某些领域的社会项目评估研究中发挥着重要作用。其中,社会组织的预算是对年度通过政府合同和拨款、基金拨款、捐款、服务收费以及投资利息等渠道获得的可支配经费用途的一种规划,因而也是社会机构最基本的成本管理和评估方法。如果说预算侧重于成本规划,那么会计就是对项目实际执行过程中资金收支情况的登记,对于成本的控制具有重要意义。至于审计,则是事后对项目财务记录和账目准确性的一种审核,也是最普遍的社会项目传统评估形式(Ginsberg,2001)。

然而,仅仅考虑项目经济资源的分配、账目的记录和财务的审计,只是项目成本取向评估的第一步,甚至仅仅是开始。因为社会项目的最终目的是满足人的社会需要,增进人类的福祉。可以想象,即使资源分配十分合理、收支记录详细周到、审计结果非常理想,如果项目的结果没有达到或者没有满足预期目标,那么所有的成本管理都是一句空话。例如,面对大批农村进城的务工青年,为了提高其就业技能,满足沿海发达地区产业转型升级换代的需要,一些政府劳动部门和非政府机构设计了各类职业发展培训项目。项目的实施需要经费支持,因而预算以及项目实施过程中的账务管理不可缺少,但是,之所以对项目进行各类非营利性投入,其根本目标还是要为地方社会经济的发展做贡献,为农村青年务工者的就业及其融入城市创造条件。显然,离开了对这样一种项目预期目标实现效果的考察,项目成本相关评估是不全面的,甚至是没有意义的。

因此,项目成本取向评估应该重在考察项目的效率问题,也就是在成本控制的前提下,进一步考察同样的开支情况下实现的项目效果,即效率评估。事实上,将项目成本与其结果相联系,进一步考虑评估项目的效率问题,是当代国际项目成本取向评估的主流发展趋向(Posavac & Carey,1997)。

二、成本取向评估的意义和功能

上面我们已经探讨了社会项目成本的概念以及成本取向评估的发展

历程,这一部分将继续分析评估研究在当代社会项目管理中的意义和功能。

1. 社会项目评估的意义

社会项目由于其涉及与人相关的价值问题,它的成本评估向来比其他项目评估更为复杂。长期以来,特别是受蒂特马斯思想的影响,人们往往将社会项目与经济相分离,进而认为社会项目本来便是对市场原则的一种干预。因此,即使在西方一些国家的某些领域,社会项目的成本问题也没有引起社会行政界的充分关注。例如,莱昂·H. 金斯伯格(Leon H. Ginsberg)认为,在人类服务领域存在着数字文盲的现象,不仅在职业领域没有对财政和账目问题引起应有的关注,而且在社会工作的教育过程中,也没有在课程设置上对此予以足够的关注(Ginsberg, 2001)。

当代社会对人的生命价值日益重视,这也进一步使得我们在执行社会项目的过程中,淡化了对经济成本以及项目效率问题的考虑。但是,20世纪 70 年代西方福利国家面临的石油危机以及由此引发的经济动荡,不仅造成了社会福利开支的紧缩,而且在很大程度上改变了社会政策与行政领域的话语体系,管理主义盛行,进而将企业部门对项目成本及效率的关注引入到社会项目领域。尽管管理主义作为一种主导价值取向,已经退出历史舞台,但是它的影响依然存在,甚至深入到我们社会行政的潜意识之中,不但大大强化了社会项目管理过程中的成本和效率意识,而且一旦条件具备,更可能随时卷土重来。例如,受 1998 年亚洲地区的金融风暴影响,21 世纪初香港地区的经济发展依然不景气。于是,政府开始重视社会项目的成本和效率问题,在对非政府组织的服务资助方面采取了更为紧缩的所谓"一揽子"拨款体制,几乎使所有受影响的社会服务机构叫苦连天。在中国,改革开放以后我们曾经推行的社会项目社会化举措,就其实质而言,也是对政府社会项目投资成本及其效率的一种关注。尽管在当今建设社会主义和谐社会的过程中,大大强化了政府的主导作用及其民生项目开支,但是项目的成本和效率问题依然应该是引起足够关注的一个重大问题,而不应该从一个极端走向另一个极端。

2. 社会项目评估的功能

评估研究在社会项目的管理中究竟起什么作用呢? 我们将从项目评估在项目管理问题中的地位、项目评估对于提升项目运行效率和评估研究对于防范社会资源的浪费等三个方面进行阐述。

首先,评估是社会项目管理的基本问题。从项目的规划开始,直至项目的执行和验收,成本管理一直是项目管理面临的一个重大问题。我们经常说,巧妇难为无米之炊。同样,一个社会项目设计得即使再有创意,充分反映了社会需要,在很大程度上受到利益相关各方的欢迎和期待,但如果没有必要的人力和物力的投入,就不可能从纸上或头脑中转化为现实。回顾人类历史上的社会服务发展,从剩余模式到制度模式,从选择模式向普惠模式转化,这些对人类福祉水平提高产生巨大影响的发展,尽管其影响因素很多,但无一不是以人类经济财富的增长和积累为基础的。一些研究认为,西方国家在国民经济发展进入到人均 GDP 6 000 美元的阶段之后,政府在社会服务方面的投入会逐渐加大,并开始构建起福利国家体系(浙江省民政厅"十二五"社会福利发展规划课题组,2010)。在中国,正是基于改革开放 30 余年来经济发展取得的成绩以及国家经济实力的稳步上升,中央和各级政府才有能力切实推进各种民生工程,将城乡公共服务均等化作为当前的主要施政目标。

即使在国力增强、为社会民生工程的实施创造了坚实基础的前提下,项目设计和组织实施方也需要通过严密和可信的前期评估工作,才能够获得政府或其他部门的经费资助,为相关项目的实施奠定基础。为此,项目相关责任方首先就要根据项目目的、内容和实施方案进行资源计划,确定项目需要的人力、设备和材料等各种资源的种类和数量,进而作出相应的成本估计(方巍、张晖、何铨,2010)。这些项目规划、设计阶段与成本相关的评估工作,连同项目立项后的预算和成本控制,都是项目管理的基本组成部分。可以说,离开了这些评估工作,不但失去了项目存在的基础,而且也难以保证计划的顺利完成并达到预期的目标。由此可见,项目与成本相关的评估与管理是不可分割的整体。

其次,评估研究是提升社会项目运行效率的重要手段。社会项目的管理不仅涉及可供使用的资源,而且还牵涉到如何合理使用资源以及资源的使用效率问题。从狭义的角度来说,项目的经济效率就是项目的运行效率,指的是项目确定之后在其实施过程中,各类资源的分配和使用的有效性问题。社会项目实施过程中的各个环节,包括成本预算和成本控制,要解决的首要问题正是项目成本的管理与控制,保证预算方案得到落实,确保各种资源得到合理运用。

从广义的角度来说,社会项目的效率指的是从各种备选方案中选择最佳项目,做到"好钢用在刀刃上"。作为一个项目管理者,面对种种社会问题和社会需要,必须作出正确评估,究竟什么是当前经济实力条件下首先应该解决的社会问题和应该满足的社会需要。虽然从表面上看,上述决策关注的是各种社会问题与社会需要的轻重缓急,但是它与我们拥有的社会资源紧密相关;在社会资源具备的情况下,我们通常总是希望多办事,多满足各种社会需要并解决各类社会问题。与此同时,项目发起人和管理者也需要进行评估,针对同一目标的各种不同项目方案,哪个方案花钱相对最少同时又是办事最多的。人类的社会资源相对于众多的需要来说总是有限的,到底办什么事才是我们拥有的、拟将使用的社会资源最有效的途径,恐怕是人类永远需要不断寻求答案的重大问题。

再次,评估研究也是防范社会资源的浪费滥用的重要保证。相当部分的社会项目资源来自国家财政预算拨款和民间捐赠,它们或者是纳税人收入的再分配,或者是相关机构和个人的慈善行为。近年来,从政府财政开支领域来看,一方面随着经济的发展,国家的财政能力日益增强,社会福利开支大幅增长;另一方面随着职能转变,政府在社会服务和公共服务方面承担的职责日益突出,社会和公共开支占政府预算的比例越来越大。另外,从民间慈善事业的发展来看,由于改革开放以来的政策大大促进了一些个人和组织的发展机会,令他们较其他社会成员先富裕起来。基于一种回报社会的观念,许多有识之士加大了慈善捐助的力度,个别人甚至表示身后会将个人财产全部捐助社会,慈善捐助行为成为一种文化,大有普及之势。从这些角度来看,社会项目的资金不但稀缺,而且还承载着沉重的责任和无限的信任。

但是,在现实生活中,不论是国家的各种专项救灾款,还是民间的捐款,时有挪用、滥用的报道,甚至成为某些人肆意挥霍的个人财产。这种情形不仅在中国这样公益慈善事业刚刚起步、有关社会立法还不很完善的国家存在,甚至在西方发达国家也不乏类似的资金滥用现象(Ginsberg,2001)。对此,加强对有关责任人员的道德法制教育必不可少,但是同时也需要强化社会项目的问责制度。显然,项目经济方面的评估工作及其评估结果成为我们加强对相关责任人监督的重要手段,有利于建立和完善社会项目的问责制度。

三、成本取向评估的局限

尽管成本相关评估是社会项目管理的重要内容,对于提高项目的运行效率和落实问责制具有重要意义,但这种评估方法自身存在的一些问题也使它在运用过程中受到一定的局限。

首先,社会项目的成效比其他类型的项目更难把握,这就直接影响了对成本效率的分析。在前面关于社会项目影响结果的分析中,我们曾指出社会项目的影响有短期、中期和长期之分,其中许多影响需要较长时间才能得到反应,但又因为后续时间内增加的各种影响因素,使得人们难以准确把握研究项目的干预或服务效果。不仅如此,社会项目的许多影响结果本身便是难以准确加以经济上的量化的。例如,一些研究提到心理健康、空气清洁、公园减少丢弃物的项目收益计算问题,尽管人们可以用服务对象愿意为此支付的经济成本来进行推定,或者用雇用人力完成这项工作的成本来加以计算(Posavac,1997),但所有这些做法无疑都是一种间接的估算,很难准确度量这些项目影响结果的真正经济收益问题。

其次,也是最为困难的地方,就是许多社会项目的效果,特别是涉及人的生命价值的时候,经常根本无法用成本来进行比较和评价。例如,在

2010 年 3 月 28 日发生的山西王家岭煤矿透水事故中,共有 153 人被困井下。事件发生后,党中央国务院高度重视,要求相关部门采取紧急措施,全力以赴救人。经过八天八夜、170 个小时的抽水救援,其中 115 人成功获救。这次救援的成果是令人振奋的,同时成本也是巨大的,但是从人道主义的立场出发,我们绝对不能因为救援的成本高而放弃一丝希望。即使在 115 人成功升井后,现场人员依然没有中断救援而是继续努力。又如智利《圣地亚哥时报》报道,智利 2010 年发生在圣何塞铜矿的井下救援过程中,有关方面共花费 2 000 万美元的成本,历时 69 天,终于将 33 名矿工全部抢救脱险。所有这些事例,其社会影响和生命价值都是无法用经济成本来加以衡量的。类似这样的案例,无疑是成本取向评估面临的最大问题。

　　最后,社会项目成本效率评估过程涉及人力和物力成本,以及成效方面的收益、效益和功效等概念的估算,并且牵涉到许多不同的假设,由此往往会给评估结论带来某些不同观点。通常,有形的人力和物力还是比较容易估算的,特别是在工程等方面的成本评估中,已有许多规范性的方法可供参考。某些较为直观的收益或者效益,如职业培训对学员薪资的影响、学生学习成绩的提高的估算,相对比较容易取得共识。但是,在某些较为复杂、其表现形式不直观的因素的估价过程中,往往会涉及不同的假设,由此给社会项目的成本效率评估带来不同结论(Posavac, 1997)。虽然我们可以采取其中最为保守的假设作为备选项目挑选的依据,但是假设同现实之间的可能差距,往往会造成实际优选的项目失去其成本效率方面的优势。这是我们在成本取向的评估,特别是效率评估过程中必须重视的问题。

第二节　项目成本分析

　　在项目成本取向评估中,成本分析是研究的重点,同时也是成本效率分析的基础。为此,我们在这一节将重点讨论社会项目成本的构成要素、资料收集和计算方法,为进一步考察项目成本效率做好准备。

一、成本构成要素分析

要想分析社会项目的成本,首先必须了解成本的构成要素,也就是一个社会项目耗费的资源包括哪几个方面,它是我们分析项目成本的行为指南。在实际的评估过程中,不同的研究者有不同的分析视角。例如,陈锦棠和施育晓(2008)主张从服务元素描述、服务活动和可度量单位确定、服务元素成本估计和服务单位成本计算等四个步骤分析项目成本(参见官有恒、陈锦棠、陆宛苹,2008);罗伊斯、赛义、帕吉特、洛根(2007)主张从项目资源的类别入手,将其区分为人员、设备、设施以及旅行费、培训费和管理费等四个方面;而罗希、李普希和弗里曼(2007)则倾向于以项目资源投入的主体为依据,将成本划分为项目目标对象、主办方和其他相关社会组织成员等三个方面。其实,这几种方法并不矛盾。在复杂的项目成本要素分析中,如果我们综合运用这些不同视角,往往可以使成本要素的分析来得更有条理。例如,莱文和麦克尤恩(2006)在关于项目成本估算时,便提供了一张由成本要素和项目利益相关者组成的交互表,为我们进行项目成本要素分析及其估算提供了很好的指引。为此,我们首先从人力资源、设备器材和辅助管理三个方面(方巍、张晖、何铨,2010)入手,进而从项目相关利益方的角度梳理项目成本的构成要素。

1. 人力资源要素

人既是社会项目的服务对象,也是社会项目的实施者,因而也是我们评估项目成本首先需要考虑的要素。在社会项目实施过程中,构成成本要素的人通常就是项目利益相关者,具体地说,包括项目发起者、资助者和实施者、项目服务对象以及其他项目影响人。

项目的发起者、资助者、实施者和评估者是项目得以实现的基础,他们为项目的实施所付出的各种直接人力,构成了项目成本涉及的人力资源中的第一组要素。项目实施者的人力付出最显著，因为项目从计划转为服务，并落实到服务对象，正是依靠项目承担机构参与人员的努力。尽管项目的发起人和项目的资助者的人力付出在具体项目的执行过程中不是太明显，但他们的作用同样不可忽视。任何一个项目的策划和设计都离不开项目发起人对项目涉及人群、应对问题以及项目保证条件的考虑与方案优选，所有这一切都需要人力的付出，进而构成项目成本。除了项目资助者的物资贡献，项目资源的组织、规划、划拨及其审核论证，也都需要主管人员及辅助人员的精力付出。同理，作为社会项目重要环节的实施过程中或实施完成之后的项目评估研究人员，不论是机构内的还是机构外的，他们的人力付出也是项目人力资本不可忽略的组成要素。

　　至于项目的服务对象，从表面来看，我们可能会以为他们纯粹是项目的受益者和接受者，而没有付出。事实上，绝大部分社会服务都需要服务对象付出一定的成本，这种成本除了我们下面要讨论的物力方面的付出，还包括人力的付出。尽管社会弱势群体似乎不像白领精英那么日理万机，但事实上由于收入较低，他们在生活中的许多日常需要都是通过自己的人力付出来加以满足的，一旦接受了我们讨论的具体项目的服务，就意味着付出我们前面提到过的机会成本。例如，一位执行计件工资制的劳工，表面上在工作时间内接受我们的社会保障项目调查研究，缩短了劳动时间，但是他在调查期间内的人力付出减少了本来可以实现的计件工资收入；又比如，一位家有残疾老人需要照顾的女性，如果参加社区组织的迎春低保家庭慰问演出，那么她观看演出期间可能就需要另外找人照料残疾老人的生活需要。所有这一切，都是我们在考虑人力资源构成要素时不能不考虑的。

　　罗希、李普希和弗里曼（2007）在讨论社会项目的成本要素时，特别提及项目间接影响对象的成本问题，如教育培训项目影响波及的服务对象家属、邻居和朋友等。确实，虽然他们不是我们项目直接的服务对象，但是项目的执行同样可能给他们带来某些额外的人力付出。例如，上面讲到的妇女因为参加迎春慰问演出,可能需要找亲属或邻居等人帮她临时照顾残疾老人,由此便带来项目间接影响的成本问题。此外,诸如高校每年的大型招生咨询和就业招聘活动,都可能因为参加活动的人数众多而给其他校内活动人员的行车或活动带来影响,从而增加他们的人力付出,构成项目实施的额外人力成本。

2. 设备器材要素

俗话说:"巧妇难为无米之炊。"在社会项目实施过程中,如果说人力资源的投入犹如巧妇,那么设备器材便相当于米;没有设备器材,那么即使调用的人力资源再多、项目设计和实施人员再努力,有时也难以实现项目的预期目的。在社会项目的实现过程中,即使设备器材不是项目实施的必要条件,但它至少对服务目标的实现起着重要的促进作用。例如,在临床咨询服务过程中,尽管在自然环境下,社会工作者也可以实现其干预目的,但是具备一间装饰适当的咨询室,无疑可以令服务人员在提供服务方面更为灵活,可以避免外界干扰,借助适宜的器械,更好地达到治疗目的。

随着内容和类型的改变,社会项目需要的设备器材也会多种多样。从广义的角度来说,项目设备器材要素包括项目从设计到实施以及评估验收整个环节过程中所需要耗费的所有物质资源。但是为了简单起见,这里所说的设备器材只是指项目实施过程中与服务直接相关的部分物质资源,也就是说,是与服务对象或项目服务使用者直接相关的部分资源。具体包括项目实施所需要的空间场地以及在这些场所配备的、项目实施必不可少的物品(方巍、张晖、何铨,2010)。例如,为了帮助汶川地震灾区重建,上海浦东社会工作者与基金会联合,发起了名为"火凤凰"的灾后妇女绒绣技能培训项目。该项目以技能培训为切入点,结合对培训对象的社会工作治疗,帮助这些妇女及其家庭克服地震影响,融入社区重建(陶维昀,2010)。开展该项目的设备器材,主要包括培训和生产环境、绒绣器材以及进行心理创伤治疗和发展咨询的材料设备等。至于项目设计和评估过程中所涉及的调研经费、撰写项目申请报告所需要的物资资源以及在评估研究阶段必不可少的计算机及统计分析软件等，我们都将其视为辅助性成本要素，放在下一部分分析的要素中加以考虑。

与社会项目的成本分析相关，我们还可以将使用的设备器材区分为一次性消耗以及可以重复使用两种类型。这两种不同的设备器材类型，直接影响到项目成本要素的数值确定方法，我们将在下面社会项目成本计算部分再做详细讨论。

3. 辅助管理要素

所谓的成本辅助管理要素，指的是社会项目设计、实施和评估过程中非直接针对服务对象所消耗的人力和物力资源，或者称之为"间接成本"。如果我们遵循上述罗希、李普希和弗里曼从项目主体角度进行的区分（罗希、李普希和弗里曼，2007），那么项目辅助管理成本便主要包括项目发起者、设计者、实施者和评估者在项目准备阶段和结题阶段所耗费的人力物力资源，以及在项目实施过程中为了确保项目实施，但非直接针对服务客体所耗费的人力和物力资源。像上面提到的"火凤凰计划"涉及的调研经费、撰写项目申请报告所需要的人力物力，以及在评估研究中涉及的计算机及统计分析软件费用，便是项目准备阶段和结题阶段的辅助管理成本；而像一些研究中提到的项目场地设备、服务对象人身伤害的保险费，以及项目运行过程中产生的网络、电话和水电等公共事业费用、各种电器办公设备和差旅费等，都属于项目实施所必不可少的辅助成本（方巍、张晖、何铨，2010）。

二、成本要素资料收集

通过上面的讨论，我们大致了解了社会项目成本构成要素的类别，这对接下来的成本计算无疑具有极大的指导作用。但是，对于一项具体的社会项目，成本构成要素又包含哪些内容呢？通常，我们可以借助项目的各类档案材料，并通过与项目利益相关者的访谈和对项目实施过程的直接观察来确定。

1. 项目档案

社会项目的档案是项目从策划到实施、结题整个历程中产生的所有记录材料，具体可以包括项目申报书、项目计划书、项目指南、经费预算、财务人事、项目过程和项目总结等书面或现代电子媒体储存的各类记录材料。

在所有这些档案资料中，项目预算报告和财务记录无疑是成本要素分析计算最为重要的参考资料，直接为我们提供了项目实施过程中的各项可能开支和实际收支的财务数据。它不但指明了项目具体的成本构成要素内容，而且直接告知了这些不同要素的成本数值。但是，仅仅依靠预算报告和财务记录来了解项目的成本要素内容有可能是不全面的，因为它们往往没有包含项目实施过程中已经具备的某些要素的成本构成。例如，我们在预算报告中往往不会列入项目执行机构现有的房产和设备，通常连人力资源成本，尤其是公共部门的人员成本，都不会完全记入项目的申请经费。至于社会项目中经常使用的志愿人员的人力付出，甚至在财务记录中也不会体现。因此，我们必须以上面分析的项目成本构成要素的类别为指南，通过各类项目档案资料，具体分析明确拟评估项目的成本过程要素内容，并为计算其成本价值奠定基础。

2. 相关人员访谈

尽管项目的各类档案材料是最有参考价值的成本要素分析资料，但是考虑到有关记录可能存在不完备性，特别是当前国内各类社会服务机构专业化管理水平较低的情形，我们还需要通过其他途径来全面了解项目具体涉及的各类成本过程要素的内容。其中，与项目相关利益者的访谈便是弥补档案资料缺陷的一种重要办法。

在与当事人的访谈过程中，评估研究者要尤其注重发挥自己的专业素养，敏锐把握不为常人注意，同时又是项目成本重要构成内容的要素。例如，公共医疗服务机构配置引起的服务对象交通耗时、单身母亲参加职业技能培训的家庭照料成本等，不仅可能为服务对象所忽略，而且也不为项目提供者所掌握。因此，这就要求研究者在与项目利益相关者的访谈过程中,要尽量全面了解项目的实施过程,尽可能多地接触不同类型的利益相关者,进而把握项目的完整过程,并从中全面梳理归纳各类成本要素的内容。

在通过访谈掌握项目成本要素内容的过程中,我们尤其需要注意访谈对象的代表性。除了与项目的发起人、资助者和高层管理者的访谈以外,还要注意与一线的服务人员和服务对象进行访谈。在关于项目实际执行过程中产生的各种成本要素的理解方面,特别是对服务对象在接受服务过程中产生的成本的认识方面,这些项目服务最前沿人员的感受是十分重要的,也是其他项目利益相关者的访谈所无法弥补的。

3. 实施过程观察

上面谈到借助对项目执行过程的各类媒介记录考察项目,是对项目现场观察渠道的一种补充,或者说是研究人员实地观察的一种延伸。虽然这些资料十分珍贵,但是可能因观察视角和记录时间所限,仍然具有某种局限性。因此,只要可能,评估研究者不应该放弃对项目执行过程的现场实地观察,这是全面把握项目成本过程要素的最好办法。

要达到这一目的,无疑需要研究者尽早介入到项目过程之中。随着当前评估研究界对参与式评估研究的强调和普及,评估研究者参与到项目执行过程之中,在项目的实施过程中进行实地观察的可能性大大增加。同时,相对于机构以外的评估研究者事后的介入,目前许多项目执行和管理机构也日益重视机构内的评估研究,以此作为提高管理成效的一种手段,由此也为评估研究者对项目实施过程进行全面考察提供可能性。对于实践部门的研究者来说,一方面具有对项目进行全面了解的优势,另一方面也要了解社会项目的各类成本构成要素,以此为参照和指南,获得对项目成本要素具体内容的准确把握。

最后需要指出的是,上面谈到的是分析项目成本过程要素内容的一般方法和思路,在具体的研究过程中,我们仍然需要针对不同的目的和项目采取不同的对策。例如,成本取向的评估研究通常可以分为事先的评估与事后的评估两大类,前者主要是为了在各类备选项目中进行比较,选择成本效率更高的方案,属于决策性评估;而后者则是在项目完成之后的总结性评估。显然,由于这两类评估开始时项目的进程不同,我们可供利用的资料也不一样,因此决策性评估的成本要素分析中,理论性假设的成分更多一些,而事后的总结性评估中现实中可供参考的分析资料则更为丰富,这就需要我们视情形加以灵活处理。

三、社会项目成本计算

根据上述成本要素的分析框架,参照项目资料分析成本要素的具体构成内容,接下来便可以计算拟评估项目的成本数值了。我们将通过市场购买价格、影子价格、价值损耗和成本贴现等四个部分来分析其计算办法。

1. 市场购买价格

在社会项目成本的计算过程中,最简单的部分便是要素内容可以直接从市场进行购买。在这种情形下,我们只要以市场价格作为相关要素的成本并进行汇总即可。例如,某青年团体打算组织一次社区范围内的戒毒宣传教育活动,目的是帮助青少年远离毒品。除了深入社区内的学校发放各种宣传资料以外,他们还打算利用周末在社区活动中心举办项目的启动仪式。在该项目的成本计算过程中,我们可以按照上文中已经介绍的步骤全面梳理出成本的构成要素。如果项目组织者打算主要以书面宣传方式为主开展活动,那么在成本要素中,启动仪式中使用的宣传展板、活动的广告以及分发的教育小册子的成本,便是可以根据市场购买方式计算的。如果项目组织者人手有限,自身又缺乏启动仪式所必须具备的用于场地布置的各类用品,他们也可能直接将启动仪式的布置全部承包给诸如会务公司、策划公司等机构。同样,启动仪式中的这部分成本也是可以通过市场价格来进行计算的。此外,活动中所需要的一些一次性消耗的办公用品,如纸张、笔、打印费与复印费等,同样可以根据市场价格,按实际开支的收据来汇总计算。

2. 影子价格

在社会项目的组织过程中,相当部分的资源并非通过市场购买获得的。有的可能是服务提供者本身具有的,有的可能是其他组织或人员志愿捐赠的。对于这部分成本要素的计算,成本分析中通常引入影子价格的方法予以解决。所谓影子价格,便是某种不存在完全竞争性市场价格的物品的价格(莱文、麦克尤恩,2006)。例如,在上述关于戒毒宣传教育的项目中,如果该组织的成员全部是业余的志愿服务者,虽然组织者不必为他们支付薪酬,但是我们可以按照从市场上雇用满足活动需要的人员的酬金来计算项目直接组织人员的人工成本。又比如,活动创意的提出与宣传资料的收集、编写,在这个过程中必不可少的诸如计算机等办公设备,可能完全是由项目组成员提供的,其成本同样可以借助影子价格的计算办法(即如果完全通过市场满足需要所支付的费用)来予以决定。

3. 价值损耗

在社会项目的实施过程中,相当部分的活动承担主体都是政府部门或非营利性组织,这些机构往往享有许多日常性的公共或慈善性的投入,因而拥有相当部分开展社会项目可以利用的资源。某个项目的参与者通常也承担着项目以外的多种岗位职责,相关物品往往可以在一定期限内循环不断地用于相关活动。在这种情形下,便涉及项目成本要素的价格折现问题。例如,如果上述戒毒宣传教育活动是由某政府教育部门或社区组织提供的,那么,在项目周期内,机构成员的工作时间究竟有多少比例用于项目服务? 项目占用机构的某种设备器材在本次活动期间的折旧率是多少? 这都是在项目成本要素的计算过程中应该予以考虑的。

当然,我们也可按上述影子价格的方法,完全通过市场价格来推算上述项目占用组织机构资源的成本。对于那些内容较为单一、持续时间较短的项目,如上述戒毒宣传教育活动,影子价格的计算办法可能还是较为合理的,但是,如果评估的项目延续时间较长,完全通过市场替代的方法计算项目的成本要素,考虑到这种方法中一定的营利性成分,那么无疑将大大增加估算的项目成本开支,某种程度上也会造成公共资源的浪费。因此,如何既能够反映社会项目实施过程中的必要成本开支,同时又恰如其分地使用公共资源,这是我们在项目成本分析中值得进一步关注的问题。

4. 成本贴现

除了物品因损耗带来的价格折算以外,项目经费投入年限的不同,实际上都会给项目成本的计算带来影响。例如,一个为期三年的项目,经费是一次性投入还是分三年投入,抑或是在最后一年投入,其总成本是不一样的,因为我们可以将未投入的经费先用于其他社会项目的开支。上述根据项目经费开支时间调整其成本的过程,称为"贴现"。那么,我们究竟应该如何计算因为项目经费延期投入而带来的成本贴现呢?

尽管成本贴现从理论上来说十分容易理解,但是要具体确定贴现率不是一件容易的事,我们这里仅仅给出一般较为公认的成本分析过程中的贴现率(0—10%)。根据这一约定,未来项目成本的现值便可表达为:

$$PV = \frac{C}{(1 + r)^{t-1}}$$

其中,PV 表示现值,C 表示成本,r 表示贴现率,t 表示第几年(参见莱文、麦克尤恩,2006)。于是,如果有一项 1 000 元的项目开支,按照 5% 的贴现率计算,用于第一年现值为 1 000 元,用于第二年现值为 952 元,用于第三年现值则为 907 元。显然,项目开支的延期相当于成本降低了。

第三节　项目成本效率评估

在对社会项目的成本及其相关评估研究有了基本了解的基础上,我们将结合项目的影响结果探讨两种主要的成本效率评估方法,即成本收益评估和成本效益评估,并讨论评估研究的敏感性问题。

一、项目成本收益评估

在这一部分,我们将首先分析项目收益的概念,然后分析项目收益的计算方法,最后结合项目成本评估其成本收益。

1. 收益

社会项目实施的影响结果是多种多样的,其表现形式也各不相同。例如,经济适用房工程是为低收入家庭提供居住用房,新型农村合作医疗是为了给农民解决看病难和看病贵的问题,而养老保险项目则是为达到一定年龄的退休老人提供生活保障。在项目形式上,它们分别表现为实物、服务和货币。甚至是一个项目,它的内容和形式也可以是上述各个方面的综合。例如,像下岗职工的再就业培训,其项目服务首先是各种与就业相关的培训服务;同时为了方便他们对培训的个性化选择,我们可以直接提供培训券或培训费;在具体的服务目标上,除了找到新的就业岗位以外,也包括就业观念的转变、家庭收入的增加和生活质量的提升等。

从上面的例子中不难发现,由于社会项目的影响形式多样,这就给我们计算影响结果增加了难度。所谓的收益,就是将社会项目的实施影响结果统一转化为货币增益的一种计算方法。也就是说,收益是“以货币形式表达的、与成本相同单位计算的、因为实施项目而产生的或节省的价值”(Yates,2009)。例如,通过科技扶贫,救助对象因为掌握了科学技术或新品种而获得最终产品的收成,服务对象因为科学技术或品种的使用获得比这些培训或新品种推广本身投入更大的产出。与直接将现金用于扶贫相比,将这笔钱用于科学技术及新品种推广而产生的收入,便是科技扶贫项目的收益。

将收益作为项目成果的衡量标准,它最大的好处在于为表现形式多样的社会项目影响结果提供了一种与投入相同单位的评估标准,因而有利于对各种备选项目方案的比较。例如,某社区拟在春节期间组织一项迎新活动,社区工作者提出了许多不同的方案,其中一个方案是进行环境打扫和营造节日氛围,另一个方案是在新春期间邀请文艺工作者到社区演出。显然,这两个方案的内容是不同的,其结果也有差异,其效率很难直接比较。但是,如果我们均以机会成本来衡量两个方案的效果,具体地说,以社区居民为相关活动购买而愿意支付的金钱来进行项目收益分析,那么我们结合两个方案的项目经费投入,就很容易对不同项目的效率作出评价。当然,对于社会项目,有的时候,其社会价值取向超越了项目的绝对收益而更具决定性,但是收益计算方法无疑仍然为我们比较不同内容及其结果的项目成本效率提供了一种可供选择的途径。

2. 收益分析

在了解收益概念的基础上,我们便可以具体分析社会项目的收益数值。为了全面把握项目的收益,我们不妨仍然采用罗希、李普希和弗里曼从项目服务的不同主体角度分析项目成本的框架(罗希、李普希和弗里曼,2007),从社会项目的发起者、资助者、组织者和项目使用者等利益相关者角度来分析其收益情况。

我们仍然以科技扶贫为例来说明项目收益。从扶贫项目的使用者或受益对象来看,他们因为获得科学技术或新产品而获得经济收成,这是项目的直接收益。除此之外,因为收入提高,某一农户可以继续供其子女上学,同时改变生活质量,这是项目的间接成效。对于项目的提供者来说,科技扶贫项目的实施使得资助对象脱贫,实现经济上的自立,不仅减少了往后每年的扶贫开支,而且扶贫对象的经济发展甚至可能增加当地政府的税收。显然,我们很容易以货币形式计算未来若干年内,该科技扶贫救助对象的经济活动对家庭的经济贡献和对政府减少的扶贫开支以及可能增加的税收收入。所有这一切,便构成了科技扶贫项目的收益。

当然,如果我们从更长远的角度进行分析,这一项目的成功还可能产生其他许多长远的积极影响。例如,对该扶贫项目的使用对象来说,收入的增加可能使他们给孩子提供更高程度、更好的教育,他们的健康状况也因为生活水平的提高而变得更好,进而精神状况也大大改善。当然,这些项目影响结果的货币化计量难度更大,而一般情况下,我们也不考虑此类中长期的影响结果,这里恕不展开。

3. 成本收益评估

在计算获得社会项目的成本和收益值之后,我们便不难通过比较两者比值的大小来判断其效率。通常,我们将单位成本的收益值称为项目的"成本收益"。同样,我们也可以计算单位收益的成本,并称之为"收益成本"。这两个关于效率的衡量方法并没有本质的差别,甚至某些研究在称呼上也有互相混淆的情况,但最为常用的,则是单位成本的收益数量即成本效益(莱文、麦克尤恩,2006:136)。同样,在我国学术界关于成本与收益关系的研究中,收益成本的使用概率远远低于成本收益。根据我们对中国知网北京总站的检索,题名中包括"收益成本"的记录仅40条,而使用"成本收益"概念的则达670条①。但是,与国外的研究相比,相当部分成本收益研究只是分析了成本和收益数值,并没有进一步计算单位成本的收益数值,这是需要加以改进的。下面,我们将通过一个具体例子来说明社会项目的成本收益分析过程。

为了提高美国贫困儿童的学前教育质量,相关部门设计了佩里学前教育项目。该项目平日每天上午为参加项目的儿童提供两小时的课堂教学,老师每周对学员进行90分钟的家访。由于项目的实施,家长节省了照看孩子的费用,提高了这些儿童基础阶段的学习成绩,节省了该阶段教育辅导及其税收开支;项目还减少了将来这些孩子参加高考和成人辅导教育的比率及其公共开支;项目也有助于提高孩子们将来的高考录取率,当然同时也增加了部分高等教育公共开支;项目有助于提高孩子将来的收入和福利,他们的经济贡献也将促进整个社会的税收;参加项目还可以降低犯罪率,减少社会治理费用;虽然参加项目可能使得孩子们长大后无法享受社会救助收入,但是却减少了相应的社会开支。据此,我们可以结合项目成本与收益的要素过程与项目利益相关者的交互表,进而计算成本收益值。

---

① 中国知网北京总站,http://www.epub.cnki.net,2010年10月17日。

表 12.1 佩里学前教育项目成本收益分析

	项目参加者成本和收益估计值 （1992 年为基础净现值,贴现率为 3%）		
	项目参加者	社会普通公众 （纳税人/犯罪受害者）	总计 （全社会）
学前费用	0	−12 356	−12 356
测算的学前收益			
照看孩子	738	0	738
基础教育	0	6 872	6 872
高考辅导	0	283	283
高等教育	0	−868	−868
收入	10 270	4 228	12 298
犯罪率	0	49 044	49 044
福利	−2 193	2 412	219
小计	8 815	61 972	70 786
预测的学前收益			
收入	11 215	4 618	15 833
犯罪率	0	21 337	21 337
福利	−460	506	46
小计	10 755	26 461	37 216
净收益（收益减成本）	19 570	76 077	95 646

资料来源:参见莱文、麦克尤恩(2006)。

根据表 12.1 的数据,佩里学前教育项目的成本收益为:

$$\frac{95\ 646 + 12\ 356 + 868}{12\ 356 + 868} = \frac{108\ 870}{13\ 224} = 8.23$$

计算显示,该社会项目每单位成本投入获得的收益是 8.23 元。

二、项目成本效益评估

成本收益评估通过将不同项目的影响结果都转化为货币形式,为我们比较不同备选项目提供了统一的标准。但是,毋庸置疑,相当部分社会项目的影响结果是无法用金钱来加以衡量的。对于这样类型的项目的成本效率评估,就无法使用成本收益分析方法,而必须使用下面讨论的成本效益评估方法。在这一部分,我们将分别探讨效益的概念及其分析方法,最后计算成本效益的比值。

1. 效益

效益就是效果和利益(中国社会科学院语言研究所词典编辑室,2010:1504),社会项目的效益便是相关社会活动带来的、对包括社会服务对象在内的项目利益相关者乃至整个社会的影响效果或利益。例如,公共场所禁止吸烟项目给公众带来了更为清新的环境空气,减少了因为吸入烟气而可能对身体造成的危害,同时也能大大降低吸烟者患呼吸道慢性疾病的可能性。又比如,目前各地组织实施的社区居家养老服务中,许多地方都推出了家庭呼叫系统服务。该呼叫系统投入不多,但为孤老消除不测隐患并及时与家人或社区工作人员、救助服务系统联系起到了非常重要的作用。此外,它也大大方便了服务对象及时获取相关服务信息及服务。所有上述这些社会项目执行后带来的积极影响,都是社会项目的效益表现。

诚如上面提到的,项目效益的概念相对于收益,最大的一个好处便是不要求我们将项目影响结果转化为货币形式,直接用项目的影响结果表示出来。这就不但方便了大量社会项目影响结果的效率比较,而且扩大了项目成本效率的应用范围。例如,某社会服务组织对外来务工人员子女的课外辅导活动,大大改善了这些孩子的课外学习环境和氛围,帮助各个孩子不同程度地提高了学校的学习成绩。根据效益的概念,我们只要根据孩子平均成绩提高了几分便可以衡量其影响结果,但是这部分项目实施带来的学生成绩变化,却很难将其表示为金钱数量的增加。因此,从一定程度上说,效益分析对于社会项目评估的影响和使用范围要远远大于项目成本收益研究。

但是,不容回避的是,不同项目由于效益的表现形式不一,有时候往往难以运用于不同备选项目的比较。例如,在相同的成本条件下,究竟是居家养老效率更高,还是机构养老效率更高呢? 由于两个项目的服务内容和服务对象有所不同,而其最后的影响效果,或者说给项目各利益相关方带来的效果或好处也不同,因而就无法用成本效益方法进行比较。同样,由于养老服务需要很难用金钱这样的货币形式作出准确描述,因而也无法用收益来进行衡量。这一情形也许结合项目功用进行成本分析,如社区服务的满意度研究,是一个更为合适的评估指标。限于篇幅,这里不做进一步的展开,请查阅相关参考资料。

2. 效益分析

效益分析是要具体评估社会项目实施带来的效果和利益,由于它是用项目的影响结果表示的,因而相对比收益分析更简单和直接。例如,某机构组织的阳光童年流动儿童服务项目,其中一项内容是通过义工培训,建立流动儿童校外辅导员制度(参见阳光童年项目组,2010)。对这样一项活动的效益,我们只要统计项目培训的义工人数、参加校外流动儿童服务的义工人数和获得辅导流动儿童人数,即可获得对项目效益的评估。

但是,社会项目实施带来的影响结果是多层面的,因此在分析的过程中,应该注意全面性。对此,我们仍然认为,本章前面在讨论项目成本分析时提出的利益相关对象的分析视角是一个比较有用的参照框架。我们不仅需要注意到项目实施对直接服务对象的影响,也要考虑到项目对更广泛的社会公众的影响,包括与服务对象有着直接联系和间接联系的群体。甚至我们也需要了解项目实施对项目发起人、投资者和实施者的影响。例如,上述流动儿童服务项目中的校外辅导员制度的效益不仅反映在流动儿童这一直接服务对象,而且对减轻家长的负担,进而对其家庭的长远福利都有重要好处;此外,由于家长不必担心孩子在课余时间的学习和安全等问题,他们的工作效率得到提升,对他们服务的企业或其他部门也是一种贡献;最后,从流动儿童的发展来看,校外辅导员制度的确立可以减少他们越轨行为发生的概率,这对他们生活环境中的社会公众都是一件功德无量的好事。又如某些弱智儿童服务自助组织项目,他们在服务弱智儿童的同时,对组织者自身也是一种莫大的帮助,同时他们对其他社会成员的开放式服务又增进了其他具有类似境况的家庭的福利。

当然,诚如我们多次提到的,社会项目的影响十分广泛,特别是某些中长期的影响不可能在一个项目评估中完全得到反映。因此,社会项目的效益分析往往也是对一定期限内项目效果的评定,对受益对象的分析也会有所侧重。对此,我们一方面要力求全面,另一方面也要分清轻重缓急,加以酌情处理。

3. 成本效益评估

所谓的成本效益评估,便是效益与成本的比值,或者称为"单位成本的效益"。当然,我们也可以计算单位效益的成本,或称为"效益成本分析"。为简单和统一起见,我们这里仅讨论社会项目的单位成本效益。

例如,为了减少乙肝发病给当事人和社会带来的痛苦和成本,1993—2004 年间,深圳市乙肝疫苗免疫项目的成本为 7 930 万元(2004 年贴现值),其中,疫苗直接成本为 4 294 万元,接种服务、冷链运输等间接成本为 3 036 万元和 600 万元。如果不实施免疫项目,按照平均发病率预测,12 年间的急性发病人数为 36 861 例;实施项目后,实际发病 16 728 例,减少急性乙肝发病数 25 217 人。由此可以计算获得 1993—2004 年间深圳市实施乙肝疫苗免疫项目的成本效益为:

$$\frac{效益}{成本} = \frac{25\,217}{7\,930} = 3.18$$

即,每万元单位成本可以减少急性乙肝发病 3.18 例,这便是该项目实施的成本效益评估结果。如果我们考虑因此减少的急性乙肝治疗和慢性乙肝治疗的直接费用,以及患者可能给家庭和社会带来的间接成本节省,那么,其净收益可以达到 118 616 万(参见单芙香、刘刚,2009)[1]。显然,项目的效益是极为明显的。

---

[1]　本例也可以计算成本收益,其数值为 15.96,请参考原文(单芙香、刘刚,2009);但是,按照本书的定义,原文中所说的"效益"实际上是本文讨论的"收益"。

三、项目敏感性分析

在前面关于成本估计的叙述中,我们曾经讨论到评估界对贴现率的取值并没有统一意见,通常范围为 0—10%。那么,我们究竟应该取其下限还是上限,或者是中间值? 显然,当我们取不同的贴现率数值的时候,我们估算得到的项目成本是不一样的。其实,由于现实中成本的估计往往存在着某些不确定性因素,因此,我们经常需要作出一定的假设,分别计算不同备选项目在两个极限或中间假设情形下的成本数值。这种不确定情形下代表性成本数值的分析,便是我们这里所要讨论的敏感性分析(sensitivity analysis)。

在所有的敏感性分析中,最简单的是单向性分析。所谓的单向性分析,指的是在所有影响成本效率的因素中,仅仅考虑一个参数的变化情形,分别分析比较备选项目或研究问题在高效率、中效率和低效率情形下的数值。例如,对于某地的机构养老和社区居家养老方案,我们分别比较其在控制贴现率情形下的各种效率:

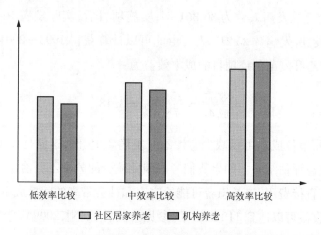

低效率比较　　　中效率比较　　　高效率比较

■ 社区居家养老　　■ 机构养老

图 12.1　机构养老和社区居家养老方案敏感性分析

从图中该地的机构养老和社区居家养老的敏感性分析可知:在低效率和中效率的情形下,机构养老方案比社区居家养老方案成本效率更低;而在高效率方案的情形下,机构养老方案的成本效率则高于社区居家养老方案。

从上面的谈论中可以得知,在对社会项目方案进行成本效率的比较中,敏感性分析是直接影响最终方案选择的重要因素。但是,据国外的研究,它在实际应用中并没有得到充分的重视。例如,在卫生领域的成本收益和成本效益分析中,近 2/3 的研究讨论了敏感性分析(Udvarhelyi, Colditz & Epstein, 1992)。然而,近年来,国外一些专业学术机构加强了对这方面的规范要求。例如,全美临床卓越研究所(National Institute for Clinical Excellence)在其修订后的方法指南中,便要求所有提交的成本效益研究报告包含敏感性讨论(Claxton et al. , 2005)。尽管在国内的成本效率评估研究中,敏感性分析仍然是一个新的课题,但其重要性仍然应该引起我们的足够重视,对于那些缺乏必要的敏感性分析的评估报告,我们必须对其结论的可靠性引起必要的警惕(莱文、麦克尤恩,2006)。

思考题

1. 什么是社会项目的成本取向? 它对于社会项目管理和评估有什么意义? 在具体使用过程中又有哪些局限性?

2. 社会项目成本主要是由哪些方面的因素构成的? 如何收集各方面要素的成本分析资料? 如何计算其成本数值?

3. 什么是社会项目成本收益? 什么是社会项目的成本效益? 什么是社会项目成本的敏感性分析? 它们在项目成本效率分析过程中具有什么作用,如何计算其数值?

推荐阅读

莱文、麦克尤恩(2006):《成本决定效益:成本效益分析方法和应用》,北京:中国林业出版社、北京希望电子出版社。

Claxton, K. et al. (2005). Probabilistic Sensitivity Analysis for NICE Technology Assessment: Not An Optional Extra. *Health Economics*. Vol. 14 No. 3, pp. 339—347.

Yates，B. T. Cost-Inclusive Evaluation：A Banquet of Approaches for Including Costs，Benefits，and Cost-Effectiveness and Cost-Benefit Analyses in Your Next Evaluation. *Evaluation and Program Planning*. Vol. 32. No. 1. 2009，pp. 52—54.

参考文献

方巍、张晖、何铨(2010)：《社会福利项目管理与评估》，北京：中国社会出版社。

官有恒、陈锦棠、陆宛苹(2008)：《第三部门评估与责信》，北京：北京大学出版社。

莱文、麦克尤恩(2006)：《成本决定效益：成本效益分析方法和应用》，北京：中国林业出版社、北京希望电子出版社。

罗希、李普希和弗里曼(2007)：《评估：方法与技术》，重庆：重庆大学出版社。

罗伊斯、赛义、帕吉特、洛根(2007)：《公共项目评估导论》，北京：中国人民大学出版社。

单芙香、刘刚(2009)：《深圳市乙肝疫苗免疫效果及成本效益分析》，《中国公共卫生》第25卷第4期，第489—490页。

陶维昀(2010)：《火凤凰：灾后妇女绒绣技能培训》，载王瑞鸿(2010)：《社会工作项目精选》，上海：华东理工大学出版社，第157—173页。

阳光童年项目组(2010)：《阳光童年：流动儿童服务》，载王瑞鸿(2010)：《社会工作项目精选》，上海：华东理工大学出版社，第241—256页。

浙江省民政厅"十二五"社会福利发展规划课题组(2010)：《构建和推进适度普惠的新型社会福利体系的研究报告》，浙江省民政厅。

中国社会科学院语言研究所词典编辑室(2010)：《现代汉语词典》，北京：商务印书馆。

Claxton，K. et al. (2005). Probabilistic Sensitivity Analysis for NICE Technology Assessment：Not An Optional Extra. *Health Economics.*

Vol. 14 No. 3, pp. 339—347.

Ginsberg, Leon H. (2001). *Social Work Evaluation: Principles and Methods*. Boston: Allyn and Bacon.

Herman, P. M. , D. J. Avery, C. S. Schemp & M. E. Walsh. Are Cost-Inclusive Evaluations Worth the Effort? *Evaluation and Program Planning*. Vol. 32. No. 1. 2009, pp. 55—61.

Posavac, Emil J. & Raymond G. Carey(1997). *Program Evaluation: Methods and Case Studies*. New Jesey: Prentice Hall.

Udvarhelyi, I. S. , Colditz, G. A. & Epstein, A. M. (1992). Cost-Effectiveness and Cost-Benefit Analysis in the Medical Literature: Are the Methods Being Used Correctly? *Annals of Internal Medicine*. Vol. 116, pp. 238—244.

Yates, B. T. Cost-Inclusive Evaluation: A Banquet of Approaches for Including Costs, Benefits, and Cost-Effectiveness and Cost-Benefit Analyses in Your Next Evaluation. *Evaluation and Program Planning*. Vol. 32. No. 1. 2009, pp. 52—54.

第十三章　社会项目满意度评估

在上两章关于项目理论与成本取向评估的讨论中,我们已经分析了项目影响及其效率的评估。但是,我们迄今为止都是从第三者的角度对项目实施结果的评估,这一章则将进一步从服务对象的视角分析项目实施的影响。社会项目的根本目的在于增进服务对象的福祉,因此,服务对象视角的研究是我们评估项目实效不可或缺的组成部分(方巍、张晖、何铨,2009)。

第一节　项目满意度评估概论

在这一部分,我们将从满意度评估的概念、研究历史和意义等三个部分,简要探讨社会项目的满意度评估,从而为实施满意度评估奠定基础。

一、项目满意度评估的概念

根据《现代汉语词典》,满意便是"满足自己的愿望,符合自己的心意"(中国社会科学院语言研究所词典编辑室,2010:916)。据此,所谓的社会项目满意度,便是服务对象关于自己所接受的社会项目是否符合自己的愿望或心意程度的判断或评论。人作为一种有意识的动物,能够对自己的行为及其环境作出反思和评论。在现实生活中,一个人经历了高兴或不高兴的事,不但会对其内心产生影响,而且会在他的言行举止上得到反映。同样,当我们接受某种特定的社会项目服务时,由于项目的某种影响,我们会对其结果是否符合自己心愿作出反应。例如,当某些工人因为矿难而被困井下时,他吃坑道中木料的树皮,喝废水甚至自己的尿液,坚持数日数夜,最大的希望便是能够坚持到救援人员到达并重返地面。他最终获救时,在对自己的坚强意志感到自豪的同时,必然对救援项目及救援人员的努力给予高度的评价。

所谓的社会项目满意度评估,便是借助服务对象对项目提供的服务是否符合或满足自己的愿望和心意的反应为途径,对该项目的直接效果加以评价的一种研究方法。在现实社会活动中,借助服务对象的满意程度对项目作出评价的做法十分普遍。例如,一些银行和电话热线服务经常会要求顾客就工作人员的服务情况作出满意或不满意的评价;甚至是政府部门,也开始将群众的满意度作为对自己某一方面工作评价的依据。在社会项目服务过程中,服务对象的满意程度也日益成为衡量服务成效评价的重要依据。例如,宁波市民政局在开展现代化和谐社区的评比过程中,改变了传统的从上到下的考核方法,将所在社区居民的满意度测评作为评价社区工作的指标之一(宁波市民政局课题组,2009)。

然而,在关于社会项目结果的评估研究中,特别是在对以弱势群体为对象的社会项目影响的评估过程中,借助服务对象的反应实施项目评估仍然是一种较为晚近的做法。在社会项目的服务过程中,社会上普遍存在着对弱势群体的负面评价,甚至还虚构出所谓的贫困文化或下层阶层的概念。即使不对贫困者作出道德上的谴责,人们也往往倾向于将弱势群体视为愚昧无知、缺乏对事物的正确判断能力的一群人。作为这些潜意识的反映,在社会项目的提供方面更注重强势群体代其决断,将外界的判断和意愿强行赋予弱势群体。例如,在英国的历史上,政府曾经建立所谓的感化院,将那些"无可救药"的流民强行送到其中接受劳动改造(尹虹,2003)。在中国,2003 年前的流浪人员收容遣送制度也曾经以所谓的社会意志取代当事人的个人意愿,无情剥夺公民的迁移权利。至于那些精神病患者,即使是在所谓的西方现代文明国度,不久前也是名正言顺地被剥夺选择权,强行送进精神病院,过着与外界隔绝的生活。

　　受 20 世纪 60 年代以后消费者权益运动影响,特别是受弱势群体自决自强思想的影响,社会政策和项目领域日益关注弱势群体的声音。尽管从理论上来说,自决自强评估更关注弱势群体的觉悟提升,促使他们参与项目设计、管理和实施过程中的参与程度,进而保证社会项目更好地服务于社会弱势群体的需要(参见方巍、张晖、何铨,2009),但是在客观效果上,自决自强性评估能够增强其他项目利益相关者对弱势群体声音的重视,强化服务对象在对社会项目结果评估过程中的发言权。例如,卡特林·沃克(Kathrin Walker)(2007)在关于青年自决自强评估研究的论文中,便十分关注青年在座谈过程中与市政官员发生冲突的情形下,项目评估研究负责人的中介调解作用,一方面帮助成年人学会倾听青年人的声音,另一方面帮助青年人提高沟通能力、把握发展机遇。显然,这种做法对于社会项目各利益相关方,尤其是原来处于强势地位的利益相关方注重处于弱势地位的项目接受者的观点,具有十分重要的促进作用。

二、项目满意度的研究历史

　　项目满意度的研究最早可以追溯到商业活动领域的消费运动。作为一种买卖双方的交换活动,其基础是商品提供者与商品购买者对交换活动的价值的等价认可。由于它涉及直接而明显的利益实现关系,因而随着商品经济的发展,在 19 世纪末便产生了消费者维护自身权益的消费者运动。1898 年在美国诞生了世界上第一个消费者组织,1936 年则在消费研究组织的基础上形成了美国消费者联盟,成为其后世界各国消费者组织建立和发展的原型(国世平、史际春,1987)。

然而,项目满意度问题的直接研究,则源自 20 世纪 60 年代末 70 年代初(参见罗伊斯、赛义、帕吉特,2007),某种程度上可以视为消费者运动与世界范围内民权运动结合的产物。随着权益意识的进一步张扬,消费者要求获得平等、尊重的愿望不断提高,要求与商品提供者建立一种平等关系(Rada,1986)。与此同时,商品提供者也更加重视消费者的声音,他们开始重视顾客的满意度,并重视顾客满意度对其商品服务的影响。在国际上,首先建立顾客满意度指数模型的国家是瑞典。1989 年,在美国密歇根大学教授福内尔等的指导下,该国开发了顾客满意度晴雨表指数(SCSB)模型,考察顾客满意度与感知绩效、顾客预期、顾客抱怨和顾客忠诚之间的关系。1994 年,福内尔领导的美国密歇根大学商学院的国家质量研究中心与美国质量协会共同发起,提出了美国顾客满意度指数模型(ACSI),将顾客满意度视为与顾客期望、感知质量、感知价值、顾客抱怨和顾客忠诚相互影响的结果。此后,欧洲也建立了自己的顾客满意度指数模型(刘武,2009)。

早期的顾客满意度指数主要是针对商业或经济领域和部门的。但是,由于福利国家运动导致西方社会项目的急剧增加和社会福利开支的高速膨胀,加上 20 世纪 70 年代西方工业国家相继出现石油危机并引发经济衰退,新自由主义在福利国家取得了主导地位,西方评估研究界和整个社会开始重视政府及公共项目领域的成效。受管理主义和新公共管理主义思潮的影响,顾客满意度指数模型被运用于政府对公共部门的公众满意度研究。美国学者奥斯本和盖布勒在其著作中便强调要改变政府的官僚主义作风,建立一个以顾客为导向的、以满足公共需要为目标的服务型政府。在克林顿政府的推动下,联邦政府将顾客至上、为美国人民服务作为其改革方向,大大促进了政府和公共部门的公众满意度评估研究。同一时期,英国、瑞典、德国、澳大利亚、日本、韩国和马来西亚等国家也纷纷启动了以公众满意度为导向的政府和公共部门评估活动(参见刘武,2009;朱国玮、郑培,2010)。

在我国,相对于其他领域的研究,满意度评估相对要普遍得多。早在 1996 年,中国质量协会同国家技术监督局、国内贸易部、机械工业部、冶金部、化学工业部、邮电部、中国轻工业总会等单位便联合发布了《关于"实施用户满意度工程"的通知》。此后,在中国质量协会、全国用户委员会的推动下,参照美国顾客满意度指数模型,清华大学和中国社会科学院等机构共同攻关,制定了中国顾客满意度指数(CCSI)(参见朱国玮、郑培,2010)。这一实践在一定程度上也促进了国内顾客满意度及其在政府和公共部门和相关服务过程应用的研究。根据笔者对中国知网北京总站期刊总库中的人文与社会科学文献的检索,其中,题目中含有"满意度"的期刊论文共有 5 272 篇(2010 年 12 月 19 日),其中,关于顾客满意度的论文有 1 351 篇,有 68 篇涉及政府和公共部门、社区、社会医疗保险社会项目的满意度研究。此外,还有一些关于医疗卫生服务公众满意度的研究文章。目前,有关政府和公共部门及其服务的满意度评估及其研究在实际工作中得到了越来越广泛的运用(参见刘武,2009;朱国玮、郑培,2010)。为了改进和创新政府管理与服务,提高服务基层、服务发展的效率,深圳市政府从 2007 年开始,由专业统计部门对所辖的六个区政府和与市民生活息息相关的公安、教育、卫生等 16 个职能局实施公众满意度评估,内容涉及对政府(部门)履行职责的满意程度、办事效率、一年来工作改进程度和最迫切希望改进方面等 68 个问题(王湛、彭新平、胡湘,2008);哈尔滨市人民政府办公厅(2009)印发《哈尔滨市政府绩效评估试行工作实施方案的通知》,要求从 2009 年 8 月到 2010 年末,全面试行政府绩效满意度评估工作,并力争 2011 年正式推行。2010 年 11 月 3 日,国家统计局哈尔滨调查队召集全市调查员工作会议,正式启动 2010 年政府绩效公众满意度评估工作(姜雪松,2010)。但是,由于我国开展满意度评估研究的时间较短,不论是在实践上还是学术研究方面,都存在着许多亟待改进之处。

三、项目满意度评估的意义

通过上面的讨论我们可以看到,一方面,满意度研究是社会项目评估的重要内容和方法、类别之一,另一方面,它在我国当前的政府和公共部门评估研究中日益得到重视和广泛的运用。下面,我们将从上述两个大的方面,分析满意度研究在社会项目评估中的意义和作用。

首先,满意度是评价社会项目的根本依据之一。诚如我们在第一章概念界定时指出的,社会项目的根本宗旨在于增进人的福利,尤其是社会弱势群体的社会福利。从这一根本属性出发,服务对象在接受社会项目服务之后,是否感受到自我福祉水平的提升,以及对服务的满意程度,无疑是我们评价社会项目的重要依据之一,这也是社会项目不同于经济项目的根本差异所在。对于一项经济项目,如通过技术改造提高了生产能力、借助技术引进创新确立了自己的专利技术、实施水利建设实现了防洪灌溉与发电的效果,只要它们达到了计划的目标,那么我们便可以说项目成功了。但是,社会项目的评估不一样,尽管我们可以实现项目的预期目标,但它可能不是我们项目目标对象需要的结果,甚至可能对他们或其他社会群体造成潜在的伤害;即使是最有效率的、成本最低的选择,也可能是与服务对象的福祉背道而驰的、形成被蒂特马斯称为“福利反面”(illfare)的情形(Titmuss, 1974)。因此,在社会项目的评估过程中,项目服务对象无疑成为我们应该首先予以重视并作为考察项目成效的重要标准之一。就像我们经常在新闻报道中了解的矿难事故的营救,一方面为了任何一条生命,我们都可以不计成本尽最大可能予以救助;另一方面,即使营救项目失败,遇险矿工生命没有得到拯救,我们也不能说该救助项目是没有意义的,甚至说是不必实施的。这些项目的评价标准在于我们是否将人的生命放在第一位,我们项目利益相关者,特别是当事人及其亲属是否对我们的全力救助予以认同和感到满意。正因如此,在西方社会项目的评估实践中,多年来一直将服务对象的满意度作为衡量项目成效最为简洁的主要标准(Garland, Haine & Boxmeyer, 2007)。

其次,满意度是公共服务型政府建设的重要评价标准。改革开放以来,我国已基本实现从计划经济向市场经济体制的转换,政府职能发生重大改变,从原来的直接参与经济建设向提供公共物品的服务型政府转型。我国服务型政府的建设必须具备人民性、正义性和责任性等方面的特点。所谓的人民性,便是以人民的利益为出发点,坚持为人民服务的宗旨;正义性,便是要促进社会事业的发展,构建和谐社会,实现社会正义和公平;责任性,则是要求政府积极回应社会和公众的要求,并采取切实有效的措施(张菀洺,2008)。政府职能的这种转变,无疑大大凸显了政府的社会服务职能以及服务对象在政府提供的服务评价过程中的地位。于是,关于政府工作的绩效评估问题便引起社会的重视,越来越多的公众参与到政府日常管理活动的过程之中,出现了"百万市民评政府"、"万人评机关"等活动(盛明科,2009)。这些活动,一方面反映了政府职能转变的需要,另一方面也说明了公众对政府的新型要求,体现了满意度评估在当前公共服务型政府评估过程中的重要地位。

最后,满意度也是评估研究方法发展走向的反映。从社会科学研究方法的发展历程来看,早期以实证主义为代表的研究更强调价值的中立性,试图完全借助量化和数理统计的手段获得社会现象不以人的意志为转移的客观的和内在的规律性;现代社会科学哲学则注意到社会世界与自然世界的不同属性,更强调对人的行为意义的理解,试图更好地把握社会现象的真实景象(Bryman, 2001)。作为社会科学研究方法在项目评价中的应用,评估研究方法也经历了从第一代到第四代的发展,从原来强调研究结论的客观实在性,发展到个体意识的建构性,强调认识的相对性和多元性,特别是不同项目利益相关者之间的交互作用或回应。在前面第二章关于第四代评估回应式特点的分析中,我们已经指出了第四代评估研究对于各种项目利益相关方的不同回应及其共识的寻求(参见本书第二章的相关分析)。这种建构主义评估在获取其研究结论的过程中,无疑包含了对服务对象的关注,为重视其在项目评估研究中的地位埋下了方法论的哲学伏笔。随着评估领域自决自强理论的发展,作为社会项目服务对象的弱势群体越来越受到评估研究的重视,诞生了标志着范式创新的第五代评估研究方法(Palfrey & Thomas,1999)。尽管在社会科学哲学中,对于建构主义等概念依然存在着不同的认识和看法,但是我们认为,与第四代评估研究相对的评估研究方法发展无疑是传统手段的丰富和发展,为我们认识社会现象的不同层面的特点提供了更有效的手段,同时也有助于我们获得更为全面,甚至是对社会项目评估更为重要的弱势群体视角的评估结论。这一切对评估研究的发展和完善都有着积极的贡献作用。

第二节　满意度评估方法

在了解社会项目满意度评估的概念、发展历史及其意义之后,我们将继续探讨其具体的研究方法,包括借助标准化指数及量表的评估方法、通过自建指数及量表的评估方法以及使用定性资料的评估方法等三个部分。

一、满意度评估与标准测量工具

前面在回顾国内外满意度评估研究时已经谈到,相当部分的满意度评估其实是使用诸如美国顾客满意度指数模型及早期的商业性顾客满意度量表,对政府和公共部门及其相关的服务进行测评。目前,我们也可以在公共服务、行政服务中心服务、医院患者关系、义务教育、城市公共服务、就业服务等领域看到许多成功的研究实例(刘武,2009)。但是,由于经济领域和营利部门的产品或服务内容与公共领域和非营利部门的产品和服务存在着重要区别,因此,所有这些评估其实都是在对顾客满意度指数模型加以一定修正后实施的。

在关于政府税务部门服务的公众满意度研究中,研究者不仅对所借鉴的美国顾客满意度指数的感知质量、感知价值、顾客期望、顾客满意度、顾客抱怨和顾客忠诚等六个二级指标做了修正,更改为公众信息、公众期望、感知质量、感知价值、公众满意度、公众抱怨和公众信任等七个指标,而且对二级指标以下的三级指标也做了全面的更新。例如,原来美国顾客满意度指标中感知价值的二级指标由"给定产品质量下对价值的评价"和"给定价格下对产品质量的评价"两个三级指标构成;而新的关于政府税务部门的感知价值二级指标则由"给定纳税标准时纳税人对纳税服务质量的评价"(朱国玮、郑培,2010)构成。又比如,在关于就业服务的就职者满意度评估研究中,研究者设立的二级指标包括感知质量、感知价值、感知公平、顾客期望、品牌形象、顾客满意度、顾客信任、顾客承诺和顾客忠诚等九个方面。相对于美国顾客满意度指数模型,新的模型去掉了顾客抱怨,同时增加了顾客信任、顾客承诺、品牌形象和感知公平等四个新的指标(刘武,2009)。这些事例说明,顾客满意度指数与公共项目或社会项目的服务对象满意度指标的内容还是有很大差别的,其借鉴利用在某种程度上也是一种新的量表建构,需要对其指标体系的科学性加以认真研究。

正是因为经济领域的顾客满意度指数存在着上述局限性,西方评估研究者就不同类型的社会项目满意度问题进行了大量研究,提出了一些更有针对性的标准化满意度评估工具,并且有将近一半的评估研究是运用服务对象满意度问卷(CSQ-8)(见表 13.1)及其简化版(CSQ-4)进行的(罗伊斯、赛义、帕吉特,2007)。服务对象满意度问卷(CSQ)由拉尔森等人(Larsen, Attkisson, Hargreaves & Nguyen, 1979)提出,主要由关于服务质量、内容、需要满足、项目推荐、满意程度、问题解决、总体满意度和再次选择等八个方面的问题构成。服务对象满意度问卷具有较强的内在一致性和信度(Garland, Saltzman & Aarons, 2000),并且问卷形式简洁、内容全面、结构标准化,能够较为全面地反映服务对象对社会项目服务的满意度情况,特别是方便不同项目的满意度情形的比较,因而受到国外评估研究界的重视。但是,它在我国的运用还不普遍,尤其是考虑到它相对于顾客满意度量表是完全针对社

会项目开发的,应该尤其引起我国社会项目领域在进行满意度评估实践时的重视。

表 13.1　服务对象满意度问卷

请回答关于你所接受的服务的问题,帮助我们改善我们的项目。我们希望得到你的真实观点,不管是正面的还是负面的。请回答所有问题。我们也欢迎你的批评和建议。非常感谢你的帮助。

请你在答案上画圈。

1. 你如何评价你所接受服务的质量?	4 极好	3 好	2 一般	1 很差
2. 你是否得到了你希望得到的服务?	4 极好	3 好	2 一般	1 很差
3. 我们的项目在何种程度上满足了你的需要?	4 极好	3 好	2 一般	1 很差
4. 如果你的朋友需要同样的帮助,你会推荐我们的项目吗?	4 极好	3 好	2 一般	1 很差
5. 对你接受的大部分帮助你满意吗?	4 极好	3 好	2 一般	1 很差
6. 你所接受的服务是否有效地解决了你的问题?	4 极好	3 好	2 一般	1 很差
7. 总的来说,你对接受的服务满意吗?	4 极好	3 好	2 一般	1 很差
8. 如果你再次需要帮助,你会回来吗?	4 极好	3 好	2 一般	1 很差

资料来源:参见罗伊斯、赛义、帕吉特(2007:180)。

但是,针对一些具体的社会项目,服务对象满意度问卷调查的内容仍然显得较为表面化,因而也受到一些学者的批评。例如,安·F.加兰(Ann F. Garland)等人曾经研究认为,要想深入认识不同的项目成效,诸如精神卫生服务,便需要建立自己特有的研究量表;为了全面评价社会项目的成效,应该注意到满意度评价与其他项目实施结果的关系;另外,青年人在接受服务的过程中有着自己独特的感受和要求,因而他们对项目的满意度指标不同于成年人。正是从这些问题出发,他们在前人青年满意度问卷(YSQ)和父母与孩子满意度问卷(PCSQ)的基础上,又提出了青少年关于精神卫生服务的多维量表(MASS)。该量表包括可获得性与便利性、满足需要、咨询员能力、与咨询员个人关系、有效性、服务的文化与发展适当性和成本及书面工作等七个方面共 39 项指标,经过调查和因子分析,获得咨询员素质、满足需要、有效性以及与咨询员的冲突等四个因子,其过程内容见表 13.2(Garland, Saltzman & Aarons, 2000)。

表 13.2　青少年满意度多维问卷因子分析结果

咨询员素质	满足需要	有效性	咨询冲突
咨询员合格	希望得到更多帮助	经帮助自我感觉更好	咨询员总是认为他是对的
咨询员是专家	希望获得更多信息和指导	总体上有帮助	咨询员太啰嗦
咨询员懂感情	难以联系咨询员	经帮助问题好转	咨询使得事情更糟
咨询员懂得助人	希望得到其他类型咨询	经帮助增加自我了解	咨询员对该做什么说得太多
喜欢与咨询员交谈			
对咨询员无话不说			
与咨询员决定做什么			
希望选择咨询员时有更多选择	希望选择咨询员时有更多选择 *		

注:* 该项内容在两个因子中载荷大于选取标准 0.3,原作者将其归入载荷更高咨询员素质因子。

除此之外,一些专业性的社会服务领域还有一些较有权威性的标准化满意度评估测量工具,它们或散见于研究论文,或汇编成册。例如,《临床社会工作者单对象设计》(*Single-Subject Design for Clinical Social Workers*)(Tripodi, 1994)一书便收集了许多有关临床社会工作满意度评估的工具,其中既有关于社会工作服务过程的问卷(表 13.3),也有对服务中止后对象的调查问卷(表 13.4)。尽管这些量表的科学性不如顾客满意度指数模型和服务对象满意度问卷(CSQ-8)那样得到公认,但它们无疑对社会服务项目的管理具有重要参考价值(参见 Ginsberg, 2001)。

表 13.3 临床社会工作者关于服务对象出院后规划实施情况的调查问卷

1. 社会工作者是否填写了保险与履行义务表格？	是	不是	不了解
2. 社会工作者是否与你讨论了药物治疗方案？	是	不是	不了解
3. 社会工作者是否与你的家属讨论了你出院以后的生活安排？	是	不是	不了解
4. 社会工作者是否与你讨论了不同的社区生活安排？	是	不是	不了解
5. 社会工作者与你的家庭交谈了吗？	是	不是	不了解
6. 社会工作者是否为你转介了社区的另一位社会工作者？	是	不是	不了解
7. 社会工作者与你谈起就业了吗？	是	不是	不了解
8. 社会工作者与你讨论教育了吗？	是	不是	不了解
9. 社会工作者与你约定了出院后的见面时间了吗？	是	不是	不了解

资料来源：参见 Ginsberg(2001)。

表 13.4 服务中止之后的追踪问卷

自从你停止接受社会工作者服务

你接受其他人或组织的帮助了吗？
是 否；如果是，请解释：＿＿＿＿＿＿＿＿＿＿＿＿
你曾经接受帮助试图解决的主要问题是否再次发生？
是 否；如果是，请解释：＿＿＿＿＿＿＿＿＿＿＿＿
你的日常习惯是否有所改变？
是 否；如果是，请解释：＿＿＿＿＿＿＿＿＿＿＿＿
你的生活境况发生了改变吗？
是 否；如果是，请解释：＿＿＿＿＿＿＿＿＿＿＿＿
你生病了吗？
是 否；如果是，请解释：＿＿＿＿＿＿＿＿＿＿＿＿
你的家庭成员是否患病？
是 否；如果是，请解释：＿＿＿＿＿＿＿＿＿＿＿＿
你与家庭成员及其他朋友的个人关系是否有所改变？
是 否；如果是，请解释：＿＿＿＿＿＿＿＿＿＿＿＿
是否发生了其他重大事情？
是 否；如果是，请解释：＿＿＿＿＿＿＿＿＿＿＿＿
你从社会工作者处接受的服务是否导致任何意料之外的积极或消极的事件发生？
是 否；如果是，请解释：＿＿＿＿＿＿＿＿＿＿＿＿

资料来源：参见 Ginsberg(2001)。

二、自建测量工具的满意度评估

使用标准化指数及量表进行满意度评估具有效度高、简单易行并且便于比较等优点,但是,它对于一些较为新颖的社会项目缺乏针对性,特别是无法对服务过程中的一些具体细节问题进行深入的评估。因此,在满意度的评估中,研究者经常需要根据项目特点以及评估要求,自行设计测量工具进行评估研究。事实上,像上面讨论的青年满意度问卷、父母与孩子满意度问卷和青少年关于精神卫生服务的多维量表,甚至连更为权威和标准化的服务对象满意度问卷、美国顾客满意度指数等工具,最初同样也有一个建构过程。因此,了解满意度测量工具建构的基本过程和原理,也是关于项目评估不可忽略的内容。由于我们在第五章已经专门讨论过指数与量表的构建问题,这里仅仅结合满意度评估简要加以说明。

从国内的情形来看,尽管对包括社会项目在内的公共服务的公众满意度研究具有一些理论上的探讨(刘武,2009),对政府部门的公众满意度建构也提出了一些具有参考价值的基本原则(朱国玮、郑培,2010),但是在确保评估指标体系的科学性方面,仍然存在可改进的巨大空间。我们认为,自行确立满意度评估工具,首先面临的一个问题便是针对具体项目,对满意度概念加以操作化或具体化,这也是自建测量工具进行满意度评估面临的最大挑战。由于不同项目的服务内容不同,因此很难事先提出一个详尽的方案,但一些相关问题或领域的现有研究,如政府宏观层面和具体部门的满意度测评指标体系(朱国玮、郑培,2010)以及公共服务、医院服务、义务教育服务、就业服务满意度模型(刘武,2009),都是我们可参考的重要资源。当然,从根本上来说,指标体系的确立最重要的还是参照相关的成熟理论指导(Garland, Haine & Boxmeyer, 2007),根据相关项目服务内容的概念及其相关理论加以分层操作化,最后将抽象的概念与具体的、可观察到的社会现象建立联系。例如,在上面提到的宁波市社区群众满意度评估体系研究中,研究者将社区满意度从工作性质和内容出发,区分为社区文体教育活动、社区安全状况、社区自治民主、社区工作者工作情况以及社区整体评价等七个方面,进而在一级指标下面建立二级指标,如社区基本服务中的困难家庭帮扶、老年人服务、社区就业帮扶、社区医疗卫生服务以及社区工作者的服务态度、办事效率、走访体察民情、解决问题的尽心尽力等 24 个二级指标,用以确定居民对社区服务的满意度情况(宁波市民政局课题组,2009)。这些思路,都是可供我们自行建立量表参考的。

在初步确立评估工具的基础上,我们面临的第二项工作便是如何保证测量工具的构成指标体系的科学性,这是目前借助自建工具进行社会项目满意度评估研究过程中尤其需要关注的问题。其实,所谓测量工具的科学性问题,最重要的是指标体系的效度问题。诚如第五章已经指出的,对于自建测量工具的构成指标体系是否能够有效反映服务对象对相关服务的满意度,方法论上采取的办法主要是通过征询该领域专家的意见来对初步确立的指标体系进行鉴定,并对原有的指标体系加以修正完善。例如,宁波市民政局在关于委托专业机构组织社区群众满意度评估体系研究的同时,还征询了中国社会科学院等有关机构专家的意见(宁波市民政局课题组,2009)。但是,上述做法仍然具有一定的主观性,专家的意见也可能受到其专业的局限而存在片面性。为此,目前国内学术界借鉴国外的方法,开始注重通过实证方法对指标体系进行筛选。这种实证研究过程,无疑对于确保评估体系的科学性起到了重要作用,对于我们自行建构社会项目满意度测量工具,有着重要的方法论上的借鉴作用。

三、定性方式的满意度评估

从评估研究使用的数据类型上来说,满意度评估包含定量和定性两种形式。尽管上面讨论的问卷、指数和量表方式属于定量方法,这并不意味着不能使用定性方法。事实上,在社会项目的评估研究中使用定性方法,可以起到定量方法不可替代的功能,特别是对于我们深入了解服务对象的想法,进而改进或提高项目的成效有着非常重要的作用。

不同于定量研究局限于服务对象关于项目是否达到或符合其意愿的

总体评价,定性研究方法试图更为深入地揭示服务对象在接受项目服务过程中各方面的细致感受。但是,由于服务对象不能作出准确判断、难以加以清晰表达等原因,加上对其作用认识不足,服务对象的感受在满意度研究及其他评估研究中的作用并未得到充分重视。但是,在临床心理治疗方面,仍然存在着不少有关服务对象对精神卫生服务感受的定性研究成果,其议题涉及精神病康复、非自愿的精神病治疗经历、强制药物治疗、住院以及被诊断为精神疾病或贴上精神疾病标签等情形。诚如一些学者通过文献综述发现的,除了从中了解服务对象一般的满意或不满意的感受,这一独特视角的定性研究方法还为我们深入了解项目成效的机理、揭示满意服务对象满意或不满意的原因有着重要作用,因而获得了越来越广泛的运用(Hodgetts & Wright, 2007)。

正是由于定性方法有助于从服务对象的感受角度,全面而深入地了解项目之所以满足或不满足使用者的原因,因而对于提高项目成效有着重要贡献。例如,为了帮助仍在研究生阶段学习的咨询人员提高技术水平,一些研究者从大学本科学生中选取了一些服务对象,要求其在每次接受服务之后做笔记,最后在咨询项目完成后提交一份 3 000 字左右的体会报告。研究者通过对这些文本所做的协商性共识定性分析方法(consensual qualitative research),分析服务对象在接受咨询过程中对自己、咨询人员和咨询过程的感受(De Stefano, Mamm-Feder & Gazzola, 2010)。通过上述研究,我们不仅可以了解到服务对象对于项目的满意程度,而且可以通过其感受的陈述,了解之所以满意与不满意的原因,了解他们对咨询人员在咨询过程中的心理感受和评价、反应。所有这些内容,无疑对于仍然处于实习阶段的咨询技术学习者来说,是一份不可多得的宝贵资源。

除此之外,满意度的定性研究方法对于我们更好地了解新的社会项目,进而促进项目的借鉴和推广也有积极的作用。近年来,一方面,我国社会转型过程中新问题层出不穷;另一方面,政府加大了社会民生工程方面的投入,为新的社会项目的推出提供了坚实的基础。对于这些新的项目,如果仅仅满足于对服务对象对其结果的标准化满意度量表评价,我们便陷入了项目过程机制的黑箱认识;如果想针对项目的具体特点自行建立满意度评估量表,由于缺乏对新项目的足够了解,也难以真正确立科学的评估体系。借助定性研究方法,不仅可以为确立新的量表提供扎实的前期工作,而且本身能够加深对项目使用者的评价认识,为项目水平的提高、普及和推广起到重要作用。目前我们社会民生建设过程中受到格外关注的一些问题,如居家养老项目、机构养老项目、家庭服务支持项目等,都可以借助定性方式的满意度评估达到深化认识、提高普及的效果。

第三节　满意度评估偏差及其纠正

在了解项目满意度评估的基本方法的同时,我们也需要注意到研究中经常出现的一些偏差,如评估结论满意度偏高以及满意度与项目效果不一致的问题。为此,我们就要分析偏差产生的原因,并采取积极对策,力图减少和消除偏差。

一、评估研究中的满意度偏高问题

上海市长宁区从 2005 年开始实施三医联动、社区卫生服务模式和运行机制的综合改革试点。复旦大学社会发展与公共政策学院的梁鸿和姜曙(2009)通过对该区 10 个社区街道 1 105 户家庭的分层随机调查发现,公众对社区卫生服务的便捷程度的满意和比较满意率为 85.1% ,对于社区卫生服务有效性的满意和比较满意率为 82.7% ,对收费价格的满意和比较满意率为 85% ,对安全可靠性的满意和比较满意率为 83.5% ,总体显示了较高的服务满意度水平。同样,在上面提及的浙江省宁波市民政局关于现代化和谐社区建设的评估过程中,满意度总分达到 80 分以上的社区达到 212 个,占参评社区的 77.09%(宁波市民政局课题组,2009),也显示了较高的满意度水平。

　　尽管上述例子仅仅是个案,但是西方发达国家关于满意度评估研究的长期实践表明,满意度偏高是项目评估研究过程中普遍存在的问题。例如,美国一项关于 50 篇满意度评估论文的研究发现,服务对象满意度的平均比例高达 78%;此后,另一项研究通过对美国国家心理健康管理保健组织数据库中 8 522 个个案资料的分析发现,服务对象的平均满意度为 77%。此外,新西兰对精神疗法门诊对象的抽样发现,90% 的人对满分为 4 分的调查项目的评分在 3 分以上;加拿大蒙特利尔精神治疗门诊对象的服务对象满意度问卷的平均得分也在 28.4 分以上(满分 32 分)(参见罗伊斯、赛义、帕吉特,2007)。正因为如此,满意度评估研究中的得分偏高成为众多教材不得不讨论的共同议题(罗伊斯、赛义、帕吉特,2007;Ginsberg,2001)。

　　那么,究竟是什么原因造成了服务对象满意度普遍偏高的现象呢?对此,国外一些学者有大量研究,其结论主要表现在三个方面:首先,从接受服务的过程来看,满意度高的服务对象通常完成问卷的情况较好,而那些对服务不满意者,相当部分可能已经中途退出服务,调查样本并不一定覆盖他们;其次,从双方的关系来看,服务对象对服务提供者通常既存有感激之情,也有对表达不满影响服务的担忧,因而倾向于在满意度评估时给出高分;最后,从服务对象自身角度来说,参与服务意味着他们时间、经历和希望的多种投资,作为对自己行为的肯定,往往倾向于给出满意度评估的高分(参见罗伊斯、赛义、帕吉特,2007)。

　　那么,究竟如何才能消除满意度评估高分带来的偏差呢?针对造成满意度评估偏高的原因,我们认为主要可以从如下几个方面减少避免评估研究的偏差:首先,改进项目评估的样本覆盖面及其代表性。在进行满意度评估的时候,我们既要在项目终结时对服务对象进行调查,又要注重项目进行过程中对服务对象的访问,尤其是要重视并完善对中途退出服务的服务对象的调查办法。对此,西方一些研究者提出的在服务机构门口放置意见箱等办法值得借鉴。对于一些非当场实施的调查,我们更要调动一切可能的手段来提高其问卷回收率,确保回收率超过 50%(参见罗伊斯、赛义、帕吉特,2007)。其次,提高定量研究量表的效度,尽量采纳权威的研究量表。要想缩小、避免满意度研究的偏差,测量工具的有效性是一个不容忽视的问题。使用那些经过反复使用、得到学术界和实际部门高度认同的量表,本身便是研究结论有效性的重要保证。对于我国的项目满意度评估研究来说,一方面要加大对已有权威量表的采用,另一方面则要强化自建量表的科学性和严谨性。再次,在用好定量方法的同时,重视定性研究方法的运用。定量研究结论具有普遍性和精确性,我国的社会项目满意度评估刚刚起步,还必须充分发挥定量研究方法的一切潜力。但同时,我们也要强化定量研究手段的运用。这种定性评估方法可以表现为定量问卷中的开放式问题,也可以表现为纯访谈和观察等定性研究手段。诚如我们前面讨论中指出的,由于定性研究对服务对象满意度的研究更深入和具体,因此,只要我们在研究过程中多问几个为什么,对服务对象的感受做更细致的分析,便可以在很大程度上避免或消除结论的偏差问题。最后,在开展满意度评估的同时,注重进行项目结果的积极影响效果的评价,也是消除满意度评估偏差的一种有效措施。对此,我们将在下一部分做专题讨论。

二、项目满意度与效果不一致问题

在项目满意度评估中容易产生的偏差除了满意度偏高以外,另一个常见的问题便是满意度评估的结论与项目效果不一致的问题。

由于项目满意度是以服务对象的意愿为标准评价的结果,而项目影响结果通常是以事实为依据判断的结果,因此其结论完全可能产生偏差。一个产生了预期目标效果的项目既可以满足服务对象的需要,也可能并不满足服务对象的需要;同样,一个没有取得预期效果的项目,也可能存在较高的满意度或较低的满意度两种情形。例如,某城市加强了农民工劳动社会保险的征缴力度,实行按单位职工工资总额、由地税部门按照五种保险的费率统一征收,其结果是加大了社会保险的覆盖率,维护了职工的合法权益。但是,农民工对这一做法并不满意。有关的调查显示,一些家有孩子的女工认为,她们在城市打工的时间不可能达到15年,在此之前或者因为老家有事要提前返回,或者因为年龄增长不再被企业雇用。因此,她们情愿将个人缴纳保险的钱转为化工资,而不希望将这些钱存在个人账户中并得到统筹账户的支持(方巍,2009)。诸如此类的种种现象表明,满意度高并不意味着项目一定出色,而满意度低也不一定表示项目的效果不好。

我们以为,出现满意度与项目效果不一致的情形,可能有两个必须引起关注的问题。首先,服务对象的满意度与项目效果不一致,可能是因为他们的认识水平有限,或者这种需要还没有上升到他们需要突出加以解决的地位。例如,同样在上面关于农民工养老保险的例子中,一些年轻职工之所以不想参加养老保险,一方面是因为工作的流动性、未来长期工作的地点不确定;另一方面则是觉得目前尚年轻而工资不高,更关注的仍是收入多少(方巍,2009)。又比如,上面提到的青少年精神卫生服务以及诸如行为矫正服务、流浪救助服务中,社会项目都可能并不符合青少年当事人的意愿,但是,其服务的成果如果达到预期目标,不但对当事人家庭有利,而且对社会也是有益的。对于这方面的社会服务,尽管服务对象的满意度可能不高,但是其社会效益明显,仍然应该大力推行。当然,在项目实施的同时,我们还是应该尽量通过真心关怀来改变服务对象的认识,必要的时候也可以适当等候甚至延缓项目实施或推进的进度,尽量做到满意度和项目成果一致。

其次,部分项目的满意度评估与项目成效不一致,也可能是项目本身或执行过程中存在的某些不合理性或不完善性造成的。对于这种情况,我们就要力求完善项目的内容和实施环节,进一步完善项目成效,提升服务对象的项目满意度。同样以上面提到的农民工社会保险为例,由于我国城镇职工养老保险制度是作为国营企业改革的配套制度而逐步发展进而覆盖到非国营企业和农民工群体的,因而虽然目前从制度上来说,农民工和城镇职工享有完全相同的劳动社会保险权利,但是某些条文的规定并不完全适合农民工的情况。这种状况一定程度上也造成了以下情况:

虽然从整体上来说,城镇企业社会保险项目的实施对社会、农民工群体是有益的,政府大力推动项目的扩面和实施效果是好的,但并不是所有农民工对这种做法都满意(方巍,2009)。为此,我们应该针对农民工的实际状况,从社会保险账户的可转移性、续接、费率标准等方面予以完善,从而更好地实现农民工社会保险项目的对象满意度及项目成效的统一。

最后,为了解决项目满意度和项目影响效果的矛盾,在进行项目评估研究时,应该注意同时从不同的角度实施项目结果评价,同时实施项目满意度和影响结果评价。对象取向的满意度测评与影响结果角度的成效评价,都是社会项目评估不可偏废的重要视角。我们不应该注重满意度评估而忽略了项目的影响成效,也不能强调项目成效而不注意服务对象的意愿和需要。在一个民主机制日益完善的社会中,社会项目服务对象的满意度问题只会越来越得到重视,并且从长远来看,也只有如此,才能真正实现社会项目所追求的社会正义目标。因此,不论是在满意度评估研究还是影响成效的评估研究中,我们都应该将上述两个方面的标准结合在一起予以综合考虑,并最终为达到满意度与项目成效的统一找到最佳对策。我们认为,只要在理念上认识到这一问题,在评估技术上和方法上并不存在什么难题,目前我们面临的问题是没有对此引起足够的重视。

思考题

1. 什么是社会项目的满意度评估,其意义何在? 如何看待并解决社会项目满意度评估与影响评估可能出现的矛盾情况?

2. 社会项目满意度评估的方法有哪些,具体如何实施?

3. 社会项目满意度评估结论偏高的原因是什么,如何解决该问题?

推荐阅读

范柏乃(2007):《政府绩效评估与管理》,上海:复旦大学出版社。

Garland, Ann F. Haine, Rachel A. & Boxmeyer, Caroline Lewczyk (2007). Determinates of Youth and Parent Satisfaction in Usual Care Psychotherapy. *Evaluation and Program Planning*. Vol. 30. No. 1, pp. 45—54.

Garland, Ann F., Saltzman, Marla D. & Aarons, Gregory A. (2000). Adolescent Satisfaction with Mental Health Services: Development of a Multidimensional Scale. *Evaluation and Program Planning*. Vol. 23. No. 2, pp. 165—175.

参考文献

范柏乃(2007):《政府绩效评估与管理》,上海:复旦大学出版社。

方巍、张晖、何铨(2009):《社会福利项目管理与评估》,北京:中国社会出版社。

国世平、史际春(1987):《消费者运动的产生和发展》,《北京商学院学报》1987年第3期,第41—45页。

哈尔滨市人民政府办公厅(2009):《哈尔滨市政府绩效评估试行工作实施方案的通知》,哈政办综〔2009〕57号,哈尔滨。

姜雪松(2010):《政府工作市民打分 政府绩效公众满意度调查启动》,《哈尔滨日报》2010年11月4日,第2版。

梁鸿、姜曙(2009):《上海市长宁社区卫生服务公众满意度评价》,《中国卫生资源》第12卷第4期,第184—186页。

刘武(2009):《公共服务接受者满意度指标模型研究》,沈阳:东北大学出版社。

罗伊斯、赛义、帕吉特(2007):《公共项目评估导论》,北京:中国人民大学出版社。

宁波市民政局课题组(2009):《社区群众满意度评估体系研究报告》,载浙江省民政厅:《2009浙江民政论坛优秀论文汇编》,杭州。

盛明科(2009):《政府绩效评估的主观评议与多指标综合评价的比较——兼论服务型政府绩效评估方法的科学选择》,《湘潭大学学报(哲学社会科学版)》第33卷第1期,第14—18页。

孙宇、刘武、范明雷(2009):《基于顾客满意度的公共服务绩效测评——以沈阳市为例》,《东北大学学报》第 21 卷第 1 期,第 30—34 页。

王湛、彭新平、胡湘(2008):《我市首次引入专业统计部门开展政府绩效公众满意度调查》,《深圳特区报》2008 年 12 月 18 日,第 A07 版。

尹虹(2003):《论十七、十八世纪英国政府的济贫问题》,《历史研究》2003 年第 3 期,第 128—143 页。

张菀洺(2008):《服务型政府塑造——公共服务理论与中国实践》,《浙江社会科学》2008 年第 5 期,第 66—71 页。

中国社会科学院语言研究所词典编辑室(2010):《现代汉语词典》,北京:商务印书馆。

朱国玮、郑培(2010):《服务型政府公众满意度测评理论与实践》,北京:科学出版社。

Bryman, A. (2001). *Social Research Methods*. Oxford & New York: Oxford University Press.

De Stefano, J., Mamm-Feder, V. & Gazzola, N. (2010). A Qualitative Study of Client Experiences of Working with Novice Counsellors. *Counselling and Psychotherapy Research*. Vol. 10. No. 2, pp. 139—146.

Garland, Ann F. Haine, Rachel A. & Boxmeyer, Caroline Lewczyk (2007). Determinates of Youth and Parent Satisfaction in Usual Care Psychotherapy. *Evaluation and Program Planning*. Vol. 30. No. 1, pp. 45—54.

Garland, Ann F., Saltzman, Marla D. & Aarons, Gregory A. (2000). Adolescent Satisfaction with Mental Health Services: Development of a Multidimensional Scale. *Evaluation and Program Planning*. Vol. 23. No. 2, pp. 165—175.

Ginsberg, L. H. (2001). *Social Work Evaluation: Principles and Methods*. Boston: Allyn and Bacon.

Hodgetts, A. & Wright, J. (2007). Researching Clients' Experiences: A Review of Qualitative Studies. *Clinical Psychology and Psychotherapy*. Vol. 14. No. 2, pp. 157—163.

Palfrey, C. & Thomas, P. (1999). Politics and Policy Evaluation. *Public Policy and Administration*. Vol. 14. No. 4, pp. 58—70.

Rada, R. T. (1986). The Health Care Revolution: From Patient to Client to Consumer. *Psychosomatics*. Vol. 27, pp. 276—279.

Titmuss, R. M. (1974). *Social Policy: An Introduction*. London: George Allen & Unwin Ltd.

Walker, K. (2007). Youth Empowerment Evaluation: Learning Voice. *American Journal of Evaluation*. Vol. 28. No. 3, pp. 321—326.

附录　美国评估协会《评估工作者指导原则》(2004 年修订，精简版)

一、系统探究

评估工作者要确保研究的系统性,研究要以数据为基础,做到:

1. 坚持与使用方法相适应的技术上的高标准;

2. 与评估委托者共同探索评估问题及其解决途径的优缺点;

3. 详尽而准确地说明评估途径、方法及其局限性,确保他人对评估研究的理解、分析和评论。

二、胜任力

评估工作者要向利益相关者展示其胜任力,做到:

1. 确保评估团队全体成员拥有与评估相适应的教育、能力、技能和经历;

2. 确保评估团队全体成员具备文化胜任力,能够恰当使用评估策略和技能开展不同文化背景群体的工作;

3. 在其胜任的范围内从事评估工作,如果评估任务明显超出其胜任范围,应该予以谢绝,一旦无法谢绝,则要说明由此可能带来的评估局限;

4. 力求保证并提高其胜任能力,在其评估研究中表现出最高水平。

三、正直诚实

评估工作者要行为正直,并确保整个评估过程的诚实性,做到:

1. 与委托人和其他利益相关者开诚布公地探讨有关方法、结果范围和数据使用的成本、任务和局限;

2. 在接受任务之前,不隐瞒任何可能造成现实或明显利益冲突的角色及关系;

3. 记录并报告所有原先议定的项目计划的变革及其原因,以及由此可能造成的影响;

4. 不隐瞒自我、委托人和其他利益相关者与评估相关的利益和价值问题;

5. 准确呈现评估的步骤、数据和发现,力求避免或更正其他人错误使用其评估结果的行为;

6. 努力解决导致具有误导效应的评估信息的步骤和行为的可能性,如果不能解决这些疑虑,便终止评估,如果不能中止评估,要与同行和有关利益相关者商讨其他评估方法;

7. 公开评估研究的所有经费来源以及评估要求的出处。

四、尊重他人

评估工作者要尊重调查对象、项目参与者、委托人和其他评估利益相关者的安全、尊严和自我价值,做到:

1. 寻求对评估背景性要素的全面理解;

2. 遵守现行的职业伦理、标准和规范关于保密、知情准许以及对参与者潜在的风险和伤害的规定;

3. 追寻利益的最大化,减少评估可能造成的任何不必要伤害,在存在潜在风险、需要对评估及其步骤的收益作出预先估算的情形下加以仔细判断;

4. 确保评估及其结果传播方式尊重利益相关者的尊严和自我价值;

5. 尽可能借助评估过程促进社会平等,保证评估贡献者从中获益;

6. 理解、尊重并考虑到利益相关者因为文化、宗教、年龄、性取向和种族等原因造成的差异性。

五、公共与其他福利使命

评估工作者应当清晰表达并考虑各种公共利益、其他利益和价值观,做到:

1. 反映不同利益相关者的相应视野和利益;

2. 同时兼顾直接的评估行为和结果,以及更为广泛假定的、可能的影响和潜在副作用;

3. 允许利益相关者获取并主动传播评估信息,评估结论表达方式具有可理解性,体现对人和隐私承诺的尊重;

4. 平衡委托方和其他利益相关者的需要和利益;

5. 关注公共利益,超越特定利益相关者,充分考虑整个社会的福祉。

后　记

自从党的十六届六中全会提出构建社会主义和谐社会的目标以来，各类以民生建设为目标的社会项目蓬勃发展。各级政府加大投入，各类民生工程在财政预算中的比例明显增长。于是，如何提高这些社会项目的成效，科学评定各种社会开支的效益，加强政府和各类公共部门的问责，便成为政府、社会公众和学术界共同关注的问题。然而，有关社会项目的评估理论和实践，国内刚刚起步，与国外相比还有很大差距。尽管近年来学界引进了部分在国际上享有盛誉的教材、专著，国内也开始出版这方面的教材、专著，但无疑在国外理论的本土化探索和实践方面还有许多工作要做。

承蒙格致出版社领导和原编辑田青的支持，2008 年在我们提出本书的选题及写作计划后便立即得到立项并签订了出版合同。一方面，由于国内缺乏对西方社会项目评估理论与实践的研究，大量的资料需要直接从原版学术期刊获取；另一方面，由于其他事务缠身影响了研究和写作进展，致使出版计划一拖再拖。感谢出版社给予的充分理解，也感谢田青编辑调离后接任的高璇和顾悦编辑的关爱，在 2012 年我们终于可以如释重负地交出书稿。本书的写作和出版，还要感谢中国社会学会社会福利研究专业委员会副会长、南京大学社会学院副院长彭华民教授的鼓励和实质性推动。有关社会项目评估理论研究的最初成果，更是首先借助于她的支持以及社会福利研究专业委员会的有关渠道才得以面世。

在三年多的写作过程中，我们尤其要感谢浙江工业大学图书馆信息咨询部。为了获取国外社会项目评估研究的最新成果,我们不断求助于图书馆信息咨询部,特别是该部的陈洁老师。他们总是有求必应,通过馆际渠道为我们提供了大量急需的专著和论文,保证了研究和写作的顺利进行。2010年,本书负责人申请的项目"国外社会项目评估发展及本土化研究"获浙江省"钱江人才计划"(C类)立项,这为本书的研究提供了必要的经费支持,由此也大大推进了书稿的撰写。同时,也要感谢浙江工业大学2011年度"海外短期引智项目"的专项经费支持,感谢来访的香港中文大学教授魏雁滨博士、助理教授陶兆铭博士,他们为本书的研究和写作带来了香港华人社区社会项目评估理论和实践的本土化研究成果和经验。此外,我们还要感谢香港理工大学应用社会科学系的陈锦棠博士,感谢他在本书研究前期对我们到访的热情接待和细心释疑。

最后,我还要特别感谢华裔美籍学者、著名评估专家陈惠次教授。他不仅热心释疑,寄来反映国际最新评估研究动态的研究成果,而且在我赴美访问期间打来电话,表达了为推动国内评估研究作贡献的拳拳之心。

本书由浙江工业大学政治与公共管理学院教授方巍博士提出写作提纲并撰写大部分章节。感谢我的两位同事、年轻的副教授祝建华和何铨博士加盟。他们以其深厚的社会学和心理学研究方法论功底,撰写了第四章、第七章(祝建华)和第六章(何铨),为本书增色不少。当然,由于水平局限,加上研究处于起步阶段,本书在结构和内容上肯定还存在不少问题,诚恳欢迎专家学者和读者批评指正。我们期待,本书的出版能够为当前方兴未艾的社会项目发展献出微薄之力;同时也期待国内社会项目及其评估实践的发展促进本土化社会项目评估研究水平的提高。

方巍

2012年5月于杭州